中国游仙文化

汪涌豪　俞灏敏 著

上海人民出版社

目　录

为何“中国根柢全在道教”（代序）

中国人的游仙活动是建立在道教基础上的，又为其典型的表现形式。关于道教，最为人熟知的莫过于鲁迅 1918 年致许寿裳信中提出的“根柢说”：“《狂人日记》实为拙作，又有白话诗署‘唐俟’者，亦仆所为。前曾言中国根柢全在道教，此说近颇广行。以此读史，有许多问题可以迎刃而解。后以偶阅《通鉴》，乃悟中国人尚是食人民族，因成此篇。此种发见，关系亦甚大，而知者尚寥寥也。”[1] 因该判断由谈论《狂人日记》而起，他对道教的态度可知。信中所谓“后以偶阅《通鉴》，乃悟中国人尚是食人民族”，显指以此为观察的切入点或思致的发端，可进一步获致如上结论。这与他称自己翻检历史，从“仁义道德”的字缝里看出“吃人”是一个意思。

若再顾衡新文化运动的特殊语境，更可认定其所说“根柢”与“吃人”有关。也因为是这样，此后凡言及道教，他都少有肯定。相反，将“讲阴阳五行的道士”、“静坐炼丹的仙人”与“讲道学的儒

[1]《1918 年 8 月 20 日致许寿裳》，《鲁迅全集》第 11 卷，人民文学出版社 1981 年版，第 353 页。

生”、“打脸打把子的戏子”并称为“我们几百代的祖先里面”的“昏乱的人”，认为欲“立意改变”，当“扫除了昏乱的心思，和助成昏乱的物事（儒道两派的文书）”，“即使不能立刻奏效，也可把那病毒略略羼淡。”[1]就是与梁实秋论争文学是否应描写永恒人性，也会连带申斥之，称“在中国，从道士听论道，从批评家听谈文，都令人毛孔痉挛，汗不敢出。然而这也许倒是中国的‘永久不变的人性’罢。”[2]并进而对道教的基础老庄也有否定，称“我们虽挂孔子的门徒招牌，却是庄生的私淑弟子。‘彼亦一是非，此亦一是非’，是与非不想辨；‘不知周之梦为蝴蝶欤，蝴蝶之梦为周欤？’梦与觉也分不清。生活要混沌。如果凿起七窍来呢？庄子曰：‘七日而混沌死。’”[3]据此，我们或不能说他是将中国的劣根性全都归为道教了，但像有的论者认为“鲁迅先生在这里，是用极其简洁的语言，肯定了道教在中国传统文化中的地位和作用”[4]，是无论如何都说不过去的。

其实，对道教的批判并非鲁迅独有，新文化阵营中许多人都持这种观点，且较鲁迅将矛头指向道士人品，诸如“一面乱偷了佛经造道经，而这道经就来骂佛经，而一面又用了下流不堪的方法害和尚，闹得乌烟瘴气，乱七八遭”[5]，“中国自南北朝以来，凡有文人学士，道士和尚，大抵以‘无特操’为特色的”[6]，他们的否定要更彻底、更严苛。如就在同年5月15日，钱玄同就在《新青年》上发表《随感

[1]《随感录·三十八》，《鲁迅全集》第1卷，人民文学出版社1981年版，第313页。

[2]《文学和出汗》，《鲁迅全集》第3卷，人民文学出版社1981年版，第558页。

[3]《“论语一年”》，《鲁迅全集》第4卷，人民文学出版社1981年版，第570页。

[4] 卿希泰：《重温鲁迅先生“中国根柢全在道教”的科学论断》，《社会科学研究》2002年第1期。

[5]《关于〈小说世界〉》，《鲁迅全集》第8卷，人民文学出版社1981年版，第111页。

[6]《吃教》，《鲁迅全集》第5卷，人民文学出版社1981年版，第310页。

录·八》，将道教称为“最野蛮”的邪教，认为其自汉晋以来“实演上古极野蛮时代‘生殖器崇拜’之思想。二千年来民智日衰，道德日坏，虽由于民贼之利用儒学以愚民；而大多数之心理举不出道教之范围，实为一大原因。”《中国今后文字问题》一文又说：“欲使中国不亡，欲使中国民族为二十世纪文明之民族，必废以孔学、灭道教为根本之解决，而废记载孔门学说及道教妖言之汉文，尤为根本解决之根本解决。”也是在同一年的7月15日，陈独秀在同刊发表《随感录·阴阳家》，则称“吾人不满于儒家者，以其分别男女尊卑过甚，不合于现代社会之生活也。然其说尚平实近乎情理。其教忠，教孝，教从，倘系施者自动的行为，在今世虽非善制，亦非恶行。故吾人最近之感想，古说最为害于中国者，非儒家乃阴阳家也（儒家公羊一派，亦阴阳家之假托也）；一变而为海上方士，再变而为东汉、北魏之道士，今之风水，算命，卜卦，画符，念咒，扶乩，炼丹，运气，望气，求雨，祈晴，迎神，说鬼，种种邪僻之事，横行国中，实学不兴，民智日僿，皆此一系学说之为害也。去邪说正人心，必自此始。”他们都认为道教有害世道人心，为祸有甚于儒教。以后，周作人结合中国社会的基层改良，在《乡村与道教思想》中更直言“改良乡村的最大阻力，便在乡下人们自身的旧思想，这旧思想的主力是道教思想”，“平常讲中国宗教的人，总说有儒释道三教，其实儒教的纲常早已崩坏，佛教也只剩了轮回因果几件和道教同化了的信仰还流行民间，支配国民思想的已经完全是道教的势力了。我们不满意于‘儒教’，说他贻害中国，这话虽非全无理由，但照事实看来，中国人的确都是道教徒了。几个‘业儒’的士类还是子曰诗云的乱说，他的守护神实在已非孔孟，却是梓潼帝君伏魔大帝这些东西了。在没有士类来支撑门面的乡村，这个情形自然更为显著。”

联系其时中国社会凸显的种种问题，这些论述几乎可视作鲁迅“根柢说”的直接注脚，也是其所说“此说近颇广行”的实际背景。它直白地呈示了其时知识界对道教的基本判断，即道教是以三教为代表的旧思想中最具支配性的主力，不仅奠定了中国人的社会心理，还使民智日僿，道德日坏，实学不兴。故欲去邪说正人心救国家，必从去道教始。

不难看出，这种否定与断弃的背后有着救亡图存的时代诉求。承近代以来严复的变法维新与“革天”、“革神”的进化论主张，五四时期的启蒙教育都以否定宗教为职志，尤其把崇信天命鬼神视作社会进步的阻力。有些人更持一种非宗教论的立场，借19世纪中叶兴起的科学主义来抗衡国粹主义、复古思潮和玄学迷信，尤其对传统宗教有激烈的抨击，直视其为阻碍国人觉醒与进步的元凶。如陈独秀受孔德人类精神进化三段论的影响，就力主以科学“开拓吾人真实之信仰”，故在《偶像破坏论》中直称“一切宗教所尊重的崇拜的神佛仙鬼，都是无用的骗人的偶像，都应该破坏！”“一切宗教就是骗人的偶像，阿弥陀佛是骗人的，耶和华是骗人的，玉皇大帝也是骗人的。一切宗教家所尊重的神、佛、仙、鬼都是无用的骗人的偶像，都应当破坏。”胡适深受杜威哲学和科学实证精神影响，反对重目的轻方法，也明言欲救国必先发展科学教育，清除宗教流毒。又说：“但在今日的中国，在宗教信仰向来比较自由的中国，我们如果深信现有的科学证据只能叫我们否认上帝的存在和灵魂的不灭，那么，我们不妨老实自居为‘无神论者’。这样的自称并不就是武断；因为我们的信仰是根据证据的。”[1]

---

[1] 张君劢、丁文江等：《科学与人生观》，岳麓书社2012年版，第16页。

再广而言之，由1922年李石曾、陈独秀、李大钊、蔡元培等人以"非宗教大同盟"名义联署《宣言》，提出"我们要为人类社会扫除宗教的毒害。我们深恶痛绝宗教之流毒于人类社会十倍于洪水猛兽。有宗教可无人类，有人类便无宗教。宗教与人类，不能两立"，到此后两年"科玄论战"中，丁文江引胡适主张，以"我们这个时代的要求，不能不承认人类今日最大的责任与需要是把科学方法应用到人生问题上去"[1]回击张君劢，某种意义上都是对这种时代要求的回应。但也因为是这样，其人对宗教、包括道教的否定和断弃，有许多不免未得其全体或切中其肯綮。相反，有的甚至落在了道教之外。

鲁迅显然受这种时代的召唤并站在科学一边。他反感俞复等人创办《灵学杂志》宣传迷信，讨厌《时报》报道还魂摄影，称"沪上一班昏虫又大捣鬼，至于为徐班侯之灵魂照相，其状乃如鼻烟壶。人事不修，群趋鬼道，所谓国将亡听命于神者哉！"[2]期待"假如真有这一日，则和尚、道士、巫师、星相家、风水先生……的宝座，就都让给了科学家，我们也不必整年的见神见鬼了。"[3]并对章太炎"用宗教发起信心"[4]的主张多有质疑。其实，章氏之所以有取佛教禅宗，是因其"自贵其心，不援鬼神"的万法唯心论能砥砺人勇猛无畏，又能"制恶见而清污俗"[5]，增人道德。更主要的是，他认为般若本是"智"，佛陀本指"觉"，一切大乘的目的无非在"断所知障"和"成就一切智者"，也即教人发明一种最高的哲理，佛教重视实证，总教

---

[1] 丁文江：《玄学与科学——评张君劢的"人生观"》，《努力周报》1923年第48、49期。

[2]《1918年3月10日致许寿裳》，《鲁迅全集》第11卷，人民文学出版社1981年版，第348页。

[3]《运命》，《鲁迅全集》第6卷，人民文学出版社1981年版，第131页。

[4] 见《东京留学生欢迎会演说辞》，《章太炎政论选集》上册，中华书局1977年版，第272页。

[5]《人无我论》，《章太炎全集》第4卷，上海人民出版社1985年版，第429页。

人在身心上实证真理，而非仅仅劝人信仰，故“只与哲学家为同聚，不与宗教家为同聚”[1]。所以，他在《民报》发表《建立宗教论》，提出“宗教之高下胜劣，不容先论，要以上不失真，下有益于生民之道德为其准的。”显然他之崇佛，有“以佛学易天下”、“以佛法救中国”的目的。[2]但当时的鲁迅并不认可这些，相反，在《太炎先生二三事》中颇致微词。对以科学之名行神道迷信之实者就更反感了，认为“其实中国自所谓维新以来，何尝真有科学。现在儒道诸公，却径把历史上一味捣鬼不治人事的恶果，都移到科学身上，也不问什么叫道德，怎样是科学，只是信口开河，造谣生事；使国人格外惑乱，社会上罩满了妖气”，“要救治这‘几至国亡种灭’的中国，那种‘孔圣人张天师传言由山东来’的方法，是全不对症的，只有这鬼话的对头的科学！——不是皮毛的真正的科学！”[3]并直称“做了人类想成仙；生在地上要上天；明明是现代人，吸着现在的空气，却偏要勒派朽腐的名教，僵死的语言，侮蔑尽现在”者为“现在的屠杀者”[4]。不过饶是如此，他的论说重点或基点同样不全在道教，不是基于对道教本身所

[1]《论佛法与宗教、哲学以及现实之关系》，马勇编：《章太炎讲演集》，河北人民出版社2004年版，第26页。

[2] 清末许多人都视佛学为精深的思想，近代如龚自珍、魏源等具有改革思想者尤笃信之。以后康、梁与谭嗣同等人多用以为变法维新之助，辛亥革命党人如章太炎、黄宗仰、苏曼殊等人多认其为有助国家民族之更化，即蔡元培也撰有《佛教护国论》。故梁启超将其称为晚清思想家的“伏流”，断言“晚晴所谓新学家者，殆无一不与佛学有关系”，见其所著《清代学术概论》，中国人民大学出版社2004年版，第220页；又受日人的影响，以为言穷理则宗教家不如哲学家，言治事则哲学家不如宗教家，《论宗教家与哲学家之长短得失》一文直称“历史上英雄豪杰，能成大业轰轰烈烈者，大率有宗教思想之人多，而又哲学思想之人少。”见葛懋春、蒋俊编选：《梁启超哲学思想论文选》，北京大学出版社1984年版，第138页。似较章氏前说佛学只与哲学家为同聚，更突出了佛学的革命性与行动性，可为对看。

[3]《随感录·三十三》，《鲁迅全集》第1卷，人民文学出版社1981年版，第301—302页。

[4]《现在的屠杀者》，《鲁迅全集》第1卷，人民文学出版社1981年版，第350页。

作的整体性的客观研究，而在其后世的负面影响。

据日人山本秀夫回忆，1923 年，想通过道教、特别是民众的道教信仰理解中国的橘朴，曾就北京道生银行开业广告询问鲁迅的观感。鲁迅认为许多人相信这家所谓“慈善银行”的行长为吕纯阳仙人很可笑，但又指出中国民间相信仙人不信当局的事实。“人的力量毕竟有限，所以，如果让长生不死的神仙来试试的话，也许用不到那样担心了”，“而仙人是正直的，慈悲的，而且是具有超自然力的。因此，将财产委托给仙人没错儿。”[1] 山本断言当时的中国，除鲁迅外没人具备与橘朴谈论道教的学识，而上述回答亦表明其深知道教在民众中的影响。

但其实，橘朴反对盲目崇拜西洋文明，认为“在与西洋无关涉的情况下经历四千年发展而来的文化，终究要用支那的尺度来评价”，所以谈话中对自己这一看法未获鲁迅认可颇感遗憾。以后在《中国民族的政治思想》中又将道教与儒教并视为中国古代思想的两大传统，认为比之儒教，它“更能代表中国民族整体的思想与情感”，虽“包含着很多迷信的分子”，“但其教义的本源来自中国民族必然发生的特别属性，正所谓民族性的宗教。它虽然无法与基督教和佛教相比肩而成为人类普遍适用的，但我们有充分的理由承认它是一个卓越宏伟的宗教。”[2] 前及有论者据此以为，鲁迅的谈话正“可以作为他的‘中国根柢全在道教’这一科学论断的另一个旁注”。又因他既以神仙正

---

[1] 《通俗道教的经典（上）》，《月刊支那研究》1925 年 4 月号。又见其遗著《道教和神话传说——中国的民间信仰》，改造社 1948 年版。转引自朱越利：《鲁迅与橘朴的谈话》，中国中日关系史研究会编：《日本的中国移民》，生活 · 读书 · 新知三联书店 1987 年版，第 325—326 页。

[2] 《橘朴著作集》第 1 卷，劲草书房 1966 年版，第 31、9 页。参见赵京华：《鲁迅与日本的中国研究——以橘朴为中心》，《新文学史料》2013 年第 4 期。

直慈悲，被民众视为救星，“就不太可能从道教文化中‘悟’出一个‘食人民族’的结论”[1]。如果这样，那如何解读橘朴当时的反应？更主要的是，又如何解释他对道士“无特操”的讥评？今人朱越利说，鲁迅对吕洞宾任总经理的分析旨在说明阶级社会中宗教产生和存在的社会根源，这种阐述对我们研究他的宗教观的发展非常宝贵。只是研究宗教产生根源与对宗教本身作深入专精的研究并非一事，这一点同样也是很清楚的。

前引论者还引“五四”前夕，当消灭宗教的呼声甚嚣尘上，鲁迅作《破恶声论》区分正信与迷信，认为宗教是客观现实在人头脑中的特殊反映，作为一种人类特有的精神需求，从无宗教到有宗教不惟有社会根源，还体现了社会的进步。至于中国人的多神与实体崇拜与外国人的一神与无形崇拜，从宗教功能来说并无本质差别。藉此证明鲁迅对鄙视甚至主张消灭传统宗教的“伪士”是不取的。此说诚有理，但排开时代风气的转移和作者前后期思想变化等诸因素不谈，其为宗教所作的辩护是否当然地包括道教，包括橘朴与中野江汉所留意的“通俗道教”，尤其是否包括处在近代以来最衰微、最缺乏创造力时期每每流于职业蒙骗者的民间诸道派，仍是需要认真厘清的问题。

还有，论及鲁迅的宗教观，今人每会引其《甲寅书帐》所载1914年就购佛教书刊达75种、123册。其实鲁迅一生购入的宗教典籍远不止此数，光收集的佛教拓片及造像就近6000张，尝称“释迦牟尼真是大哲，我平常对人生有许多难以解答的问题，他居然早已明白的启示了”，许寿裳《亡友鲁迅印象记》也说他1914年以后“开始看佛

---

[1] 卿希泰：《重温鲁迅先生“中国根柢全在道教”的科学论断》，《社会科学研究》2002年第1期。

经，用功很猛，别人赶不上”，他批判小乘的虚伪与大乘的浮滑也都极中肯綮，然用以证其佛教修养深厚与不废宗教固可，说明其系统研究过道教则不免牵强。

今天，我们已能客观地看待鲁迅。据此是想指出，较之顾颉刚称“一部《道藏》，用实用的眼光看固然十有八九都是荒谬话，但若拿它作研究时，便是一个无尽的宝藏；我们如果要知道我们民族的信仰与思想，这种书比了儒学正统的《十三经》重要得多。”[1]或陈寅恪以冯友兰《中国哲学史》对道教无所着墨为一大缺憾[2]，不惟钱玄同、胡适等人对传统宗教的否定不免简单化，也没有全面把握道教的教旨及其对中国人的深刻影响，即鲁迅的否定同样多见杂文家的冷隽与波俏，虽不乏论战的智慧，用以讨论国民性尤有过人的洞见，但要说是对道教本身所作的着实判断则不能，即就道教影响的整体性而言也不是一个客观全面的学理判断，因此是不能当作科学论断的。

这样说其实并无碍于鲁迅的伟大。因为自汉代王充以下，一直到宋代的李觏、石介与明清时的王廷相、洪亮吉，许多思想深刻、思理清顺的人都有对道教的激情批斥，他们的观察有时也仅着落在神道设教的消极面。

就是对道教的来源，在他之前，也已有梁启超贬称“就中国原有的宗教讲，先秦没有宗教，后来只有道教，又很无聊。道教是一面抄

[1]《〈古史辨〉第一册自序》，《顾颉刚全集》第1册，中华书局2010年版，第63页。

[2]《冯友兰〈中国哲学史〉下册审查报告》：“而晋、南北朝、隋、唐、五代数百年间，道教变迁传衍之始末，及其与儒佛二家互相关系之事实，尚有待于研究。此则吾国思想史上前修所遗之缺憾，更有俟于后贤追补者也。”见《陈寅恪集·金明馆丛稿二编》，生活·读书·新知三联书店2001年版，第282—285页。晚年冯氏回应称“道教不是中国哲学史的对象，而是中国科学史的对象，当然也是中国宗教史的对象，见《三松堂全集》第9卷，河南人民出版社1991年版，第576页，可备参看。

袭老子、庄子的教理，一面采佛教的形式及其皮毛，凑合起来的。做中国史，把道教叙述上去，可以说是大羞耻。他们所做的事，对于民族毫无利益；而且以左道惑众，扰乱治安，历代不绝。讲中国宗教，若拿道教做代表，我实在很不愿意。但道教虽然很丑，做中国宗教通史又不能不叙述。他于中国社会既无多大关系，于中国国民心理又无多大影响，我们不过据事直书，略微讲讲就够了。"[1]而梁氏所论的源头乂来自朱熹的"道家有老庄书，却不知看，尽为释氏窃而用之，却去仿效释氏经教之属。譬如巨室子弟，所有珍宝悉为人所盗去，却去收拾人家破瓮破釜!"[2]或许还有龚自珍的"余平生不喜道书，亦不愿见道士，以其剿用佛书门面语，而归墟只在长生，其术至浅易，宜其无瓌文渊乂也。"[3]

但朱熹"清夜眠斋宇，终朝读道书"[4]，尝撰《阴符经注解》和《参同契考异》，是深谙其理的，并如同程颐的真元之气论、周敦颐的惩忿窒欲说与二程的静坐修养法对道教多有汲取一样，他的修养理论也从道教养生说中吸纳了许多营养。至于龚自珍，也颇识葛洪、陶弘景之"飘飖放旷之乐"，及"远师庄周、列御寇，近亦不失王辅嗣一辈遗意"之渊雅。故不带偏见地说，道教广取博收正是道教能成为三教之一的地方，朱熹及宋明诸儒吸取了这种长处，中国人的信仰世界有许多也正植根于这种长处。有鉴于道教广有信众，影响是如此的深远，既称其"左道惑众"，也就是承认了这一点，怎么能再说它"于

---

[1]《中国历史研究法》，东方出版社 1996 年版，第 304 页。

[2]《朱子语类》卷一二五。

[3]《上清真人碑书后》，《龚自珍全集》第 4 辑，上海人民出版社 1975 年版，第 298 页。

[4]《读道书作六首》其一，《晦庵先生朱文公文集》卷一，《朱子全书》第 20 册，上海古籍出版社 2002 年版，第 236 页。

中国社会既无多大关系，于中国国民心理又无多大影响”呢？

在西方，也可见到同样的误判。如马克斯·韦伯基于欧洲的宗教信仰背景，认为与代表士人阶层的价值体系、“纯粹是俗世内部的一种俗人道德教育”的儒教不同，儒教“所要求的是对俗世及其秩序与习俗的适应，归根结底，它只不过是为受过教育的世人确立政治准则与社会礼义的一部大法典”，而“道教不过是个巫师的组织”，“是一种绝对反理性的、坦率地说是一种非常低下的巫术性、长生术、治疗学与消灾术”。“道教的教义虽然不同于巫术的粗陋和‘普遍主义’的理论，但它并没有更理性地产生作用，也没有形成一种抗衡力量”。因此，与佛教传入中国后不再是早期印度佛教那样的救赎宗教，变成实施巫术与秘法的僧侣组织一样，至少对俗人而言，它“没有成为在社会学上具有决定性意义的宗教团体”[1]。

那么，究竟该如何认识道教之与中国社会与中国人的影响，从而准确把握鲁迅“根柢说”的合理内涵呢？想来，基于道教自身的教义教旨，尤其是立足其对儒释道等各家各派思想的汲取，以及对中国社会的深广影响作全面客观的讨论非常有必要。

就道教自身的教义教旨而言，大抵源自古代的鬼神崇拜、方仙之说和道家哲学。详言之，除原始巫术、神仙方术和黄老之学外，它对易学、阴阳五行、墨家思想和儒家伦理及董仲舒的神学目的论都有汲取和改造。譬如易学就综合了儒道两家，建构出了独特的炼养易学体系。此外，它还融摄了佛教的彼岸、果报、轮回与心性等观念。尤其以后全真教讲三教圆融、性命双修，道禅融合的明心见性说、先性后命的内丹之说及三教合一的宗教伦理，更可见理学心性论与禅宗心性

---

[1] 马克思·韦伯：《儒教与道教》，洪天富译，江苏人民出版社 2003 年版，第 126、179 页。

论杂糅的痕迹。

由此，它建构起一整套以道本体论为基础、神仙论和宇宙论相统一的理论体系，形成重人贵生、乐生恶死与精气神合一的独特的生命观。尽管未脱尽神仙方术的影响，故既包括通过自身修炼达到长生不死的养生修仙之术——因其与道契合，与己切近，通常为以士大夫为代表的知识阶层及一般信众所信奉；也包括人为干预或沟通外部鬼神世界的仪式、法术及占验术——因其禁祝祷祈，于仙道合，通常为以道士炼师为主体的深度痴迷者所热衷。不过，鉴于“众生多患难，大道苦希微。不有神仙福，难明造化机。”[1]无论哪一种人群，都每常“痛念人生，难逃物化，怎得游仙域！”[2]故就通过虔诚发愿与持久修炼求得个体生命的颐养与长存方面，两者只是方法不同，并无向慕上的区别。这种贯诸日常的义理与技术合一的慕仙求仙活动，就是本书所要讨论的游仙。

用以游仙的长生修仙术主要有外丹与内丹两派。外丹术是所谓假外物以自固，它以模拟宇宙自然为成仙的前提，持一种万物自然嬗变论或改性论立场，认为物质的性质可以转移，人对物质的演化可以调控，故本体论基础是阴阳五行物质观和天人感应原理，实践论基础是物类变化观。[3]而仙丹在它那里，就是一种物质化了的道。[4]作为先秦道论和道教宇宙论的体现，外丹术不仅包含许多古老的化学实验，为以后众多古代发明奠定基础，还包含了古人对人体精神与宇宙物质

[1]《丘处机集》，齐鲁书社 2005 年版，第 97 页。

[2]《丘处机集》，齐鲁书社 2005 年版，第 59 页。

[3] 参见徐仪明：《道教外丹哲学思想研究述要》，《哲学动态》1993 年第 4 期。

[4] 参见胡孚琛：《中国外丹黄白术仙学述要》，《道家文化研究》第 7 辑，上海古籍出版社 1995 年版，第 58 页。

相互作用的深湛证悟。

以后，外丹术衰微，内丹术兴起。作为对道家道法自然说的另类提倡，这种性命双修的内炼体系和逆修返源的仙道理论最重视天与人合，既以人的身体为小宇宙，为能返本还元、真性永存而强调“顺则生人，逆则成仙”，又明示坐忘守一、内观存想等清心寡欲的识心见性之法，要人在尊自然、识阴阳、崇虚无和尚柔弱的修养过程中，内拟宇宙的反演过程，使一己生命得以与宇宙同一，与道同体。如此爱死有待，养身有为，寡淡外欲，充实内里，从而在融摄隋唐修心理论的同时，深化了道家的道气宇宙观，赋予了传统形神观及修养理论以新的内容。

从此以后，“道亦不远于人矣”[1]，或“长生妙理人具，仙林孰不可求”，成为人的通识。“人能割爱去贪，守雌抱一，游心恬淡，合气于虚无，亦可以高举远致，嗫景登虚……与安期羡门之流、洪崖洞玄之属同列仙班，不为难矣”[2]，更广为人信从。此所以古人说：“唯余养心法，修此与天通”，“勤行皆是道，谪下尚为仙”。[3]又由于成仙再非指身离世，言心地也；得道也再非指永世不死，而指身在凡间心在圣境，只要做到积功累行，勤修济世，真性不乱，万缘不挂，人就能“行且寄于尘中，心已明于物外”，进而归虚无而臻永存，神仙就此变得可致可求，神秘的神仙观念就此变得世俗化也更人性化了，此所以古人又说：“好闲平地即神仙”，“神仙不用寻行迹，只向渔樵混姓名”。[4]

[1]《灵宝毕法》,《藏外道书》第6册，巴蜀书社1994年版，第118页。
[2]《王重阳集》，齐鲁书社2005年版，第1—2页。
[3] 徐铉:《步虚词》其三、其四,《全宋诗》第1册，北京大学出版社1991年版，第98页。
[4] 方一夔:《神仙》,《全宋诗》第67册，北京大学出版社1998年版，第42278页。

如此和光同尘与世推移可致仙，普度群生遍拔黎庶能成仙，普遍以修身积德为长生成仙的条件，讲究自己发愿研求以与造化争权，并重效验而不空谈心性，实修实证，今生现得，既不回避感官主义和享乐主义的挑战，又极注意抚慰现实中屡受创痛与挫折的人心，甚至“神仙亦人”的观念也因此得到了明确的确立，终使道教获得一种合主体性、融摄性、现实功利性与形象示范性诸端为一的实践品格，成为对应古代社会伦理危机、弥补儒家纲常迂阔不周的一种可操作的修养活动。学道游仙者从此有了更多的希望，当然也成就了自己更笃实的信仰。

著有《黄石公研究》、《葛洪的内丹学说》的德国人鲍吾刚（Wolfgang Bauer）曾将求幸福视作“中国文化史四千年反复出现的主题”[1]，其中当然包括求长生永寿。古人对它的讨论无论基于客观的生活事实还是主观体验，都带有很高的自觉化程度，但是否每种讨论都具有很强的正当性却是个问题。如列子之明言群有皆虚，万品终灭，生民之不得休息全为寿名位货，管仲主张恣耳目之所欲听视、口鼻之所欲言向及体意之所欲安行，就不为儒家所取。儒家虽然不讳言利，所谓富而可求，虽执鞭之士吾亦为之。《孔子家语》记孔子答哀公问，更明言“政之急者，莫大乎使民富且寿也”。但总的来说更重此岸幸福而非彼岸幸福，更重社会幸福甚于个人幸福。为此，它每要区分“身之乐”与“心之乐”，“独乐”与“共乐”，又讲“乐其治”与“乐其意”，总要是让人力行仁恕，内充德性，并扩大至于人性的淬炼和人格的修养，此所谓“有德则乐，乐则能久”，以后又推展为发挥良知，扬公去私。如此反重欲、利己和贵私，在义利、理欲、苦乐和荣

[1] 鲍吾刚：《中国人的幸福观》，严蓓雯等译，江苏人民出版社2009年版，第1页。

辱的取舍上截然以道义为准衡，终使它的幸福观成为中国人普遍尊崇的核心价值观。

但基于道家学说的道教则不同，它由关注人在社会秩序中的地位，转向追求人在自然秩序中的存在。本来，道家破斥一切世俗功名，以为其适足妨害人性，看似消极恬淡，实有将人从一般存在烦恼中解放出来的良苦用心。而这种将生命意义而非社会价值作为思考基石的做法，使得它的思想与儒家幸福观构成明显的反差，进而成为其重要的补充。也即儒家幸福观归本伦理，所求解决的是社会中的人伦关系，道家及此后兴起的道教幸福观则归本自然，所求在理解自然，最终役使自然，让自然为己所用。有鉴于“人最善者，莫若常欲乐生”，它专注于生命的结构及其升华再造途径，又广开方便之门，让人假此尽可能地极耳目之好与心志之乐，或用以役神驱鬼、禳灾祈福，或用以求房中之乐、广嗣之术，尤其通过肉体与精神两方面的修炼，把人与自己应有的完美本质联系在一起，让人得以在体察自身及自然的过程中，发现对自己而言最重要的时刻，从而把意义赋予生活，所以最终成为动乱时世中个体生命最切实可著握的救赎。并且，它所救赎的对象虽在全体，更在基层。此所以，钱穆称全真道济世思想与儒家的思想相通，乃至认为基于当时社会的现状，所有新道教都是外儒内道的，非此不足以救世，但同时也特别指出，儒家追求上达，继而治国平天下，全真道志在深入民间，为下层解脱。[1]这是一个重要的分疏。

又，元居士刘谧曾称赞“佛教在中国，使人弃华而就实，背伪而

[1] 见钱穆：《金元统治下之新道教》，《中国学术思想史论丛（六）》，生活·读书·新知三联书店 2009 年版，第 219—231 页。

归真，由力行而造于安行，由自利而至于利彼，其为生民之所依归者无以加矣”。但他也有取于儒道两家，称前者在中国，“使纲常以正，人伦以明，礼乐刑政四达不悖，天地万物以位以育，其有功于天下也大矣”；后者在中国，“道教使人清虚以自守，卑弱以自持，一洗纷纷轇轕之习，而归于静默无为之境，其有裨于世教也至矣”。[1]他如此不加轩轾，目的似在统合三教。可事实是，道教虽可发而为外王之用，但既讲乐生，又重养志；既讲外保形体，又重内养精神，尤注重生命的内在体验及其与幸福的意义关联，有时尽管未必获得确切的经验支持，却能在某些特殊的时刻，引导人从世俗功利中隐退，留更多的时间思考精神深处最细微的东西，从而使生命的存在资源在内心安和与满足中得以实现和发扬，实在有儒释两家无法替代的优越性。

进言之，作为一种生命哲学，道教没有一般宗教常有的取消论色彩，不仅不对立现世与来生、此岸与彼岸，相反总努力联通两者，耐心而周到地劝诱人追求肉身成仙，不老不死，并相信天上的超越性享受不过是现世享受的另一种延续，而现世的享受也因为有超越性信仰的加持而不致放滥与靡费，从而使自己与其他追求灵魂解脱与来世利益的宗教有了明显的区隔。如果说，类似基督教认为人的肉体终将消亡，甚至肉体生命因有罪孽本不值得留恋，人应通过自己的努力表现以获取升登天国的门票，所以关注的是“彼岸超越”，向往的是“宗教的人生”，那道教全没有厌弃肉体幸福的观念，相反，认为肉体须长存不灭才好。这种认识看似荒诞不经，但细审之，却有引导人探索生命修炼之道的作用，不但催生出许多符合现代科学原理的养生理论，还培育出一种可贵的“此岸超越”，发展出诗意洋溢的“艺术的

---

[1]《三教平心论》卷上，《大正藏》第五二卷。

人生”。也因此，它不仅比基督教的原罪观念要宽和，也较否定眼耳鼻舌身等世俗享乐的佛教为更近情。它实实在在地表征着中国文化的另一面相，成为陈寅恪所说的“近于常识之宗教”[1]。

当然，这其间不同人群学道游仙的目的各不相同。有张扬王权永固而求天书下降如帝王，有祈求长生永寿而夙夜勤修如道徒，还有的人情怀超迈，鄙视智极蜗角与形敝朝荣，遂用以为弃俗之方，所谓“神仙虽诞漫，可以忘俗情”[2]。当然，也有假以纵情极乐，满足声色之娱的。承早先经典中的玉女形象，如楚辞《惜誓》之“建日月以为盖兮，载玉女于后车”，王逸《章句》就指明“以侍栖宿也”；还有《昭世》之“闻素女兮微歌，听王后兮吹竽”与《守志》之“就传说兮骑龙，与织女兮合婚”，他们学道游仙，常思得与仙女一会，如宋人喻良能为良吏，为人“持心清简，节持凝霜”，但所作《天台歌》既叹羡彼“韶颜艳色世所无，南国东邻何足数”，又设想能“夜深各拥一仙娥，泛泛鸳鸯在绿波。和鸣乍自秦箫起，行雨初从楚梦过”。咏刘阮旧事的背后，多少可见内心的向慕。

当然，大部分人、尤其知识人则好承“故知治身，则能治国”[3]之教，每视“道”为“理国者用之，则国祚长久；修身者用之，则性命长久”[4]的法宝，随一己进退出处，讲“修身养性，保精爱神，内

---

[1] 见陈寅恪:《天师道与滨海地域之关系》,《金明馆丛稿初编》，上海古籍出版社 1980 年版，第 32 页。又，汤一介指出道教哲学的特点只能在和其他宗教的对比中加以揭示。世界上几乎所有宗教提出的都是“关于人死后如何”的问题，然而道教所讨论的则是“人如何不死”的问题。见其《论道教的产生和它的特点》，深圳大学国学研究所主编:《中国文化与中国哲学》，东方出版社 1986 年版，第 501 页。

[2] 张耒:《秋怀十首》之八,《全宋诗》第 20 册，北京大学出版社 1995 年版，第 13330 页。

[3] 葛洪:《抱朴子 · 对俗》。

[4] 李荣:《老子道德经注》,《藏外道书》第 21 册，巴蜀书社 1994 年版，第 294 页。

则治身长生，外则治国太平”[1]。故同样在宋代，范仲淹就以《上汉谣》表达个人的政治理想，苏轼借《上清词》发抒自己敛迹避祸的隐衷，所作之诗，皆可见对道教游仙的理性处置。而一旦“士君子少而从政，老而谢事，去仕途之劳，就林泉之佚……道衣野服，足以资萧散之味，凡尘埃网深可厌恶之事，无一毫辄累其怀”[2]，学道游仙仍是他们安顿生命的最好选择。明中后期，文人游仙更呈现出诸多新的特点。从《遵生八笺》等书中可以看出，时人不仅根据自身的处境来诠释道教养生观，更将养生实践与自己日常的生活联系在一起，发明了诸如“四时养生法”、“起居摄养法”、“导引按摩法”、“精神调养法”、“饮食养生法”以及“药饵服食法”等各种名色，允诺人处身现世可立致幸福，甚至是长生久视的幸福。故即使在类似《园冶》这样的造园书中，人们表达境仿瀛壶的意思，都会用“寻闲是福”、“知享即仙”、“安闲莫管稻粱谋”这样充满人间情味的诗性表达。

但不管出于何种目的，因其持“罪之与祸，皆起于身，身之生恶，由于心想”的认识，那种“夫千里之行，跬步为始。修身理国，先己后人。故近修诸身，远形于物。立根固本，不倾不危。身德真纯，物感自化矣。身既有道，家必雍和，所谓父爱、母慈、子孝、弟恭、夫信、妇贞，上下和睦，如此则子孙流福，善及后昆矣。”[3]的主张，对上层的训导作用始终存在。而其种种设戒，类似不得阴贼潜谋、害物利己，杀害含生、以充滋味，淫邪败真、秽慢灵气，败人成功、离人骨肉，谗毁贤良、露才扬己，饮酒过差、食肉违禁，贪求无

[1] 白云霁：《道藏目录详注》卷四。

[2] 吕陶：《净德集》卷一四《眉州醴泉寺善庆堂记》。

[3] 杜光庭：《道德真经广圣义》卷三八《使我介然章第五十三》，《正统道藏》洞神部玉诀类。

厌、积财不散，交游非贤、居处秽杂，不忠不孝、不仁不信，轻忽言笑、举动非真这样的“初真十戒”，对底层的约限和影响尤其深远。而统合这两个方向，道教以对人的殷勤周至的提醒，目的无非在求得太平这个初始理想的落实。太平是什么？“太者，在也，言其积大如天，无忧大于天者；平者，言治太平均……君、臣、民三人共成一国。”[1] 如果将这种理想看真切了，不过现世祥和与人生安稳而已。

为此，它用一整套法术、祈禳、祭祀和禁忌方面的修习法式来凸显教义，树立权威，既有以落实信徒的宗教体验，又使其求道之志不断得到强化，直至最终确立包括灵魂观、神灵观和生死运命观在内的系统观念。而在此过程中，其自身独特的组织结构和制度架构也得以最终形成，学道游仙就此真正成了一种群体性的社会化活动。

这种修习仪式和方法的集中体现就是斋醮科仪。它最初受到鬼神崇拜向祖先崇拜转换过程中专事人神沟通的巫祝的启发，因此与祭祀礼仪密切相关。表面看来，其依科演教，设坛摆供，焚香、化符、念咒、上章、诵经、赞颂，并配以烛灯、禹步和音乐等仪注和程式颇为繁杂，甚至让人感到滑稽，但为活人祈禳，为死人作法，求的都是上述“太平”二字。法国汉学家劳格文（John Lagerwey）1987 年出版的《中国社会和历史中的道教仪式》（*Taoist Ritual in Chinese Soeiety and History*），曾通过梳理道教的仪式源流，证明斋醮实是一以启示的经典和形象为根据，通过科仪和音乐来表示教义的象征复合系统，它代代相传，既与道教的宇宙观密切关联，也与中国社会互动密切，可谓恰如其分。

而其与流行乡野集镇的各种民间宗教的结合，更对中国人的信仰

---

[1] 王明：《太平经合校》，中华书局 1960 年版，第 149 页。

世界和精神生活产生了广泛深刻的影响。关于民间宗教与道教的关系，国内外学界都有许多讨论。如法国汉学家安娜·塞德尔（Anna Seidel）以为，尽管道教主要在民间活动，但无论宗教教职、经典传授，还是教会组织、身份意识等方面，都与民间宗教存在明显区别，至少在早期，是比后者更为成熟的高级宗教。即以经典传授而言，它多通过书面化的成熟文本而非口头语来呈现，即与后来用方言写成的宝卷、善书也有区别。不过尽管如此，她也承认此后道教的确将“自己调整到中国社会的农民基层之上”[1]。加拿大汉学家欧大年（Daniel Lee Overmyer）的《中国民间宗教的秩序和内在理性》(“the Order and Inner Logic of Chinese Popular Religion”）进而指出，民间宗教并不松散，它有一套植根于文化的哲理基础，有其内在的理性、秩序和完备的组织及仪式。其以家庭、街坊和村落为组织基础，诉诸一般人的社会活动与日常生活实践，所崇拜的时空范围广，涵盖天地自然与各种岁时节庆，既可自己祈祷祭禳，也可请道士沟通，由此建立起的人神关系，被认为可以实现祛病抗邪的目的。

现在，道教与民间宗教既竞争又有融合的互动关系已为大多数人所认同。施舟人（Kristofer Schipper)《现代民间崇拜在道藏中的源头》(“sources of Modern Popular Worship in the Taoist Canon：A Critical Appraisal”）列举明正统《道藏》所收1400余种经典中有60种属民间宗教经典，万历《续道藏》50余种新出经典中有16种属民间宗教经典，内容涉及妈祖、文昌与关公，从文献上证明了晚唐以后民间宗教大量进入道教的事实。《道藏》所收善书就更多民间信仰色彩了，如《太上感应篇》注文就多次提到司命灶君。所以，有人将这种不脱

[1] 安娜·塞德尔：《西方道教研究史》，蒋见元等译，上海古籍出版社2000年版，第93、21页。

民间色彩的宗教称为"大道教"[1]。

这种"大道教"对正统道教的汲取就集中体现在上述斋醮科仪等方面。这其间，既可见虔诚的信仰，也每见外在于这种虔信的道教徒的装神弄鬼与兜售其奸，一如鲁迅所说的，"耶稣教传入中国，教徒自以为信教，而教外的小百姓却都叫他们是'吃教'的。这两个字，真是提出了教徒的'精神'，也可以包括大多数的儒释道教之流的信者。"[2]故它对信众、社会乃至其自身造成的影响是多方面的。此间学者有许多人注意到这一点，但对其本身的内容构成则关注不多，研究更少。倒是在国外，自20世纪30年代日人小柳司气太五十余天内十数次拜瞻白云观，归国写成《白云观志》，几年后吉冈义丰着道袍再入住观中，到以后苏海涵（Michael Saso）和施舟人投师当道士，许多人通过实地调查，对其历史发展与文化含义做了精细的分析。如荷兰人高延（J.J.M.de Groot）致力于道教醮仪、他称之为"道教弥撒"的实地调查，在西方就颇有影响。道教不宣传抽象教义，而将其隐含于各种方术，寓道于术，道术合一，不能不说是其能深入中国社会并传播广远的重要原因。

与之相联系，道教对古代民俗的影响就比较为人所知。由《荆楚岁时记》、《燕京岁时记》和《清嘉录》这类书的记载可知，中国人岁时节令所供奉的神灵，如主管人间祸福娱鬼神升转的三官生日等，有很多源于道教，甚至纯粹出自道教节日，而正月初五财神生日，二月初二土地生日，腊月二十三祭灶节等尤为百姓重视。他们或为富为寿，为康乐永寿、家宅平安，会虔诚地发起并参与到每年的祭祀活动中，在官府谒

[1] 以上均引自郭武：《道教与民间宗教关系综述》，《江西社会科学》2001年第12期。
[2]《吃教》，《鲁迅全集》第5卷，人民文学出版社1981年版，第310页。

祭、吏胥奉香后壶浆以敬，然后放爆竹、挂桃符、贴门神，凡此种种，实际都是道教祛邪禳灾术的变现。明清时，还出现用于道场悬挂的水陆画，除了观音菩萨，几乎都是道教人物及故事，门神、财神、福禄寿三星等尤其受人欢迎。其他艺术形式也多搬演其故事，如元代杂剧不乏道教题材，元明有道情说唱、明代有道教题材的小说，清代更有各种民间道戏，它们对促成道教通俗化都起到了非常重要的作用。

显然，这种道教仪式及修炼实践对古代中国社会及民众精神生活的影响是巨大的。并且直到近代，如杜赞奇（Prasenjit Duara），乃或蒲乐安（Roxann Prazniak）等人所揭示的，仍是构成中华帝国晚期到1949年以前中国人公共活动的一个重要领域，足可凸显晚清以来西学影响下，被“毁庙办学”或“庙产兴学”破坏了的宗教的实际生存状态。因此，利用包括档案、宗谱、碑铭、账簿、祭拜手册及口述史在内一切资料，善加研究地方神祇朝拜及其仪式对传统社会权力运作与文化传播的深层影响，明确道教在维系社会稳定过程中所起的重要作用，足可以再现甚至重建了中国近世社会原始面貌。

总之，尽管正史中只《魏书》和《元史》单立了《释老志》与《释老传》，但道教及学道游仙活动几乎贯穿上自朝堂政治下至民众生活所有领域，对古代中国的社会历史、文化学术与科学技术产生了十分巨大的影响，不细加分析就一笔抹倒显然不是科学的态度。而且，作为土生土长的本土化宗教，它植基于中国的文化，从宇宙观到思维方式既非杂沓浅陋的教条堆积，相反，有自己独创的类似“混元”、“承负”等名言范畴[1]，可构成对教义作充分论证的哲学[2]，而宋明理

[1] 王明：《谈谈道教哲学的范畴》，《求索》1984年第2期。
[2] 李刚：《汉代道教哲学》，巴蜀书社1995年版，第13—21页。

学家所常用的“心性”、“道器”与“体用”等命题与范畴，也早在唐代就已为道教学者所论及。故欲言中国的学术乃至中国文化，不深入研究道教断不能全面客观。

遗憾的是，长期以来，因认知的模糊与观念的掣肘，相较于国外甚至台港，此间的道教研究整体上说还显得相对薄弱，更不够均衡。不仅表现在对道教史和重要的道教人物及经典研究得相对充分，对道教之于中国社会实际生存样态的田野调查与影响则分析得不够；对道教义理及其与儒释道三家的关系研究得相对充分，对学道游仙的实际情形及上述斋醮科仪等操作性仪规讨论得太少，而且就道教史研究的具体时段来说，对汉唐道教研究得相对充分，对明清及近代道教的把握就谈不到具体。尤其20世纪初，特殊的社会政治形势造成传统文化备受西方的冲击，三教中儒教成为革命的对象，佛教只被一部分人视作可取用的力量，而道教基本处于衰退之中。剧烈的社会变革冲击了它的基础，使之陷入空前的危机。后虽有陈樱宁揭橥“新仙学”以图改新，认为道教的前途，学理上在重研究不重崇拜，功夫上在尚实践不尚空谈，思想上要积极不要消极，精神上图自力不图依赖，能力上宜团结不宜分散，事业上贵创造不贵模仿，幸福上讲生前不讲死后，信仰上凭实践不凭经典，住世上是长存不是速朽，出世上在超脱不在皈依，并提出神仙之学务实不务虚、论事不论理、贵逆不贵顺、重诀不重文等四大原则，强调真诀在人生日用，尤注意引近代科学精神入养生道术，使道教从神秘主义中解放出来。但从组织到办刊，最终终究未获成功。原因很简单，因为时代变了。但我们想说，排开其历史上曾不同程度地参与了政治和礼教传统的构建，它对学道游仙者的整塑之功甚深，对一般中国人信仰世界的影响宛在，是不应被一概视为迷信而轻弃的。

这方面，恐怕仍得要引入异域之眼。在东方，1950年，日本道教学会成立，发表的成立声明就将道教视为是“渗透在中国人全部生活中的宗教”。1979年，酒井忠夫、野口铁郎推出英文版《道教面面观》，也称“道教是中华民族和社会文化的一个组成部分……在整个中国历史上，无论对政治、社会和文化都有重要的影响”，其与民众关系的密切程度“不在与儒家的关系之下”，“简直可以称得上是中国的国教”。1983年，《道教》第三卷收入野口铁郎和松本浩一的《最近日本的道教研究》，也称“当要了解中国的社会、文化和中国人的性格时，非先了解道教或道教文化不可”。在西方，整整四代学人前赴后继地投入，从实地调查到文献整理，成绩之大，可参见前及安娜·塞德尔的《西方道教研究史》。在该书的自序中，她称自己的这部书是为中国同行写的，“最深切地希望它能够促进他们对自己的宗教遗产进行研究”。

这样再回到鲁迅，或许就能较准确地理解他对道教的批判，较能明白，虽然那个时代，当时即刻的环境，他对道教是否定的，但从另一个角度说，既称“中国根柢全在道教”，其实也就无所谓肯定或否定，毋宁说是一种事实判断更确切一些。因此我们无意于说他的批斥错了，相反，针对社会病灶发诛心之论，本是他一贯的做派。凭着对中国人普遍人性的了解，对中国社会历史传统的整体性认知，他在《运命》一文中曾指出，“中国人自然有迷信，也有‘信’，但好很像少‘坚信’”；《马上支日记》一文又指出，上层统治阶层尤其是“做戏的虚无党”，常以宗教为沽名的手段，其实“对神、宗教、传统的权威……是什么也不信从的”，无非借以收拾人心，维护“人肉的筵席”。这种对被利用了的道教、或道教本身的负面的批斥无疑够深刻。因为直到今天，官场靠文财神文昌帝君，商场靠武财神关帝不仍见诸中国人的日常生活吗？他在《“圣武”》一文中，以别国的国民性格和所信奉的主义作比照，谈中国人的人生理想可简单地说“便只是纯粹兽性方面的欲望的满足——威福，子女，玉帛——罢了”，以后“欲望没有衰，身体却疲敝了；而且觉得暗中有一个黑影——死——到了身边了。于是无法，只好求神仙。这在中国，也要算最高理想了。我怕现在的人，也还被这理想支配着。”今天的中国人有许多难道不仍这样被支配着吗？所以，他的《小杂感》称“人往往憎和尚，憎尼姑，憎回教徒，憎耶教徒，而不憎道士。懂得此理者，懂得中国大半。”诚为不刊之论。它揭出了道教许多苟且的负面如何内化为国民的潜意识，并与儒家旧道德一起对民众心灵造成的戕害，实在值得肯定与珍视。

不过尽管如此，我们仍要再次强调，他终究并未对道教做过专门的研究，即对道教的多方面影响及游仙之于中国人人生观的约限，也未及作深入细致的考察，特别是基于中国文化与传统本位的那种考察。他的《中国小说史略》在分析六朝志怪小说兴盛的原因时，曾提到“方士多谈炼金及求仙”，也只是一笔带过，并无展开。可道教讲合己利用同时，又重群体谐和，教人尊道贵德、齐同慈爱的同时，尤讲先人后己、大度宽容，济物积德、尊老爱幼，又不取非义，不邀非誉，落实到整个社会教化，就是劝人向善，共臻太平。尤其是，它坚信“我命在我”，“神仙可学”，只要清静无为、抱朴守真，通过不懈的自我修炼，就可以获得与道合真，长生永寿，这种主体论生命是何等的坚强卓绝，或如橘朴所说是何等的“卓绝宏伟”。我们说，“信仰不仅仅是一种相信，而且还是一种生存的态度”[1]，学道游仙确实给中

[1] 约翰·麦奎利：《人的生存》，刘小枫编：《20世纪西方宗教哲学文选》，生活·读书·新知三联书店1995年版，第50页。

国人提供了儒家人生理想之外的新的选择，它所垂示的清虚自守的人格不惟被用为节制人欲的典范，即使在今天，仍有助于人重新理解人与物质、与自然的关系，从而以脱弃世俗的洒脱态度，真正实现与世界和谐共生的诗意栖居。这是中国人钟情的理想人生，中国文化重要的精华与财富。

引　言

中国人，因着特殊生存环境的制约和影响，形成大抵可称之为关注现世的认知习惯。由此，其文化也自然带上“重实际而黜玄想”的特点。“国民常性，所察在政事日用，所务在工商耕稼，志尽于有生，语绝于无验”[1]。

20世纪最后两个十年，随文化热的掀起，这种国民常性还被上升到哲学精神的高度，获得了“实用理性”的称谓。理性是什么？它是人们对事物本体所作的一种具体而辩证的认识，较之仅依感性认识把事物组织起来的知性判断和表象思维，它无疑更为准确和深入。当然，要特别指出的是，在中国人而言，这种理性的建立采取的是一种有别于西人的路径，即它不是建立在科学的基础之上，而是建立在现世生活的实有体悟上，故相较于前者的科学理性，它通常被人称作经验理性。

不过，这里要探究的是传统中国人的经验理性是否只包括政事日用与工商耕稼之类？或者说，在中国人的经验理性里，是否还存在志

[1] 章太炎:《驳建立孔教议》,《章太炎全集》第4册，上海人民出版社1985年版，第195页。

不尽于有生、语未绝于无验的东西？当翻开一部中国人人性发展的历史，他们的精神与人格的成长发展历史，太多的事实告诉人，它们存在。

1976年6月，古都洛阳的田野考古工作获得重大发现。在被提取并可考定是西汉晚期卜千秋墓的壁画上，人们看到这样一幅图画：有一男一女两个人，面容安详，在仙翁执节引导下，分别持弓乘腾蛇，捧金乌乘三头凤鸟，正闭目飞升。在他们的下面，有头绾双髻的仙女，带着口含仙草的仙兔下跪迎接。画中另有身披羽衣的方士，人身蛇尾的女娲。墓门内的上额则画着人首鸟身的仙人王子乔，飘然立于山顶，作凌虚飞升状。[1]类似这样的《升天图》，在著名的长沙马王堆一号墓帛画、山东临沂金雀山汉墓帛画中也可以看到。这些画面表现的都是俗世之人羽化登仙的主题，古人称这种俗人白日飞升为成仙，通过炼养求取这种长生久视的活动则被称为游仙。[2]

游仙，即在意识和观念中虔信仙界的存在和仙人之无虚，在现世生活中努力超越生命的极限，达到永生永恒，就是古代中国人渴望突破有生进入无验的一个极好的例证。

尽管"寒暑有代谢，人道每如兹"[3]，"夫生者，一气之暂聚耳，有天地之和，自然之力，以运其行止，节其夭寿，非智力之所能扶明

[1] 见孙作云：《洛阳卜千秋墓壁画考释》，《文物》1977年，第7期，曾布川宽：《崑崙山と昇仙図》，《东方学报》1979年，第51册。以后林巳奈夫再作考察，对画中诸物象及主题别为新解，见《对洛阳卜秋墓壁画的注释》，蔡凤书译，《华夏考古》1994年，第4期。

[2] 汉代羽人形象亦见于青铜铸造器，如西安郊县出土的铜羽人和洛阳出土的鎏金铜仙人，广西梧州出土的东汉羽人灯和河南南阳出土的天鸡博山炉等。而四川新津县崖墓石棺画像、彭山县梅花村与高家沟崖墓石棺画像中，更出现了抚琴、六博和骑鹿等娱乐类羽人，其他如铜琴、摇钱树和陶器上也间可看到。虽非直接刻画飞升主题，但都凸显了自身的长存不朽和对俗众的导引作用，成为生前死后使用者拿来游仙的依凭和寄托。

[3] 陶潜：《饮酒》其一，《先秦汉魏晋南北朝诗·晋诗》卷一七。

矣”[1]，是传统中国人普遍执奉的观念。以儒家为代表的理性主义学说从来强调现世伦际中人的生活的合理性，乃或其存志的高远。它以“未知生”为理由，不向死致思；以“未能事人”为理由，不向与死关联的神鬼致思，更不淫祀滥祠。因为论及死，在很大程度上是基于畏死，畏死之人由惧怕而求避死、不死，而对人如何避死、不死这一问题的探讨，通常会把人引向难为经验指实和确证的玄域。儒家于六合之外，怪力乱神均不涉足，对此自然不愿花力气深究。明代大儒颜元于此说得明彻，“仲子路才一问事鬼神，问死，便截断不与言。盖人之与天地并大者，尽人道也。尽人道者，方且参天地，赞化育，尽幽明上下而自我治之，又焉得舍生人之理而不尽，暇问鬼道乎？故地狱无之乎，君子不道也；有之乎？则君子行合神明，自当上升为圣为贤为神”[2]。

但是，一个人行合神明是否就当上升为圣为贤进而为神？这是什么人都无法保证的。所以，当春秋代序，寒暑迭替，个体生命感到自己正随万物迁化，日渐走向衰亡，或仕途坎壈，人生挫折，修身齐家治国平天下的价值理想发生动摇，对生命本能的眷恋往往会逼迫人对超越生死的宗教产生强烈的兴趣乃至由衷的皈依。游仙作为一种手段，就是中国人追求超越生死、脱解拘限的生命活动。它的哲学基础或称思想资源来自本土诞育的道教，它追求超越的全部内容就是人的不死，并由不死而与天地精气相和合，如此得道成仙，永享真久。显然，这种追求，特别是当其被坚决地信从并贯彻时，已大大越出有生有验的范围，进入了某种意义上说颇难实证的玄域。

---

[1] 独孤及：《梦远游赋》，《全唐文》卷三八四。

[2]《唤迷途·第四唤》，《存人编》卷二。

企求长生，并进而祈人不死，以长生不死为上福，本是埋设在中国人内心很深很久的一种意识，《尚书·洪范》中的“五福”、“六报”说就是这种意识的直接体现。它以“寿”、“富”、“康宁”、“攸好德”和“考终命”为“五福”，其中“寿”居“五福”之首，“康宁”意在求无疾病，“考终命”意在求人能各尽天年，不横夭短命，实际上也是求长寿；与之相对，又以“凶短折”、“疾”、“忧”、“贫”、“恶”、“弱”为“六极”，明言人生之大忧患与大祸害莫过于短命夭亡。

如果说，《洪范》与《尧典》、《皋陶谟》等篇尚由后世儒家补入，那么，早在《诗经·鲁颂·泮水》中就已有“既饮旨酒，永锡难老”之说，《豳风·七月》所谓“称彼兕觥，万寿无疆”，《大雅·江汉》所谓“作召公考，天子万寿”，则是先秦时代人们祈祝长寿的忠实记录。而《吕氏春秋·重己》说：“世之人主贵，无贤不肖不欲长生久视，”《左传·昭公二十年》载齐侯饮酒作乐，“公曰：‘古而无死，其乐若何’”，可以作为这种记录的佐证。当日，屈原《天问》曾对“延命不寿，寿何所止”有所问难，但这在《山海经》中似乎不算什么问题，它的《海外南经》中就有“不死民”的记载，“其为人黑色，寿不死”，《大荒南经》并还有“不死之国”，《海内经》有“不死之山”，《海内西经》有“不死树”。

由于以长生不死为福，古人还常常把远古圣贤改造成安享高寿的神人。所谓太平之时，人民侗长，百岁左右，气和之所生也，故尧、舜皆年逾百岁，文王、武王将近百岁，周公也差不多活过百岁。东汉桓谭因以说：“夫古昔平和之世，人民蒙美盛而生，皆坚强老寿，咸百年左右乃死。死时忽如卧出者，犹果物谷实久老则自堕落矣。”[1]

---

[1]《新论·形神篇》。

是为寿终正寝。也正因为如此，一个可以向之祈寿的神——南极老人星，即寿星在古代出现了。《史记·天官书》载："狼比地有大星，曰南极老人。老人见，治安；不见，兵起。"张守节《正义》谓："老人一星，在弧南，一曰南极，为人主占寿命延长之应……见，国长命，故谓之寿昌，天下安宁；不见，人主忧也。"为此之故，古人立"寿星祠"，《史记·封禅书》有相关记载，司马贞《索隐》以为"见则天下现安，故祠之以祈福寿。"且周秦以降，皆被列入国家祀典，至明代才被废，但广大的民间，仍将之与福、禄并祀，奉为天尊。

而倘要进一步追溯上源，则远古先民的生命崇拜即已蕴含了这种观念的先机。殷商青铜器上有蝉形纹饰，乃或先民有对龙的图腾崇拜，前者居高饮露，可蜕而复生，故称"复育"[1]，后者以蛇为原型，亦被认为蜕皮不死，正是这种生命崇拜的体现。与中原文化相对持的齐鲁文化和楚文化似对这种崇拜有更多的继承，中原文化务实，它们则富于幻想，神话创造力强，洋溢着为前者无法梦见的浪漫气息。[2]特别是楚文化，更富神仙思想。当老子说"谷神不死"[3]、"死而不亡者寿"[4]，热衷探讨"深根固柢长生久视之道"[5]，当庄子称"古之真人"能"登高不慄，入水不濡，入火不热"[6]，又备言藐姑仙人和列

[1]《论衡·无形篇》："复育转而为蝉"。又，可参看容庚：《商周彝器通考》，上海人民出版社 2008 年版。

[2] 孙作云认为，羽人和有翼神兽上的羽样纹饰是东夷文化中鸟图腾受到神仙思想与神话传说影响，三方面相融而成的结果。见《说羽人——羽人图羽人神话及其飞仙思想之图腾主义的考察》，《孙作云文集·中国古代神话传说研究》(下)，河南大学出版社 2003 年版，第 561—641 页。

[3]《老子》第六章。

[4]《老子》第三十三章。

[5]《老子》第五十九章。

[6]《庄子·大宗师》。

子御风之事，认真讨论“吹呴呼吸，吐故纳新，熊经鸟申，为寿而已矣，此道引之士，养形之人，彭祖寿考之所好也”[1]，它不啻是在告诉人，自己重生贵生，原是很着力于个体生命力量的张大的。所以他们或被后世道教奉为教主，著作也被引为根本性的高上教义。

屈原是楚文化的另一代表人物，如前所说，在《天问》中已论及天命的问题。《远游》篇更有“闻赤松之清尘兮，愿承风乎遗则”和“仍羽人于丹丘，留不死之旧乡”的咏叹。清人王夫之因以称“此篇之旨，融贯玄宗、魏伯阳以下诸人之说，皆本于此。迹其所由来，盖王乔之遗教乎？”[2]而其《九歌》祭祀的十位神祇，后来也大多被道教攀上了亲戚。与此相对应，他本人则被《三洞群仙录》收入仙班名录，其情形一如老庄之被封为太上老君与南华真人。

也正因为长生久视观念契合了传统中国人的精神根性，自东汉道教创立后，很快获得上自帝王权贵下至平民百姓的认同。他们或希望假此悉耳目之所好，穷心志之所乐，长有天下，以牧万民；或用来役神驱鬼，摄魔降妖，禳灾而祈多福，乃至用以求房中之乐与广嗣之术。而道教也乐见人们这样期待它，并由此广开法门，“奉其教而诵经，则曰道士；不奉其教不诵经，惟假其冠服，则曰寄褐”[3]，甚至但行其教不假其冠服也行。如此，它把自己演扮成西方学者所说的大众性宗教，广纳信众。马克斯·韦伯说：“以老子学说为基础的一个特殊学派的发展却受到了中国人价值取向的普遍欢迎，重视肉体生命本身，亦即重视长寿，相信死是绝对的恶，一个真正的完人应当能避免

[1]《庄子·刻意》。
[2]《楚辞通释》卷五。
[3] 王栐：《燕翼贻谋录》卷二。

死亡”[1]，正说出了道教与游仙之所以风靡天下的原因。

以后，由东汉至魏晋南北朝的原始道教向上层贵族化的道教演进，经统治阶层乃至最高统治者的尊奉和扶持，到唐五代强大组织，扩建宫观，南北道派相互融合，形成外丹术隆盛、内丹派初起的兴旺局面。中间再经宋以后内丹派的独擅其美与其后宗派的分衍纷争，到明代趋于稳定。不过，因教义系统陈陈相因，少有创造，加以教团腐败使其声望受损，影响到人们对它的信仰远不及早前，明以后道教的声势已远不及汉唐，形式也多散化，但要说彻底消歇却不能。到清初，它又将基督教之基督及保罗列为祖师，以后又有万教归一的运动，凡外来的宗教无不采入。加以古代阴阳五行、风水、谶纬等民间信仰，没有一样不能放在自己的葫芦里头[2]，从而使自身的影响力在很大程度上获得了维持甚至延展。

人们的游仙活动也因道教自身的发展演化，而有了不同的表现形式。特别是基于所充任社会角色的不同，它的活动除方式各异外，其实施的范围和所达到的层次也各不相同。当然，这一切仍无碍于游仙之成为古代中国人共同爱好乃至精神追求，因为它背后裹挟着的文化内涵是共同的。这一点只要看历史上游仙活动的实际展开过程就可以明白。就历史上绝大多数学道求仙者的人生道路而言，游仙之成为其安妥生命的基本选择，有着大致相同的情况。对此，葛洪的《抱朴子·遐览》篇曾作过直白的表述：

> 鄙人面墙，拘系儒教，独知有五经三史百氏之言，及浮华之

[1] 马克斯·韦伯：《儒教与道教》，王容芳译，商务印书馆 1995 年版，第 241 页。
[2] 许地山：《道教史》，华东师范大学出版社 1997 年版，第 9—10 页。

诗赋，无益之短文，尽思守此，既有年矣。既生值多难之运，乱靡有定，干戈戚扬，艺文不贵，徒消工夫，苦意极思，攻微索隐，竟不能禄在其中，免此垄亩，又有损于精思，无益于年命，二毛告暮，素志衰颓，正欲反迷，以寻生道。

葛洪的话很真实地道出了人信道游仙的原因。衡之史实，实在具有标示道教信仰之所以发生的一般意义。所谓奸邪当路，则高士遐遁，正是国家动荡，政治昏乱，个人有志不获聘，有才无所施，导致了人们对过往岁月中孜孜以求的生命价值、生活理想的怀疑与否定。但怀疑否定过后，终究还需生活，此时人该往何处去？在葛洪们看来，归于道教与游仙是一个恰当的选择。此即以后苏轼所谓的“功名如幻何足计，学道有涯真可喜。”[1] 显然，这种怀疑和否定已表明，道教的信仰与人们的游仙活动是超越传统人生观和价值观的更高一层的东西。它比之由来的人生设计更精微和真久，所以当人万念俱灰，意志消沉，内在的意念不足以控驭外在的言行，并使之保持自足和平衡，就会藉此作为自持乃或乐生的手段，是葛洪所谓“生道”的真意。

这种指向精微而真久的游仙活动，还与个体生命的某个阶段存在着对应关系。传统中国人在追求自我实现过程中，大抵走一条少年游侠、中年游宦、晚年游仙的道路，所谓“晚志重长生”[2]，“岁晚陟方蓬”[3]，说的皆是学道游仙与人的生命后段的互质与对应。游仙与个体生命老熟阶段的这种互质与对应，带给游仙活动本身的影响是巨大的，它催生出既精妙又高度成熟的文化成果，时时发散着醇厚的气

[1] 《送沈逵赴广南》，《苏轼诗集》卷二四。

[2] 鲍照：《代升天行》，《先秦汉魏晋南北朝诗·宋诗》卷七。

[3] 李白：《流夜郎半道承恩放还兼欣剋复之美书怀示息秀才》，《李太白全集》卷一一。

息，让意欲顾怀和论说传统的中国人无法越过它，更无法漠视它的存在。而当它以谦抑自持的端重与平和，善解人意的博辩与明智，兼摄儒释等诸家学说，变化出新，蔚为大宗，更使得人们乐意亲近它，遵从它。它也因此历经千百年沧桑，仍能安享人们的服膺和遵从。

朱熹曾说道教“有老庄书却不知看，尽为释氏窃而用之，却去仿效释氏经教之属，譬如巨室子弟，所有珍宝悉为人所盗去，却去收拾人家破瓮破釜”[1]，其实，它与儒释等诸家学说的关系是一种双向通流关系。在这种通流中它不断发展和完善自己，并因有效的拿来与融通，已然突破了早期的鄙陋和粗糙，特别是因历代富有修养的文人士大夫的解说和增益，得以穿过斋醮符箓等形式层的包裹，与主流文化连接起来。也因此，当游仙者带着无所谓冲犯门派约限的良好情绪，肯定俗世存在乃至肉体快乐的积极心态，去实践和印证它慷慨的许诺，求得生命的超越和永恒时，他们实际上是让一种文化得到了长久的延续。

许地山在《道家思想与道教》一文中曾经指出：“从我国人日常生活的习惯和宗教的信仰看来，道的成分比儒的多。我们简直可以说，支配中国一般人的理想与生活的乃是道教的思想。儒不过是占伦理的一小部分而已。”如果联系历史上各阶层人对游仙活动的投入，乃或游仙文化既设想超乎常识又存思不离人情的包揽广泛，如陈寅恪所说，“其中固有怪诞不经之说，而尚能注意人与物之关系，较之佛教，实为近于常识人情之宗教。然则道教之所以为中国自造之宗教，而与自印度所输入之佛教终有区别者，或即在此等处也。”[2]许氏的判

[1]《朱子语类》卷一二五。

[2]《天师道与滨海地域之关系》，《金明馆丛稿初编》，上海古籍出版社1980年版，第32页。

断显然是有道理的。

那么，游仙文化的观念来源及宗教形态究竟是怎样的？不同社会人群的游仙活动又有什么特点？进而，作为一种以宗教形态出现的旨在超越与永恒的生命活动，其如何参与传统的建构，其根本的意义和价值又在哪里？当透看光怪陆离、陌生至于隔山隔海的古人意念中的神仙境界，我们有一种目迷五色的晕眩！

第一章

游仙观念的历史形成

“挟飞仙以遨游，抱明月而长终”，是古代中国人特有的一种超越生命、证悟无限的方式，代表着企盼与天地并存、共日月同辉的美好愿望。本来，超越与永恒是人类一切宗教最普遍的追求，基督教宣示的永生与佛教张扬的涅槃无不如此。旨在获得超越与永恒的游仙活动自然也是如此。在很大程度上可以说，它构成了道教游仙活动的核心追求。

在中国人的心目中，游仙总是和道教联系在一起。白日飞升，羽化登仙谁也没有亲眼目睹过。脑海中仙人的形象，大都是从道士身披鹤氅、手执羽扇的样子中获得的。所以，一般人的观念里仙与道也就形影不离，仙风必有道骨，得道能方成仙。

道教是从中国本土孕育出的一种宗教，以道教为根基的游仙活动最充分地体现了这种宗教的本土根性，正如日人窪德忠所说：“似乎可以认为现实的人们使具有天生肉体的生命无限延长，并永远享受快乐的欲望，导致了产生神仙说这一特异思想，这种思想在其他国家是没有的。”[1] 为了把握这种宗教的文化内涵，有必要到中国人原始宗教

[1] 窪德忠:《道教史》，萧坤华译，上海译文出版社 1990 年版，第 56 页。

意识和传统哲学思想中去追寻其根源。

昆仑、蓬莱与神仙

中国人的深层意识，是谁都想长生久视，所谓“好死不如赖活”，而神仙不但不死，还能享尽生命的快乐，最是让人羡慕，所以又有“快活似神仙”、“赛过活神仙”之类的俗语。对这一点外人颇难理解，因为他们的神祇都是高高在上的，只有天国的庄肃，却无凡间的快乐。

这种企慕神仙的观念早在两千多年前就渗透到中国人的内心，尤其燕、齐濒海之地，在祷福祈年欲望的刺激下，一批专谋长生不死术的方士出现了，他们被后世统称为“方仙道”或“神仙家”，然细按之，因所主方术不同，实有行气吐纳、服食仙药、祠社炼金、召神劾鬼等各派别[1]。东汉班固视其与医家一类，同为“生生之具”：

> 神仙者，所以保性命之真，而游求于其外者也。聊以荡意平心，同生死之域，而无怵惕于胸中。[2]

这是关于神仙观念的最早定义。

在这个定义中，“神仙”是作为一整一的概念使用的。但严格地说，“神”与“仙”两者本有区别，前者指不同于人类的灵威，一种绝对的超越性的存在，如引出万物的天神，它们各有司职，且神灵异类，非可学也；而后者则指靠修炼获得超人能力及永恒生命的人，他

---

[1] 其方有见录于《淮南万毕术》者，见《隋书·经籍志》和《唐书·艺文志》，书今不传，清人孙冯翼和叶德辉有辑本，分别见《丛书集成》初编和《观古堂》二集，可为参看。

[2]《汉书·艺文志》。

通常无所司职，要在一定条件下才能转化成超越性的存在。

当然，神有永恒的生命，仙有超凡的神通，在超越性这一点上两者非常相似，所以两字又常通用。如《史记·封禅书》所载方士公孙卿对汉武帝言：“仙人可见，而上往常遽，以故不见。今陛下可为观，如缑城，置脯枣，神人宜可致也。且仙人好楼居。”这里的“神人”就指仙人。在日常用语中更常连用为一词，由凡登仙的八仙是神仙，永住天宫的玉皇也是神仙。当然，有鉴于追求超越与永恒的总是人，在这个意义上言及“神仙”，重点自不免落在“仙”字上，以至后来葛洪撰《神仙传》，所传皆为历代登仙之人；道教所谓神仙思想，因此也常被人称为仙学。故要追溯古代神仙观念的渊源，必须先从“仙”字入手。

“仙”是后起字，本作“䙴”，《说文解字》段注解作“升高”，加上人字旁，便有“长生僊去”之意，如《庄子·天地》谓圣人“千岁厌世，去而上僊”，即尽天年之寿而升天物化。转化为名词，指长寿升天之人，如《释名》所谓“老而不死曰仙”。这里实际上包含了如下两个观念：一是灵魂永生。在周民族生活的陕原以西，流行着人死火化的习俗，如《墨子·节葬下》明确记载：“秦之西，有仪渠之国者，其亲戚死，聚柴薪而焚之，熏上，谓之登遐。”登遐，《太平广记》引《博物志》作“登霞”，即升天之意。《吕氏春秋·义赏篇》也有类似的记载：“氐羌之民，其虏也，不忧其系累，而忧其死不焚也。”火化是为了让灵魂驾青烟上升，在天国得到永生。时人受原始宗教的支配，对此深信不疑，故不怕被囚禁捆绑，只担心不能往生天国。一是祈求长寿。盖先民最初的生存环境恶劣，时刻受到自然力的威胁。出于本能，常在生活实践中摸索生存之道，基于其时人命大多短促而萌发了祈求长生的意识，并嗟叹之，舞蹈之，故《诗经》中常常可以看到“以祈黄耇”、“黄耇无疆”之类的祝愿之辞。[1]黄，指黄发，古人以“人少则发黑，老则白，白久则黄”[2]；耇，指老人脸上特有的色斑，《说文》释以“老人面冻黎若垢”，段注引孙炎语，谓“耇，面冻黎色，如浮垢”，故黄耇就是长寿的意思。

这两种观念结合在一起，表达的是当时人美好的愿望：在地上享尽生命的厚赐后，得以摆脱肉体升天，让灵魂永生，与天地相始终，这便是“仙”最原初的意义。在最早的仙人传说中，这种火化登仙的痕迹时可见到。如刘向《列仙传》记载神农时的赤松子就“能入火自烧”，后常住昆仑山西王母石室中，“随风雨上下”，通过焚烧成了仙人。黄帝时的宁封子也曾得异人传授，“积火自烧，而随烟气上下，视其灰烬，犹有其骨”，故刘向称其“铄质洪炉，畅气五烟”。《史记·封禅书》称宋毋忌等“为方仙道，形解销化”，裴骃《集解》引张晏曰：“人老而解去，故骨如变化也，今山中有龙骨，世人谓之龙解骨化去也。”时方士又谓之“尸解”，即解开尸体，放出灵魂，使升天化仙。由司马贞《索隐》引《白泽图》所谓“火之精曰宋无忌，盖其人火仙也”可知，他大概也是经火化尸解成仙的。

那随风雨烟气上下的自然不是肉体而是灵魂，《楚辞·远游》说仙人“载营魄而登霞兮，掩浮云而上征”，“营魄”就是魂魄，古人认为人死后魂魄无所依附，到处游动，故又称为“游魂”。仙人的魂魄登霞乘云而上征，在天周流游览就成了游仙。如前及庄子笔下那位令人企羡不已的超凡人物，居住在遥远的姑射山上，“肌肤若冰雪，绰约若处子，不食五谷，吸风饮露，乘云气，御飞龙，而游乎四海之

[1] 分别见《大雅·行苇》和《商颂·烈祖》。
[2] 王充：《论衡·无形篇》。

外”的“神人”[1]，实在就是后世眼中“仙人”的范本。后来描写仙人的辞赋和诗歌都津津乐道他们食天地之气，葆青春之容，超越时空的存在，周游于自由之域的漫游生活，吟咏仙人之诗更多题称作“游仙诗”，大概皆由此而来。

前及齐景公尝酒酣问晏子：“古而无死，其乐如何?”[2]历代载籍中也有许多“不死”的传说。如《山海经》的《大荒南经》中有“不死之国”，《海内经》有“不死之山”，《海外南经》更有“不死之民”，“不死国有人爰处，员丘之上，赤泉驻年，神木养命，禀此遐龄，悠悠无竟”。如果稍加注意可以发现，这些传说大都发生在被视为黄河之源的昆仑山附近。黄河是中华文化的发源地，古人对它的源头充满了一种神秘的信仰。所谓“黄河之水天上来”，他们相信昆仑山就是连接天地的天柱，“日月之所道，江汉之所出”的“中央之极”[3]，巍巍的山巅是天庭，而屈原《天问》所谓的“昆仑县圃”是悬在天上的花园。所以，昆仑山在《海内西经》中被描绘成“百神之所在”的“帝下之都”，那里山高万仞，有身大类虎、九首人面的开明兽把守天庭大门；庭内聚集了许多神禽异兽，奇花珍草，更有不死树和不死药。到了《淮南子·坠形训》中，它直接成了登天的天梯：登上昆仑之丘，有“饮之不死”的白水；上有凉风之山，“登之而不死”；再上有悬圃之山，凡人到此，“能使风雨”；再往上攀登，就是“太帝之居”的天庭了。

其实昆仑神话起源甚早，先秦典籍如《穆天子传》就曾记周穆王“已饮而行，遂宿于昆仑之阿，赤水之阳”，又“升于昆仑之丘，以观黄帝之宫”。《竹书纪年》也载穆公十七年，“西征昆仑丘，见西王

---

[1]《庄子·逍遥游》。

[2] 见《左传·昭公二十年》。

[3]《淮南子·时则训》。

母”。除前及《海内西经》外，《山海经》之《西次三经》和《大荒西经》都曾述及其地理形貌。至汉代，《淮南子》及诸谶纬书对其也有许多描绘，魏晋南北朝所出之《博物志》、《拾遗记》、《神异记》、《十洲记》等都不断增饰神异之，而道书如《上清外国放品青童内文》、《洞真太霄隐书》等更极而言之，大肆张皇，故登上昆仑山，似乎也就等于升上了天。因此又出现了一个古仙字——“仚”，非常形象地表明人登上山就可能成仙。以后它被写作“仙”，故《说文解字》曰：“仙，人在山上貌，从人山”，《释名·释长幼》也谓：“仙，迁也，迁入山也，故制人傍山也。”而据《说文》的解释，这“迁”也是登的意思。如果说“仚”字还带有原始宗教灵魂升天的意味，那么“仙”字所代表的“择灵山以养性，处深山以修道”，显然更切合后世道教徒的游仙活动。由于仙与山有这样的不解之缘，两者的关系又是如此的密切，以致人们总认为仙人都是生活在深山中的，而道教的洞天福地，也确实无一处不在山中。

由升天化仙到升高成仙，造字的变化暗寓了人对肉体长生的认知和措置。此外，那里还有许多不死之药的传说，它的功能也由起死回生变为长生不死。《山海经》多次提到不死之药，如《大荒南经》说巫山有“帝药八斋”，郭璞认为此“帝药”就是天帝神仙药。《大荒西经》谓灵山有十巫，“从此升降，百药爰在”。《海内西经》载“开明东有巫彭、巫抵、巫阳、巫履、巫凡、巫相，夹窫窳之尸，皆操不死之药以距之。”据郭璞注，“距”即救治之意。窫窳是蛇身人面的神，遭谋害后天帝命群巫救之。这里，由郭璞注引《世本》之“巫彭作医”，《楚辞·招魂》之“帝告巫阳”，称其“皆神医也。”[1]可知这种

[1] 杨慎：《艺林伐山》卷四《巫山》引郭璞《巫山赋》谓：“巫山，以帝尧医师巫咸封于斯山得名。”

不死之药是由兼任医师的巫掌管的。

昆仑山想必也是如此。同是上面这段记载还提到了羿，说他能攀上昆仑山的八隅之岩，以后此事被演化成上山求药，所谓“羿请不死之药于西王母，姮娥窃以奔月。怅然有丧，无以续之”[1]。西王母是主掌灾疫刑罚之神，又主婚育，为女仙之首，羿向其求取不死之药，不料被嫦娥偷吃，只好怅然等死。类似的故事也见诸《韩非子·说林上》，有人向楚王进献不死之药，谒者拿着药进宫，一宫中侍卫问可不可以吃，当听说可以，便一把夺来吃了。楚王得知后怒欲杀之，侍卫于是托人前去游说：“臣问谒者，曰可食，臣故食之，是臣无罪，而罪在谒者也。且客献不死之药，臣食之，而王杀臣，是死药也，是客欺王也。夫杀无罪之臣，而明人之欺王也，不如释臣。”楚王听了这段巧辩，无可奈何地免了侍卫的罪。羿的不死药被妻子偷服，怅然若丧，楚王的不死药被侍卫抢吃，愤然大怒，全是因为失去了长生成仙的机会。而楚王不杀侍卫尤可玩味，他之所以这样做，是不愿看到自己的美梦变成泡影，因为倘杀了侍卫，不死之药便成了死药，若由此名不副实再治献药者之罪，往后还有谁敢继续进献？而自己不能赖此长生，这荣华富贵岂不变成了过眼烟云？所以尽管他操有生杀之权，也只能忍下这口气。

不死之药可以使人的肉体像灵魂一样得到永生，这反映了神仙观念的一种变化：仙本来是肉体死灭后登霞乘云的灵魂，它虽能漫游天国，却不免孤寂落寞，现在它可以就是有七情六欲的不死的肉身，用闻一多的话，成了“因灵魂不死观念逐渐具体化而产生出来的想象的或半想象的人物”[2]，安处人间，享尽佚乐，这对人自然是极大的诱

[1]《淮南子·览冥训》。

[2]《神仙考》，《闻一多全集》第1册，生活·读书·新知三联书店1982年版，第157页。

引。并且，较之前面说的火化登仙毕竟外在于人的直观经验，无证可验，服食不死之药是有术可求，更使人趋之若鹜。于是到战国，就出现了一种专以求药成仙为目的的方仙术。据《史记》记载，当时在赵有乐巨公，在魏有石申夫，在韩有侯生，在齐有徐福、韩终，燕地就更多了，有宋毋忌、正伯侨、充尚、羡门高等人。[1]这说明求仙热潮由西向东，席卷整个黄河流域，从源头昆仑山，中经三晋大地，涌向濒海的燕、齐。

燕、齐一带人因海上交通便利，思想本就活跃，以至能发创奇谲的阴阳五行说，它对各种方术乃至后来的道教产生了很大的影响。[2]天方奇谈，海外异闻，在人们头脑中形成各种奇思异想；而旭日东升，晚霞西映，湾海弥漫的雾气和幻妙的海市蜃楼，更使人对广远的大海充满了幻想，最后那些若隐若现的岛屿都被想象成了海上仙山。其中最神奇的莫过于蓬莱、方丈、瀛洲三山，据说山上的宫殿全用黄金白银砌成，飞禽走兽与奇物珍品则一色素白，远远望去如一团缥缈的云锦，等到山前它却神奇地没入水中。更重要的是那儿住着许多仙人，持有不死之药，是为“群仙缥眇，餐玉清涯……翔天沼，戏穷溟，甄有形于无欲，永悠悠以长生”[3]。但那些仙山不是凡人可以到达

[1] 乐巨公，见《史记·乐毅传》，赵灭后亡齐。据《秦始皇本纪》记载，为秦皇求仙人不死之药的先后有徐福、韩终、侯公、石生。徐是齐人，《列仙传》说“韩终齐人”；侯公即侯生，《说苑》说他是韩人；石生即石申夫，《汉书·艺文志》说他是魏人。宋毋忌等《封禅书》说都是燕人。其中充尚，《汉书·郊祀志》作“元尚。”

[2] 战国时，以齐人邹衍为代表，倡阴阳五行说，其所论多有为秦汉儒家、道家所吸取的，即方士也暗袭其术，只是不能淹通，故不免有“怪迂阿谀苟合之徒”兴，事见《史记·封禅书》。早期道教也多采其说，如《太平经》之言“以阴阳五行为家”，“专以奉天地顺五行为本”，《老子想尔注》之主张“和五行，令各安其位”皆如是。《参同契》和《黄庭经》等讲内外丹学，从义理到术语，也有沿用其说并发扬光大者。

[3] 木华:《海赋》,《文选》卷一二。

的，只有方士“依于鬼神之事”，才具有这种能力。他们的职能与上古的巫相似，被认为是能够往来天地沟通神人的媒介。不死之药传说中掌握在巫手里，现实中自然要靠他们才能找到，所以那些幻想长生的君王屡屡派其入海往求。

由此求仙热潮的东渐，人们信仰的仙乡也从西方的昆仑转移到东方的海上。那些海上仙山为什么如此神秘，在人即将抵达时即没入水中？人们相信水府中一定有更神秘的力量在支配着一切，于是就有了这样的想象：渤海之东不知几亿万里，有个深不可测的巨大壑谷名“归墟”[1]，虽天下万水流归于此而不见增减。中有岱舆、员峤、方壶、瀛洲、蓬莱五山，山上金台玉观庄严，素禽缟兽杂处，奇树丛生，果实食之皆可令人永寿，居住在山上的都是仙圣之种，日夕御风而行，不可胜数。这五座山因其根无所连着，是天帝命禺疆使十五巨鳌分作三班，举首负驮，每六万年轮换一次，所以常随海波，上下浮动。后有龙伯国大人到此钓走六鳌，于是岱舆、员峤因失负托，流至北极后沉没，只剩下方壶、瀛洲和蓬莱三山浮于海上。[2]

正如把昆仑当做仙乡是来自于对黄河源头的崇拜一样，想象归墟是仙乡也源于人们对黄河入海的神秘信仰。古人见滔滔黄河水日夜不停地东注入海，而海水并不见涨溢，自会感到神奇，屈原就在《天问》中发问：“东流不溢，孰知其故？”对此，《庄子·秋水》是这样

---

[1] 见《列子·汤问》，张湛注：“归墟，或作归塘。”依《说文》释“墟”为“大丘也”，而此处水渊也谓墟，正可与“昆仑之墟”相应合。至以后道教徒称洞天为“洞墟”，更可见其内在的意脉联系。

[2] 见《列子·汤问》与张华:《博物志·异人》。又，《楚辞·天问》有“鳌戴山，何以安之”，王逸注引《列仙传》曰：“巨鳌戴蓬莱山而抃沧海之中”。《史记·封禅书》称“自威、宣、燕昭使人入海求蓬莱、方丈、瀛洲三神山者，其传在渤海中，去人不远。患且至则船风引而去。盖尝有至者，诸仙人及不死之药皆在焉。”

回答的，“天下之水，莫大于海，万川归之，不知何时止而不盈；尾闾泄之，不知何时已而不虚。春秋不变，水旱不知，此其过江河之流，不可为量数。”所谓“尾闾”，就是排泄海水的地方，据说在碧海之东，方圆四万里，厚四万里，因居百川之末，为众水所聚，故称尾闾。这个神秘的众水所聚之处，就是被居住在黄河入海处初民想象为仙乡的“归墟”[1]。

东西方两个仙乡由浩荡的黄河连成一脉，游仙的天地就此得到极大的拓展，是为“览观县圃，浮游蓬莱”[2]。试看《楚辞·远游》中的描写：诗人因“闻赤松之清尘兮”，“羡韩众之得一”，而“吾将从王乔而娱戏”，因羡慕其人得道成仙，清静恬愉，也欲“餐六气而饮沆瀣兮，漱正阳而含朝霞。保神明之清澄兮，精气入而粗秽除”。“沆瀣”为夜半之气，“正阳”为日中之气，“朝霞”为日出之气，均属“六气”，食气可使人去浊存清，身体变重为轻，如此“质销铄以汋约兮，神要眇以淫放”，就能轻举升天，“顺凯风以从游兮”。诗又说“朝发轫于太仪兮”，“太仪”是天帝之庭，即昆仑之墟，早晨从天上仙乡出发，过勾芒（东海之神），遇蓐收（西方之神），历祝融（南方之神），从颛顼（北海之神），一路上驾八龙，载云旗，驱役百神，前有飞廉导路，后有文昌掌行，左有雨师服侍，右有雷公护卫。游毕四方，“夕始临乎于微闾”，“微闾”即尾闾，晚上就下到海中仙乡。“上至列缺兮，降望大壑。下峥嵘而无地兮，上寥廓而无天”。“列缺”指昆仑山上列仙的宫阙，“大壑”就是归墟。从出天之上寥廓无垠的昆仑，到居海之下深不可测的归墟，这种“经营四方，周流六漠”在后

[1] 参见王孝廉：《中国的神话世界》，作家出版社1991年版，第73—75页。
[2]《汉书·郊祀志下》载谷永语。

人看来就几乎是游仙。[1] 也因此，其“仍羽人于丹丘，留不死之旧乡”的祈愿，成为历代人心向往之的追求。

长生久视之道

这种梦幻追求还受到以老子为代表的道家哲学的深刻影响。读《老子》一书，印象最深的恐怕要数开篇第一句“道可道，非常道”，它几乎成了道家的标签。不过这个“道”字本非道家专利，其最初指道路，后辗转引申出道理一义，及其所阐发的思想和所包含的规律，如《易·说卦》所谓“立天之道曰阴与阳，立地之道曰柔与刚，立人之道曰仁与义”，故诸子百家之说皆可称为“道”，也各有其所谓“道”。孔子就说“吾道一以贯之”[2]，儒家的君子之道多循人伦日常之用，有强烈的道德色彩法家以治国之道为经邦理民之本，实践理性的色彩更浓。将“道”上升为宇宙万物的本原，并赋予其形而上意义的是老子。尽管《老子》一书中“道”有不同的含义，但这种本原性的指涉是最根本的，所以后世理所当然地给信奉老子的学派贴上“道家”的标签。

道教游仙文化受多方面思想的影响，如墨家的天志明鬼，杨朱的贵己养生，稷下学派的阴阳五行等等，但最大的影响不能不说是来自于道家及其所主张的“道”。老子可谓中国古代第一个哲人。当人们还在凭藉幻想，借助经验描述眼前的世界，老子就已经带着思辨的

---

[1] 王夫之:《楚辞通释》卷五称《远游》“所述游仙之说，已尽学元者之奥，后世魏伯阳、张平叔所稳秘密传，以诧妙解者，皆已宣泄无余。盖自彭、聃之术兴，习为淌洸之寓言，大率类此，要在求之神意精气之微，而非服食、烧炼、祷祀及素女淫秽之邪说可乱，故以魏、张之说释之，无不吻合，而王逸所云与仙人游戏者，固未解其说，而徒以其辞耳。”

[2]《论语·里仁》。

眼光寻求宇宙万物的本原。日月经天，星汉灿烂，山川行地，草木欣荣，万物是如此的生机勃勃，这一切是谁创造的？在老子看来，它不可能是物本身，因为物自身也是被创造者，且有质有形，可识可扪。所以，在物之上应该另有一超越性的存在，所谓“有物混成，先天地生。寂兮寥兮，独立而不改，周行而不殆，可以为天下母”[1]。在老子的冥想中，它“视之不见”，“听之不闻”，“搏之不得”，说是一种物质，却“复归于无物”；说是一种精神，却有“无状之状，无物之象”[2]。它不可捉摸，独立存在，运行于天地之间，孕育着万物而永不衰竭，老子将其称为“道”。他说：“道生一,一生二,二生三,三生万物”[3]，明言它就是创造万物的原动力。

然而，老子对道的描述又是神秘的：“道之为物，惟恍惟惚。惚兮恍兮，其中有象。恍兮惚兮，其中有物。窈兮冥兮，其中有精”[4]就拿“有物混成”来说，令人想到《庄子·应帝王》中的一则故事：南海之帝叫儵，北海之帝叫忽，中央之帝叫浑沌，前两人常聚集在浑沌之地并得浑沌善待，于是商量着报答其恩德：“人皆有七窍以视听食息，此独无有，尝试凿之。”他们本意是想替浑沌凿出眼耳嘴鼻，好让他得到感官的享受，有以观看斑斓的色彩，聆听奇妙的声音，品尝美味的食物，呼吸新鲜的空气。哪知道待七窍凿成，浑沌却死了。这个故事大概来自远古的创世神话，浑沌就是非无非有的意思，指称的是先于一切事物而存在的广袤虚无的空间，意同英文“chaos”之指向宇宙的本源及其初始状态。老子正是通过这个若有若无的混成之

[1]《老子》第二十五章。
[2]《老子》第十四章。
[3]《老子》第四十二章。
[4]《老子》第二十一章。

道，来说明“天下万物生于有，有生于无”[1]的道理。

先民头脑中的神话扑朔迷离，老子所谓的道恍惚窈冥，两者都试图解释世界的成因，之所以在思理上有惊人的相似，是与中国人的原始宗教意识密切相关的。如果说神话是这种意识的形象化，那么道就是它的抽象化。“哲学最初在意识的宗教形成中形成，从而一方面它消除了宗教本身，另一方面就它的积极内容来说，它自己还只是在这个理想化的、化为思想的宗教领域内活动”[2]。老子以自己的天才智慧，设想道为宇宙的本原，并创设以此为核心的本体论哲学，超越了原始宗教的宇宙观，但他对道的描述不可能彻底摆脱宗教的影响，因此其道论仍可看到许多宗教神话的痕迹。

其中最主要的恐怕就是对生命永恒的信仰与追求了。前面已经说过，先民对生命现象有着本能的关注，向上天祈祷长寿不死，并幻想灵魂飞升，实际上是企望个体生命能以另一种形式延续。又由于生命来自母体，人类在初始阶段只知有母不知其父，信仰并追求生命永恒的宗教意识，在母系社会就很自然地幻化为女性创世神话。其中最著名的是女娲传说，女娲炼五色石补天，抟黄土造人，故《说文解字》说她是“化万物者也”，即生命的创造者。无独有偶，瑶族至今还保留着女神密洛陀创造生命的神话：在开天辟地之后，密洛陀设计造人，她起先用泥土、米饭、南瓜、红薯为材料，都没有成功，想到应该先择一好地，遂遣各种鸟兽去寻找。最后鹰找到了一温暖如春、鲜花盛开的山谷，有许多蜜蜂在树上作巢，密洛陀将蜂巢背回来，昼夜各炼三次后装进木箱，九个月后，有哭声从箱内传出，打开一看，所

[1]《老子》第四十一章。

[2]《马克思恩格斯全集》第1册，人民出版社1985年版，第26页。

有蜜蜂都变成了人。[1]可以认为，原始宗教对女性尤其是女性生殖力的崇拜，是被注入生命终极关怀的意味的。

在老子那里，道也被赋予一种母体的特征，它化育万物，生生不息，此所谓可“以为天下母”[2]。他又说：“谷神不死，是谓玄牝。玄牝之门，是谓天地根。绵绵若存，用之不勤”[3]。“谷神”略同于宇宙变化莫测永恒不灭的元气，是道的一种比喻说法。[4]道之所以永恒不灭，就因为它如“玄牝”，即最原初的女性生殖器官，它隐藏在人体深处，能创造出绵绵不断的生命，这正是道最好的象征。老子透过天地万物构成的现象世界，在其根极处找到道这个宇宙之本原，它幽远深眇，具有无限的创生能力，万物由它孕育，有生有灭，而它自己却弥天彻地，无始无终。所以，“既得其母，以知其子；既知其子，复守其母，没身不殆”[5]。他一方面要人以道观物，认识瞬息万变的现象世界；另一方面又主张由物返道，把握永恒长在的宇宙本体。认为只有皈依宇宙本体，与道同一，个体生命才会超越现象界，回归初始的虚寂，才会充溢生机并获得永恒，所谓“归根曰静，静曰复命”[6]。在这里，复归于天地之根一如复归于创生万物的母体，是复归于生命最

---

[1] 见袁珂：《中国神话史》第十六章，上海文艺出版社1988年版。

[2]《老子》第五十二章。

[3]《老子》第六章。

[4]“谷”与“神”有别用也有合称，《老子》“神得一以灵，谷得一以盈”是别用，“谷神不死”则为合称。“谷神”一词，《列子·天瑞》以为出于黄帝书，诸家解释各异，有以指虚空莫测之道，王弼注所谓“谷中央无谷也，无形无影，无逆无违，处卑不动，守静不衰，谷以之成而不见其形，此至物也”即是。有以指生养之神，所谓“道能生天地养万物”，不死而长在，说见今人高亨《老子正诂》，中国书店1988年版，第16页。也有以指保养和五脏神，如河上公注所谓“人能养神则不死，神谓五藏之神也”，以后又引申指道教的导引之术。

[5]《老子》第五十二章。

[6]《老子》第十六章。

重要的基础。

由此可知，老子的道同样充满了对生命永恒的追求。甚至可以说，对生命永恒的思考是他最根本的兴趣。人因死亡的存在愈益体悟到生命之可贵，又因生命的价值而更加意识到死亡之可悲，生死之念无时无刻不在侵扰着每一个人，此所谓“死生亦大矣，岂不痛哉！”[1]以探索宇宙人生为职志的哲学家如何回避得了这个生死问题？孔子抱定“未知生，焉知死”的态度，欲在有限的生命中实现人的价值，是努力探究所谓的“为人之道”；而老子力图让人的价值绵延于无限的生命中，最究心的是“为生之道”，所以对生死问题就比孔子投入更多的关注。

那么，如何使生命不死呢？老子提出摄生之说：

> 出生入死。生之徒，十有三；死之徒，十有三；人之生，动之于死地，亦十有三。夫何故？以其生生之厚。盖闻善摄生者，陆行不遇兕虎，入军不被甲兵。兕无所投其角，虎无所措其爪，兵无所容其刃。夫何故？以其无死地。[2]

据《韩非子·解老篇》说，出世为生，入地为死，人之身三百六十节，所谓“十有三”指人的九窍（上七窍、下二窍）与四肢，只有它们起作用，人才有生的意味，不起作用则表明死的来临。“凡民之生生而生者固动，动尽则损也，而动不止，是损而不止也，损而不止则生尽，生尽之谓死，则十有三具者皆为死死地也。”即人生而有食色等欲望，在欲望一次次得到满足的同时，其先天禀赋的生命力在一点

[1]《兰亭集序》，《全晋文》卷二六。

[2]《老子》第五十章。

点被损耗，以致最后寿命缩短。而善摄生则可以超越各种域限，获得长生。

摄生并不等于简单的养生，今人陈撄宁曾特别发扬摄之于生的四种功用："一，摄持自己身心，勿使妄动；二，收摄自己精力，勿使耗散；三，摄取外界物质，修补体内亏损；四，摄引天地之气，延长人的寿命。"[1] 老子所论显然偏重在第一义而兼有其他三者。万物皆如虎兕，心妄念身妄动就会招致犀角虎爪之害。如出行无常受风露之害，犯事无禁受刑法之害，爱憎无度受争斗之害，嗜欲无节受疾病之害。所以他提倡"守静"，"夫兕虎有域，动静有时，避其域，省其时，则免其兕虎之害矣。"即种种招灾惹祸的根由便会自然消失。这些祸根彻底消除，长生不死也就自然达致了，"是以圣人爱精神而贵处静"。

摄生是老子从道的永恒中体悟出来的诀窍。他探究"天长"与"地久"的原因，称"天地之所以能长且久者，以其不自生，故能长生"[2]。道不是为了自己而存在，故能生生不息，流衍大化。人的生命既然得自于道，也应该体道无为，坚守本原，而不要过于执著生命的享受，"夫唯无以生为者，是贤于贵生"[3]。这便是老子的长生辩证法。众人求生、贪生、溺生，结果只是加速死亡，"我独异于人，而贵食母"[4]，从道的母体中吮吸永不枯竭的生命乳汁，从而与道长在而共存。

如果说"食母"是老子摄生之大法，那么其欲达致的境界就是"复归于婴儿"[5]。在老子看来，婴儿生长母怀，吮吸乳汁，将自己融

---

[1]《道教与养生·〈老子〉第五十章研究》，华文出版社 1989 年版，第 16 页。

[2]《老子》第七章。

[3]《老子》第七十五章。

[4]《老子》第二十章。

[5]《老子》第二十八章。

入母体，从而获得充沛的生命力，个体生命与道的关系也应如此。而且，婴儿象征着最旺盛的生命，“含德之厚，比于赤子。蜂虿虺蛇弗螫，攫鸟猛兽弗搏，骨弱筋柔而握固，未知牝牡之合而朘作，精之至也。终日号而不嗄，和之至也”。“朘”即男孩的生殖器官，其勃然直起表明精气充盈；长时间号哭而嗓子不哑，都基于真气的充沛与纯厚。他完全顺应自然，依天性而为，外物也就无所害之了，此正食母抟气、体道无为的最好表现。因此，摄生就是要使自己永远保持赤子的状态，“物壮则老，谓之不道，不道早已”[1]，人一旦脱离母体走向成熟，实际上就意味着走向衰老，由于这违反了永恒之道，结果必然导致快速的死亡。

老子通过对“道”的论述，将追求生命永恒的思想升华为一种生命哲学，常问“载营魄抱一，能无离乎？抟气致柔，能婴儿乎？”[2]，是因为婴儿以阴魄守阳魂，能使两相合一，抱神以静。又称“常德不离，复归于婴儿”[3]，而“圣人在天下，歙歙焉为天下浑其心，百姓皆注其耳目，圣人皆孩之”[4]，将之推展到社会政治，是要说明道既生生不息，只要善于摄生，与道同体，生命也会长生不死。这就是老子道论带给后世游仙思想的启迪，它使后世崇道者、特别是文人士大夫的慕真修道行为获得了一种深湛的义理支撑，并因此求之深而行之久。

道家另一位哲人庄子对“道”的描述更有近似宗教的神秘性。《庄子·大宗师》说：“夫道，有情有信，无为无形，可传而不可受，可得而不可见，自本自根，未有天地，自古以固存，神鬼神帝，生天

[1]《老子》第五十五章。

[2]《老子》第十章。

[3]《老子》第二十八章。

[4]《老子》第四十九章。

生地，在太极之先而不为高，在六极之下而不为深，先天地生而不为久，长于上古而不为老。”接着讲了一个故事：南伯子葵见女偊年老而色若孺子，问其奥妙，女偊回答说是闻道的结果，并历述自己的求道过程，守道三日能够遗忘天下，七日能够遗忘外物，九日后竟能够遗忘生命。而一旦遗忘了生命，人就如朝阳初启，豁然开朗，是为“朝彻”；然后就勘破了生死，把握到独立存在的道，是为“见独”，由此与之俱往而无古今之异，最后竟至于独往独来，入于“不死不生”的永恒境界。

守道而与道合一能使童颜长驻，生命永存，这是庄子对老子生命哲学的继承。在老子那儿，守道的过程是体道无为的摄生，忘掉一切乃至自己去顺应自然，在庄子则进而主张勘破生死，如此死生一观，物我兼忘，就能体悟道的存在。他认为“道无终始，物有死生”[1]，人的生生死死是永恒的道在流衍生化中的短暂现象，生命的原始形态不过是气的表现：“人之生，气之聚也。聚则为生，散则为死。若死生为徒，吾又何患？故万物一也。”[2]正因为生与死只是气之聚散，所以生不足惜，死不足悲。可笑的是，人们蔽于自己肤浅的知见，反而忽略道的存在，执著于生命的外在形式，悦生恶死，这种虚妄的心理是得道的最大障碍。只有破除这种蔽障，超越生死的形式，使生命融化于无始终之大道，才能获得无生无死的永恒。这种对生死的彻底勘破，表面上似乎是对生命的漠不关心，其实是有高扬主体本位的内在自觉的。

庄子笔下的“神人”、“真人”和“圣人”都很能体现这种追

---

[1]《庄子·秋水》。
[2]《庄子·知北游》。

求。他们“乘天地之正，而御六气之辩，以游无穷者”[1]，“大泽焚而不能热，河汉沍而不能寒，疾雷破山，飘风振海而不能惊。若然者，乘云气，骑日月，而游乎四海之外，死生无变于己，而况利害之端乎？”[2]。即能驾驭气的变化，完全超越生死利害，进入物我两忘的境界。在这里，庄子用其无端崖的浪漫思维，将老子生命哲学演绎成一幅令人神往的与道俱在、无限绵延的图景，进一步激发了后世对得道求仙的热衷。当然，其间也包括对游仙生涯的不懈追求。

由于老庄的道充满了对生命的执著，带着一点几于荒诞的神秘与近乎玄微的缥缈，由此具有一种特别的“仙意”，闻一多怀疑它前身“很可能是某种富有神秘思想的原始宗教”，并因为其“在基本性质上恐怕与后来的道教无大差别”而称其为“古道教”[3]。这虽然不无见地，不过因注意道家与道教的渊源关系，特地从原始宗教的浑沌集合中分离出“古道教”似乎大可不必，因为就实有情形而论，没有不富于神秘思想的原始宗教。道教是土生土长的本土化宗教，其对原始宗教的承袭是整体性的，这种神秘思想的核心就是对生命的迷狂与信仰，老庄的道论将它哲学化了，升华为一种理性的追求，但在追求生命永恒的模式上仍留有其所从脱胎的痕迹是很自然的事情。也因为此，后来道教神仙之说很乐意接受这样的神秘之“道”。

神仙理论可以说就是围绕着“长生久视之道”展开的，它把老庄的道论奉为最玄妙的摄生修炼之法。比如，对前引《老子》的“谷神

[1]《庄子·逍遥游》。
[2]《庄子·齐物论》。
[3]《道教的精神》，《闻一多全集》第1册，生活·读书·新知三联书店1982年版，第143页。

不死，是谓玄牝”，神仙家和道教徒就多沿用之[1]，乃或将之阐释为胎息养生之术，称“天地之门，以吐纳阴阳生死之气”，而“谷”则象征空虚深藏的腹部，也即丹田，“谷神”便是丹田的元气。认为若善于导引，徐徐呼吸，缓缓出入，使气绵绵不断，若存若亡，流于五脏，润及四肢，人便“如山纳云，如地受泽，面色光泱，耳目聪明，饮食有味，气力倍加，诸疾去矣”[2]。再证之《庄子·在宥》篇所说的“至道之精，窈窈冥冥；至道之极，昏昏默默。无视无听，抱神以静，形将自正、必静必清，无劳女形，无摇女精，乃可以长生。目无所见，耳无所闻，心无所知，女神将守形，形乃长生”[3]，还有《刻意》所谓“彭祖寿考者之所好”，传彭祖活了八百岁，道教也将之列入《神仙传》，则既然吐故纳新能长生成仙，神仙家就更相信“谷神不死”的玄妙道机了。

再有，老子礼赞精气充盈、真气纯厚的婴儿，以象征一种“抟气致柔”的生命境界，神仙家们也无不崇尚备至，以至“婴儿”在以后成为道教一个重要的意象，既指无名无欲，又指无为守一。后世炼丹卫生之术更多以能致“婴儿”为养性修真之首务，外丹派固然借以隐指铅，以与隐指汞的“姹女”相对[4]，内丹派则以此指人之神之气，至于鹤发童颜则几乎成了他们心目中仙人的标志形象。炼就谷神不死

---

[1] 如刘一明:《悟真直指》卷二即谓“谷神之动静，即玄牝之门也。这个门，生天生地生人物，至无而含至有，至虚而含至实，在人身为四大不着之处，天地之正中，虚悬一穴，开阖有时，动静自然，本无定位，亦无形象，又号之曰玄关一窍，玄关者，至虚至灵，有无不立也。又号之曰众妙之门，众妙者，无理不具，无德不备也。”

[2]《太平御览·方术部》引《修养杂诀》。

[3] 葛洪:《抱朴子·祛惑》:“有仙人来迎我，共乘龙而昇天。良久，低头视地，窈窈冥冥。”

[4] 无住真人:《太清风露经·白石章第五》:“白石山间丹凤飞，白石山外运双扉。必知细水入天闱，求仙法象如婴儿。”又，刘体恕:《吕洞宾全集》卷三《文集（上）》之《谷神歌》中，有“火中姹女正含娇，回观水底婴儿俏。婴儿姹女见黄婆，儿女相逢两意和”句。

之身，长生久视，返老还童，就此成为人们游仙的终极目标。克里斯蒂安·乔基姆（Christian Joachim）称道教“把自身所追求的神圣目标设想为一种孩提般单纯的生活，并用‘童’或‘婴’作为表达超脱境界实质的象征”[1]，确实捕捉到了道家生命哲学对道教神仙思想影响的踪迹。如将一般宗教意义上使用的“神圣”改为道教所追求的“神仙”，那这种影响就更醒豁了。

总之，从创始初期对老子的神化，到成熟时期对老庄的扬弃和再神化，老庄道论所开辟出的永恒至境因与道教所追求的长生久视多相契合，使其玄之又玄的超越性叙说获得了被无穷推衍和神化的可能。当然，更为重要的是，道教的信仰本质也在“自然”两字，以为“夫道者，乃无极之经也”，“道已毕备，便成自然”[2]，所以它被道教引为资源，并获得广泛的影响几乎是必然的事情。

仙与道的融合

哲学与宗教是人类探索精神活动的两大支柱，两者虽有相互渗透之处，但总的来说还是有着清晰的分野。在先秦，同样追求生命永恒，道家以哲学的智慧，主张复归生命的本原，故摄生为主而近于医；仙家则以宗教的迷狂，乃至寻找外药的帮助，以方术为宗而近于巫。道教融取两者，将道家的养生宗教化，又将仙家的方术哲学化，并以之作为核心支柱，形成独特的神仙思想，因此，游仙观念的形成过程实际上就是仙与道的融合过程。

《庄子·应帝王》曾记载这样一个故事：郑国巫士季咸神通广大，

[1] 克里斯蒂安·乔基姆：《中国的宗教精神》，王平等译，中国华侨出版公司1991年版，第12页。

[2] 王明：《太平经合校》，中华书局1960年版，第25页、第472页。

能预卜人的祸福寿夭。列子见之心醉，回去向老师壶子极口称道，“始吾以夫子之道为至矣，则又有至焉者矣”。壶子命引其来见，先“示之以地文”，萌然兀坐，如大地之静。季咸见壶子面如湿灰，出门断言他十日必死。列子泪流满面以告。壶子请其再来，复“示之以天壤”，动不失宜，如天机玄应，一任自然。季咸见此复谓壶子全然有生。及至第三次被请去，见壶子示之以“太冲莫胜”，动静不殊，本迹无别，一如太虚冲和，不分优劣，根本无法测其吉凶，只得托辞心迹不齐，无得而相。以后再见壶子，还没立定就惶然逃走了，原来这次壶子“示之以未始出吾宗”，即虚己忘怀，委顺万物，不离常道而又变化无方，境界之高，连神巫也莫能测其高深了。

后来的神仙家也津津乐道一个叫壶公的故事：有一翁白日市上卖药，治病皆愈，晚上跳入悬在座上的空壶，故人称壶公。尝著《召军符》、《召鬼神治病王府符》凡二十卷，又名《壶公符》。一个叫费长房的人偶见之，知遇异人，每日将其药摊前的地打扫干净，并一连数次携酒食拜访，壶公知其意，约以明日再来。旦日复诣公，公乃邀其一起跳入壶中，壶里金楼玉观，摆满佳肴美酒，于是两人对酌。公说自己本神仙，因犯错被贬人间，今谪期已满欲回，愿点化他成仙。后费长房受其设置的多重考验，终因笃信未至，功亏一篑。临别，壶公惋惜地赐以竹杖，让他骑回家，主管地上的鬼神。[1]

庄子笔下的壶子，据修为来看大约是道家一派的人物。从道家的壶子到道教的壶公，一个“壶”字似隐隐透出两者渊源的消息。“壶”即壶卢，也称葫芦，以前道士常将它挂在腰间。关于它道教还有好

---

[1] 见《后汉书·方术列传下》和《神仙传》卷九。

多神奇的传说，其中一则是说有个叫施存的道士，学习丹道“三百年，十练不成，唯得变化之术”，腰间总悬挂着一只硕大的葫芦，能变化天地，出入日月，到了晚上就睡在葫芦里，自号“壶天”，人们因而称其为“壶公”[1]。此即道教“壶天”一说的来源。壶中上有日月经天，下有楼观拔地，似是人间现世的缩影。其由“壶”化生天地，足以使人联想到道家所论之“道”。道教之所以称道教是因为它也信奉这个“道”，不过加以宗教化的阐释，说它是“范铸二仪，胞胎万类”[2]。“壶”就是“道”的一种神化，形象地浓缩着道教神秘而独特的宇宙观。

正因为如此，道教对“壶”是非常崇尚的，道士常用葫芦盛仙丹，炼丹的鼎炉也铸成葫芦形状，并用以象征乾坤之炉可采天地之气。壶中的天地就是神仙的世界，金楼玉观，甘肴旨酒，让人享用不尽，所以求仙者趋之若鹜的海上三神山也被称为“三壶”，“三壶，则海中三山也。一曰方壶，则方丈也；二曰蓬壶，则蓬莱也；三曰瀛壶，则瀛洲也。”[3]而所谓“壶天”也就成了仙境的别称。能在这种仙境中悠闲生活的当然是那些“壶公”了，他们炼丹卖药[4]，度人成仙，一派神仙风范。如果说“壶”是“道”的神化，那“壶公”就是“壶子”的仙化。如前所说，壶子道行之高，连神巫都甘拜下风，与庄子笔下“真人”、“神人”、“至人”一样，极易成为道教神仙的蓝本。准此，以对“壶”的崇尚为契机，把道家的“壶子”改化成神仙的“壶公”，在道

[1] 见《云笈七签》卷二八引《云台治中录》。

[2]《抱朴子·明本》。

[3] 王嘉：《拾遗记》卷一《高辛》。又《列子·汤问》谓北方神仙国有“壶领山”，壶领即“壶岭”也。

[4] 王悬河：《三洞珠囊》：“壶公谢元，历阳人，卖药于市，不二价，治病皆愈。”

教应该说是顺理成章的事。[1]这种改化很真切地体现了道与仙的融合，它以对现实的另类指涉，曲折地幻射出道仙融合的历史痕迹。

其实，早在这类传说出现之前，黄老学和方仙道就已经开始融合。如前所说，方仙道从事求仙寻药、形解销化之术，流行于燕、齐海滨一带。黄老学是一种从老子哲学演变出来的统治术，先秦法家多奉以为治政之基础，故《史记·老子韩非列传》将道、法两家同列，谓申不害之学“本于黄老而主刑名”，韩非“喜刑名法术之学，而其归本于黄老”。汉初，黄老的无为而治因适应与民休息的社会需要走红一时，一些社稷重臣都信奉之，如陈平少时“好黄帝、老子之术”，文帝时任左丞相，以为宰相职责就是无为而任下，“使卿大夫各得任其职”[2]。堪为代表人物的是曹参，惠帝初为齐相，时天下初定，他向长老诸生求教治民之法，众说纷纭，未知所定。后闻胶西有盖公，“善治黄老言”，于是备礼往请，从其“治道贵清静而民自定”的主张，“其治要用黄老术，故相齐九年，齐国安集，大称贤相”。后代萧何为相，“日夜饮醇酒”，惠帝责以不治国事，答以“高帝与萧何定天下，法令既明，今陛下垂拱，参等守职，遵而勿失，不亦可乎?”如此为相三年而天下大宁，民间盛赞“萧何为法，颟若画一；曹参代之，守而勿之。载其清静，民以宁一。”[3]

---

[1] 马王堆1号、3号墓帛画都将下部表现现世与地界的双龙处理成壶形，鲁惟一（Michael Loewe）较早注意到其意义，但仅将此视作对蓬莱仙境的空间象示。见其所著 *Ways to Paradise: The Chinese Quest for Immortality*, London: George Allen and Unwin, 1979, pp.37—39。小南一郎则联系三国、西晋时代“神亭壶”、“魂瓶”和“谷仓罐”，指出其实寓示离世仙化的路径，作为仙界与世间的桥梁，人既可假此升入仙界，仙也可由此返回人间。见其所作《壶形の宇宙》，日本《东方学报》1989年，第61册。启良更据画中有双鱼置于裸人叉开的双腿间，指出其为阴阳交合、生殖孕育之象示。见其所作《马王堆汉墓“非衣帛画”主题被揭》，《求索》1994年第2期。

[2]《史记·陈丞相世家》。

[3]《史记·曹相国世家》。

黄老学作为君人南面之术，本与方仙道没有瓜葛，且汉初提倡黄老无为，实是因为秦亡的教训，所以时人对秦始皇求仙多持批评态度。如陆贾认为“道莫大于无为”，人主应“寂若无治国之意，漠若无忧天下之心，然而天下大治”，而“秦非不欲为治，然失之者，乃举措暴众而用刑太极故也”[1]。至于兴师动众地寻求仙药，妄想万寿无疆，同样有悖于无为之上道，因此他告诫世人，也包括统治者：“由人不能怀仁行义，分别纤微，忖度天地，乃苦身劳形，入深山，求神仙，弃二京，捐骨肉，绝五谷，废诗、书，背天地之宝，求不死之道，非所以通世防非者也。”[2]可见，黄老学说的信奉者是把求仙看成误国行为的，且其汲汲于有为乃在一己之私，因而明确予以反对。

然而在《史记·乐毅列传》中，又能看到这样一段有关黄老学师承关系的记载：

> 乐臣公（一作巨公）学黄帝、老子，其本师号曰河上丈人，不知其所出。河上丈人教安期生，安期生教毛翕公，毛翕公教乐瑕公，乐瑕公教乐臣公，乐臣公教盖公，盖公教于齐高密、胶西，为曹相国师。

这里突然出现了一位来历神秘的河上丈人，自然很容易让人想起《神仙传》中的河上公[3]，而其弟子安期生也被列入《列仙传》，是为“北

[1]《新语·无为第四》。

[2]《新语·慎微第六》。

[3] 河上公亦称“河上真人”，为齐地方士，黄老哲学集大成者，方仙道的开山祖师。《神仙传》尝谓其人隐迹，“莫知其姓名也”。五代天台山道士、著有《仙苑编珠》的王松年有《天台山怀古六首》，其中之一即咏《河上真人丈人公》：“天台顽石念真经，瑯玡古柏颂黄庭。仙人坐痕依稀辨，犹忆丈人河上公”，可为参看。

极真人”。黄老学派的传人竟成了“卖药海边”的方仙，是颇可玩味的事情。他是曹参的五传之师，而《史记》又说他曾与蒯通同时“干项羽，羽不能用”，后曹参为相，请蒯通为客。两则记载年辈相差甚远，必有一非，太史公或因史料缺乏，不能定夺，故两存之。但依今人闻一多的考证，所谓安期生、乐瑕公与乐臣公实即一人，之所以析为数人，是出于炫耀渊源的心态。[1] 由此看来，黄老学派的传授谱系是间杂有方士欲自高其术、托体自尊的编造的。

方士上攀黄老大概有主客观两方面原因。主观上是因当时帝王崇尚黄老，攀附其说便于兜售方术。客观上则因黄老学说中确有许多养生要诀，契合于他们的信仰和主张。老子之说已如上述，托名于黄帝的《内经》[2]，更有许多医理为神仙家所汲取，其中像《素问·上古天真论》，借黄帝之口说上古有真人，“提挈天地，把握阴阳，呼吸精气，独立守神，肌肉若一，故能寿蔽天地，无有终时。”中古有至人，“淳德全道，和于阴阳，去世离俗，积精全神，游行天地之间，视听八达之外”；有圣人，“处天地之和，从八风之理，适嗜欲于世俗之间，无恚嗔之心，行不欲离于世，被服章，举不欲观于俗，外不劳形于事，内无思想之患，以恬愉为务，以自得为动，形体不敝，精神不散”；有贤人，“法则天地，象似日月，辨别星辰，逆从阴阳，分别四时，将从上古合同于道，亦可使益寿而有极时”。如此之类，简直可

---

[1] 见《神仙考》注十二。约而言之，臣公当作巨公，瑕、巨古音近义通，乐瑕公即乐巨公。《御览》五一〇引《道学传》云：“乐巨公宋人，号曰安丘丈人”，期、丘古同音，巨公犹言丈人、老子、太公、长者之类，生犹今言先生，皆为老者尊称，故安期生即安丘丈人乐巨公，其于赵灭后之齐，可与项羽、蒯通、盖公及曹参相接。《闻一多全集》第1册，生活·读书·新知三联书店1982年版，第171页。

[2]《内经》的纂集一般认为在秦汉之际，可参见陈振孙：《直斋书录解题》、《四库全书总目提要》及姚际恒：《古今伪书考》。

以直接收入神仙家的武库。所以，方仙说之托于黄老学既出于功利的考虑，又确有内在的投契。而从神仙思想的历史形成来说，则正可见出道与仙的融合踪迹。

当然，这种融合并非如传闻所说从一开始就结下了缘分。据《神仙传》记载，汉文帝好读《老子》，听说河上公精通此学，前往请教，亲见其抚掌坐跃，升至半空而不坠，惊悟其为神人，下车稽首，礼谢不敏。河上公乃将所亲注的《素书》二卷相授。道教有谓河上公是老子的化身，又有《老子》河上公注长期流行[1]，而传闻中的河上丈人则是黄老学派的开山祖师，两者何其相似。又据《史记·封禅书》记载，汉文帝本来迷信术士新垣平，新曾诈献玉杯，上刻“人主延寿”字，大约也是方仙之流。后事发被诛，文帝才怠于他那套东西。然而新垣平曾让文帝迎祠将出泗水的周鼎，到武帝时又变而为方士津津乐道的黄帝宝鼎，方士公孙卿曾向武帝传述申公所言，说黄帝采首山铜，铸鼎于荆山下，鼎成后骑龙登仙升天，群臣后宫从者七十余人，百姓仰望而哭，后世因名其地曰鼎湖。而那个申公又“与安期生通，受黄帝书”；还有，李少君也对武帝说过“安期生仙者，通蓬莱中”，就此安期生也成了方士推崇的仙人，名重一时。这说明黄老学派中人被拜为神仙，或者说神仙被尊为黄老学派的传授者，大抵起始于武帝

[1] 王明《老子河上公章句考》考定此书出于东汉，并认为黄老学在西汉为政术，至东汉才为长生道术。见其所著《道家和道教思想研究》，中国社会科学出版社 1984 年版，第 293—294 页。卿希泰也认为其为神仙方术与黄老思想逐步结合的产物，标志着道家学说向道教理论的过渡，见其所著《中国道教史》第 1 卷，四川人民出版社 1988 年版，第 76 页。其实黄老学在西汉已与方仙渐渐合流，至东汉则进一步宗教化而已。其时又有托名老子的《老子中经》,《道藏》本作《太上老君中经》，讲守一、内视和服食、符咒诸法，施舟人以为实为成于东汉的已佚道经《玉历经》，见其所著《老子中经初探》,《道家文化研究》第 16 辑，生活·读书·新知三联书店 1999 年版。然由此托名，可见时人的认知。

求仙之时。[1]

还有一个很典型的例子。时淮南王刘安既好黄老之学，又热衷方仙之道，尝“招致宾客方术之士数千人，作为《内书》二十一篇”，即今《淮南子》，汉人高诱《淮南叙目》谓其“旨近老子，淡泊无为，蹈虚守静，出入经道……然其大较，归之于道”。此外“《外书》甚众，又为《中书》八卷，言神仙黄白之术，亦二十余万言”[2]。据《汉书·艺文志》记载，“《淮南》内二十一篇，外三十三篇”，颜师古注曰：“内篇论道，外篇杂说”。前者建元二年（前139年）进献朝廷，后者则不知所终。然《淮南万毕术》有辑本一卷存世，见于唐马总《意林》和元陶宗仪《说郛》，至清代又有孙冯翼等诸家辑本出。此书系他招致门客撰成，主要讲谈变化之道[3]，虽具有相当可验证的实用知识，但类似“蟹漆相合，成为神仙”、“螣蛇听而有孕，白鹭视而有胎”等离奇幻诞之事亦复不少，足见其旨趣与《中书》有相通者。后刘安因谋反畏罪自杀，《神仙传》却说他是吞服丹药，与门下苏飞、李尚等八公一起升天了。当其仙去，剩余仙药留庭中，鸡犬舔啄，皆得升天。事虽荒诞，但由其一生始终，进一步体现了黄老学与方仙道的合流当无疑问。

汉武帝罢黜百家独尊儒术之后，黄老学事实上已失去其政治作用，在上述合流倾向导引下愈益趋向养生一路。如《后汉书·光武帝纪下》记载：太子见帝勤劳不怠，承闲谏曰：“陛下有禹汤之明，而失黄老养

[1]《汉书·艺文志》中，假黄帝之名，列入神仙家的著作就有《黄帝杂子步引》、《黄帝岐伯按摩》、《黄帝杂子芝菌》、《黄帝杂子十九家方》等多种，足证其时仙道之融合既广且深。

[2]《汉书·淮南王刘安传》。

[3] 方以智《通雅》卷三称“万毕，言万法毕于此也”，王仁俊《玉函山房辑佚书续编》则以为“毕、变音近，犹言万变术耳”，均可为备解。

性之福，愿颐爱精神，优游自宁。”王充《论衡·道虚篇》中也有“世或以老子之道，为可以度世，恬淡无欲，养精爱气”一说，又称“道家或以导气养性，度世而不死”，“道家或以服食药物，轻身益气，延年度世”。这里所谓道家即黄老学，显然，它在东汉已基本蜕变为养生术了。至刘秀子楚王刘英“晚节更喜黄老，学为浮屠斋戒祭祀”，“诵黄老之微言，尚浮屠之仁祠。洁斋三月，与神为祠”[1]，仿效初传中土的佛教仪式顶礼膜拜黄老，其宗教的意味已至显至明。

再进一步，养生与求仙融而为一，演变成初具宗教特征的黄老道，东汉后期的统治者多趋奉之。如延熹中，迷好神仙之事的桓帝“事黄老道，悉毁诸房祀”[2]，并数次派人去陈国苦县祭祀老子。时任丞相的边韶作《老子铭》，道出桓帝“存神养性，意在凌云”的内心追求。在广大的民间，信者亦众，张角“奉事黄老道，畜养弟子”，为人治病，“百姓信向之”[3]。他又奉《太平经》为经典，在黄老道信仰基础上创立太平道。太平道与张陵创立的五斗米道，作为两个最早的宗教团体，直接导致道教的正式形成。

张陵，即被视为道教祖师的张道陵，事迹收入《神仙传》。据该书称，他博通儒家经典，晚年感叹儒家无助于延年益寿，遂改学长生之道，得黄帝九鼎丹法。后往四川鹤鸣山修道，遇一自称柱下史的神仙下凡，授他《新出正一盟威之道》，从此神通广大，治病辄愈，信徒甚众。他烧炼金丹，服之能行各种仙术，后与两名高足一起白日飞

---

[1]《后汉书·楚王英传》。

[2] 见《后汉书·王涣传》，又《祭祀志上》称“桓帝即位十八年，好神仙事。延熹八年，初使中常侍之陈国苦县祠老子。九年，亲祠老子于濯龙。”《襄楷传》上疏称“又闻宫中立黄老浮屠之祠”，王光谦《后汉书集解》引《孔氏谱》同此，可见浸淫之深。

[3]《后汉书·皇甫嵩传》。

升。如此既得黄帝丹法，又受老子道书，黄老之学与方仙之术就此完全融合为一体，再难分彼此了。

《太平经》把道教信仰“道”看作是“大化之根，大化之师长也，故天下莫不象而生者也”，但对宗教信仰来说，这“道”还需要进一步神格化。就像佛教有个释迦牟尼，基督教有个耶稣一样，于是老子也被奉为“道”的化身，成了道教信仰的尊神。在据说张陵所著的《老子想尔注》中，就出现这样的说法：“一（即“道”）散形为气，聚形为太上老君。”[1] 自方士攀上黄老学派开始，老子被神化为宗教的造物主，到了张天师手上算是正式确立了下来。武帝时，或因罢黜百家之故，方士很少提及老子，陈撄宁因此说：“《前汉书·艺文志》列举各家书目，在道家有黄帝又有老子，在神仙家只有黄帝而无老子，可见西汉时期的老子还是他本来面目，到东汉时，老子身份才起了变化。”[2] 但其实从《史记·老子韩非列传》的记载看，其事迹在当时已被传饰得很神秘了，说他“见周之衰，乃遂去。至关，关令尹喜曰：‘子将隐矣，强为我著书。’于是老子乃著书上下篇，言道德之意五千余言而去，莫知其所终”，又说他“百有六十余岁，或言二百余岁，以其修道而养寿也”，颇有长生仙去的味道。当东汉黄老道流行后，这类养生致寿的传说流布更广，也更充满神秘的仙气。如时为陈国相，奉桓帝命“典国之礼”的边韶作《老子铭》，就转述了“世之好道者”心目中的老子形象：

以老子离合于混沌之气，与三光为终始，观天作谶，（升）

[1] 王充《论衡·道虚篇》有“夫人以精神为寿命，精神不伤，则寿命长而不死，成事。老子行之，逾百度世为真人矣。”可为参看。

[2] 陈撄宁：《道教与养生》，华文出版社 1989 年版，第 39 页。

降什（斗）星，随日九变，与时消息，规矩三光，四灵在旁，存想丹田，太一紫房，道成身化，蝉蜕渡世。自羲农以来，（世）为圣者作师。

原始宗教中多有企羡蝉的蜕壳再生，并用以为长生不死之象征的。殷商青铜器和陶具中的蝉纹装饰，以及红山、良渚、石家河遗址一直到甘泉姚庄102号西汉墓出土的蝉形玉琀，都寄托着这样一种生命渴求。以后，这种信念又具化为至人“抱素守精”的长生术，所谓“蝉蜕蛇解，游于太清，轻举独往，忽然入冥”云云。[1]道教徒更用以指有道之人的尸解登仙，而且在他们看来，蝉之所以能长生，还在于它居高饮露，人要轻举飞升，游仙太清，就必须模仿蝉的习性，辟谷饮露。老子被认为掌握了这一秘诀，所以与道同体，并代代转世，成了可以为历代圣人师的神仙。

在道教从萌芽到形成过程中，老子就这样被不断仙化，由一个人变成法力无边的神，直到最后被捧为主神[2]，在成为创世教主后日渐神秘化，什么玄女吞气而孕，圣母剖腋而生，什么七十二相，八十一好，变化无穷，神通无限，并渗透到社会各阶层，成为信道者无所怀

[1]《淮南子·精神训》。

[2] 刘屹以为“从中国传统的变化观、道气论的发展，乃至太一天帝至尊地位的形成过程来看，汉末老子都尚不具备成为道教主神的条件，当时民间信仰的主神只能是太一天帝。这对考察汉末道教的形成背景，应是非常重要的一个新认识。”见其所著《敬天与崇道——中古经教道教形成的思想史背景》，中华书局2005年版，第367页。然就上述边韶所论之“存想丹田”、“太一紫房”，也沿承秦汉以来黄老以“太一”为宇宙生成之本原，又以太一道君居人体胆腑之紫房宫属老子，再结合王阜所撰《老子圣母碑》称“老子者，道也。乃生于无形之光，起于太初之前，行于太素之元，浮游六虚，出入幽冥，观混合之未别，窥清浊之粉”，以后《太上老君开天经》据此发挥，将老子尊为创世主，可知其被时人视作道教主神，实在非为无由。

疑的信仰。《魏书·释老志》论道教说：

> 道家之原，出于老子。其自言也，先天地生，以资万类。上处玉京，为神王之宗；下在紫微，为飞仙之主。千变万化，有德不德。随感应物，厥迹无常。授轩辕于峨嵋，教帝喾于牧德。大禹闻长生之诀，尹喜受道德之旨。至于丹书紫字，升玄飞步之经；玉石金光，妙有灵洞之说。如此之文，不可胜纪。其为教也，咸蠲去邪累，澡雪心神。积行树功，累德增善。乃至白日升天，长生世上。

可谓对魏晋神仙道教的一次总结，比《老子铭》更明确地点出了道家的神仙信仰及道教与道家的渊源关系。老子既被奉作“道”之化身——造物的天神，又被视为得“道”之高人——长生的地仙，这种神仙化过程的完成，标志着道与仙的融合彻底宗教化了。

前面说过，老子将原始宗教中的生命意识哲学化，把对生命永恒的幻想化为对“道”的皈依。道教再将老子的生命哲学宗教化，把对“道”的信仰纳入对长生久视的虔信和追求中，以体道养生方式，在更高层次上继续着方术的道路，形成一整套超越现世证悟永恒的理论，这就是以道为哲学基础、以仙为宗教追求的神仙思想和游仙观念。

第二章

游仙活动的宗教形态

鲁迅曾说“中国的根柢全在道教”[1]。对于道教文化，不管褒之为博大精深，还是贬之为拼凑的杂烩，其将传统文化的方方面面，如哲学、史学、文学、科技、医学及民俗融于一炉，对中国人产生了极为深远的影响是人所公认的，所以上述论断也常常为论者所引用。

早先，游仙泯然于原始巫术，观念形态颇为零乱，实践形态更五花八门，故称为方仙。以后接受了先秦以来的鬼神观念与神仙说，又本道家的宇宙观，把追求长生不死作为自己的核心宗旨，综合各门知识，用易学、阴阳五行及天人感应思想加以整合、消化和改造，从而在思想层面构建了颇为丰富整赡的神仙理论，在信仰层面更营造了光怪陆离的神仙世界，在行为层面又竭力张扬各种道术，终得以使自己摆脱了巫化的原始状态，获得了能吸引最广大人群慕然向从的宗教魅力，游仙观念也因被添注了更深厚的内容，扩大了在文化传播中的影响。

---

[1]《致许寿裳》，《鲁迅全集》第9卷，人民文学出版社1958年版，第285页。

神仙理论的构建

考察汉晋间道教的兴起，一个最显著的原因就是社会动乱与生命的浩劫。由于战争频繁，战火不息，导致当时人口锐减，曹魏的人口总数约四百五十万，只相当于汉代的一个大郡；蜀汉亡时九十四万，东吴亡时为二百三十万，三国加起来还不到一千万，只大体与盛汉南阳、汝南两郡人口相当。待西晋统一，也不过一千六百余万，与东汉桓帝永寿二年（156年）有人口五千万相比差得太远，有史以来的统计数没有比它更少的了。[1]

生命的朝不保夕与蝼蚁般脆弱，刺激出时人强烈的求生欲望，使人由个体意识的高扬，具体落实为对肉体生命的摄护和对养生之道的讲究。嵇康《养生论》在这个时期出现绝不是偶然的，其以任自然、通物情为养生之要，与道家回归自然、与道同体的生命哲学深相契合。当然，它同时也可看作是当时高标老庄旗帜的玄学在人生探索领域中的一个回响。

道教源于道家的生命哲学，以重生贵生为教旨，其第一部经书《太平经》就直言人是“天地之神统”，人死就等于神统断绝，其害甚大，故主张“夫寿命，天之重宝也”。这种执着于生命本身的强烈意识，成为乱世之人重要的精神依援，并直接造致道教在日后的兴盛。当利用太平道组织起来的黄巾起义被镇压之后，道教出于生存发展的需要，抛弃了直白的政治寓言，只以宗教性的神学劝谕迎合人的长生渴望，成功地吸引了社会各个阶层。以后，又以养生为导向，逐渐由

[1] 据梁方仲:《中国历代户口、田地、田赋统计》甲表一，又见钱穆:《国史大纲》，商务印书馆2001年版，第313页。

早期的符水治病向药石修炼转化，在上层社会造就了许多虔诚的门阀世家，在下层社会更拥有无数的信徒，如东晋末孙恩、卢循五斗米道起义，就“号其党曰‘长生人’”。事败后孙恩投海，手下人即谓之“水仙”，跟着“投水从死者百数”[1]。

要说神仙道教以长生成仙为教旨，确实是一重大的发展，它突破了早期道教治病祛灾的巫化状态，显示了以追求超越为特色的宗教的成熟素质。早期道教重术，网罗各种方术如占卜预测、祭祀禳灾，也有炼丹求仙的，各执一端，零碎不成体系。在教义的信奉上只是托始于黄老，习诵《老子》。但由于在神仙道教流行的同时，道家学说被玄学化了，它的哲学思辨受到人更多的重视，其中齐同生死的观点又太过达观，多少削弱了它原有的神秘性。在这种情况下，单是道家学说已难以继续支撑整个道教教义的基础。此时有葛洪出，作为晋代最著名的道教学者，他集先秦以来神仙思想与方术之大成，撰《抱朴子》“内篇”20篇，将上述诸学系统化地纳入一个整赡的体系中，从而为道学理论的整体化做了重要的奠基。

大凡一种信仰系统，总是要通过对信仰对象的描述来获得其理论上的自体性，葛洪的游仙理论也同样，在对对象的描述中，他向人展示了个人对长生成仙的理解。首先，他肯定神仙是实有的存在，故《论仙》说：

> 若夫仙人，以药物养生，以术数延命，使内疾不生，外患不入，虽久视不死，而旧身不改，苟有其道，无以为难也。而浅识之徒，拘俗守常，咸曰世间不见仙人，便云天下必无此事，夫目

[1]《晋书·孙恩传》。

之所曾见，当何足言哉！天地之间，天外之大，其中殊奇，岂遽有限，诣老戴天，而无知其上，终身履地，而莫识其下。形骸已所自有也，而莫知其心志之所以然焉。寿命在我者也，而莫知其修短之能至焉。况乎神仙之远理，道德之幽玄，仗其短浅之耳目，以断微妙之有无，岂不悲哉！

神仙究竟有没有，葛洪当然不能切指，也没见过，他是依天地之道推断，认为世间诸多特异现象，如夏天植物生长而荠麦却枯萎，冬天草木凋零而竹柏却常青，万物有始终而天地无穷，生命有死生而龟鹤长存，故“万殊之类，不可以一概断之”，因凡人皆死而疑仙人长生不可行。他进而指出，仙人并不是三头六臂的异类，而是修炼得道的高人，他们不改旧身，外同凡庸，所以世人即使见了也察觉不到，况其“居高处远，清浊异流，登遐遂往，不返于世，非得道者，安能见闻。而儒墨之家知此不可以训，故终不言其有焉。俗人之不信，不亦宜乎？”当然，他无法证实仙人不死，但信仰本身就无须证实，倘若需要并且能够证实，宗教也就失落了神秘性而不成其为宗教了。

由神仙是人的一种特异存在引出对长生不死的认识，在《对俗》篇中，葛洪进一步引述先师的话，称“仙人或升天，或住地，要于俱长生，去留各从其所好耳”。只要长生不死，不管在天上人间都是神仙，以前的神仙说往往据成仙的方式定仙人之品级：“上士举形升虚，谓之天仙；中士游于名山，谓之地仙；下士先死后蜕，谓之尸解仙。”[1] 尸解，就是得道后遗世升天，仅留尸体，以待复活化

[1]《抱朴子 · 论仙》引《仙经》。

仙。[1]对这种掩饰求仙失败的荒唐之辞，道外如王充已指其为“虚妄”[2]，隋唐以降道士也视之为下品，至金元全真道更基本予以否弃，但它确实反映了其人追求肉体长存的真实渴望。在葛洪看来，只有长生成功才是仙。他进而还把神仙划分为三个品级：“上士得道，升为天官；中士得道，栖集昆仑；下士得道，长生世间。”[3]要之，不外乎天仙和地仙。天仙之说不过是对早前飞升观念的承袭。《对俗》篇说“古之得仙者，或身生羽翼，变化飞行”，品级虽然最高，但“失人之本，更受异形，有似雀之为蛤，雉之为蜃，非人道也”。他真正重视的是地仙：

> 人道当食甘旨，服轻暖，通阴阳，处官秩，耳目聪明，骨节坚强，颜色悦怿，老而不衰，延年久视，出处任意，寒温风湿不能伤，鬼神众精不能犯，五兵百毒不能中，忧喜毁誉不为累，乃为贵耳……求长生者，正惜今日之所欲耳，本不汲汲于升虚，以飞腾为胜于地上也。若幸可止家而不死者，亦何必求于速登天乎？

这是神仙观念的一大新变，它一方面突出长生追求的现世性，不离肉体，不离世间，企求长生本身就意味着对世俗生活的肯认。这种现世

[1]《后汉书·王和平传》李贤注解作“言将登仙，假托为尸以解化也。”《无上秘要》卷八十七又解作“形之化也，本真之练蜕也，躯质之遁变也。”然《洞真藏景灵形神经》谓此法“有死而更生者，有头断已死乃从旁出者，有死毕未殓而失骸者，有人形犹存而无复骨者，有衣在形去者，有发既脱而失形者。”总之是神在而形化。至于化法十数，以火解、水解、兵解、杖解和剑解为著。见《云笈七签》卷八四至八六。

[2] 见《论衡·道虚篇》。

[3]《抱朴子·金丹》。

性实际上反映了当时士族阶层的人生追求和趣味。他们藉清贵的门第和身份，养尊处优，活得就像神仙一样逍遥，如王羲之品评名士杜弘治，就目其为“神仙中人”[1]。这种养尊处优的生活造成其人最看重生死，求仙长生正是为了永远保有这种优裕的生活。由此，他们幻想将现世生命和永生理想合而为一，恣情长乐于世间。作为士族理想在神仙理论中的折射，葛洪把关注的重点从天上移向人间，搁止无可上征的窈眇天道，转由“人道”求仙道，突出“人道”可通仙道，实际赋予了道教神仙信仰以更确定显豁的此岸属性。

从另一方面说，也进一步落实了长生追求的可行性。天仙飞升谁也没见过，离人的直觉经验太远。而地仙住世，与凡人无异。如成公兴就是人间一普通雇工，力作不倦，后来为北魏名道士寇谦之识赏，居然受道成仙。[2]这类通过修炼长生的事例，为凡人提供了切实可效法的成仙榜样。因此，有时葛洪还径直认为，所谓神仙就是得道之人，老子被道教描绘成先天地生的创世教主，《对俗》却称其“犹是人耳，非异类而寿独长者，由于得道，非自然也”。道可修而得，故长生也可求而致，神仙也可学而成。也因此，他十分赞赏道经中的一个观点，“我命在我不在天，还丹成金亿万年”[3]，他将这一观点融入到神仙理论的核心并详加发挥，从而赋予神仙思想以不信天命、凭一己之力力抗死亡的勇猛精神。

如何修道学仙求长生，对这个人最迫切想知道的问题的解答，构

---

[1]《世说新语·容止》。

[2] 见《魏书·释老志》。

[3] 出自早期道教典籍《西升经》之《我命章》：“老子曰：我命在我，不属天地。我不视不听不知，神不出身，与道同文。吾与天地分一气而治，自守根本也。非效众人行善，非行仁义，非行忠信，非行恭敬，非行爱欲。万物即利来，常淡泊无为，大道归也。故神人无光，圣人无名。”《抱朴子·黄白》引作“龟甲文曰”，并云“古人岂欺我哉”。

成了葛洪神仙理论的主要内容。他向人们揭示的通向神仙世界的途径归结起来大致有如下六个方面：一是志诚信仙，禀值仙气；二是博闻体要，择师勤求；三是广知众术，养生却害；四是恬静无欲，守一知足；五是金丹大药，宝精行气；六是积善立功，忠孝为本。[1]要而言之，不外乎信仰和方术两途，他强调要在精神与肉体两方面加强修炼，略同于后世所讲的性命双修。

作为道教徒，葛洪非常重视信仰的作用，《论仙》说："夫求长生，修至道，诀在于志，不在于富贵也。"求道之志来自对仙的信仰，对道的皈依，这是先决条件。成仙之法则在"欲得恬愉澹泊，涤除嗜欲"，"欲静寂无为，忘其形骸"，"欲止绝臭腥，休粮清肠"，"欲溥爱八荒，视人如己"。有了此志此法，方能甘守淡泊，好为慈善。而秦皇、汉武，虽贵为人主，富有天下，但穷嗜极欲，贪虐杀戮，使十室之中思乱者九，天下嗷然而户口减半，只是"徒有好仙之名，而无修道之实"，必然求而无成，劳而无功。此即所谓"好仙道者，求之亦必得也"，而"不信仙道，则亦不自修其事也"[2]。这种把神仙信仰置于首要地位，以为"志诚坚果，无所不济，疑则无功，非一事也"[3]，尽现宗教所特有的不容人置疑的绝对与独断。

修仙需要有各种方法。葛洪在书中作了详尽的介绍，如隐形变化，腾云游空，奇门遁甲，占卜预测，符印祝咒，禁忌禳灾等等，这些是保生之术，能使"外患不入"，从而防身避祸；再进一步，导引行气，辟谷服食，还精补脑，存想守一等等，这些是养生之术，又能使"内疾不生"，从而延年益寿。最后，通过炼丹服药，人就能修成

[1] 详见胡孚琛：《魏晋神仙道教》第四章第二节，人民出版社1989年版，第140—154页。
[2]《抱朴子·塞难》。
[2]《抱朴子·微旨》。

长生不死之身，一跃而为神仙了。

葛洪本是江东方士左慈金丹一派的传人，此派经由其从祖葛玄及弟子郑隐，传到他已是第四代。左曾传葛玄《太清丹经》三卷及《九鼎丹经》、《金液丹经》各一卷。作为后学，他对丹术学有师承，犹为倾心，在《金丹》篇中将还丹金液视为“仙道之极”，坚称“服此而不仙，则古来无仙矣”，原因很简单：

> 夫金丹之为物，烧之愈久，变化愈妙。黄金入火，百炼不消，埋之毕天不朽。服此二物，炼人身体，故能令人不老不死。

这种“假求于外物以自坚固”的思想，承自上古巫术，本是人永生信仰的一种反映，但在神仙理论中却被夸饰为得自自然之至道，什么鼎炉就是合天地人为一体的宇宙，丹砂、雄黄就是天地五行之精，将它们投入炉中烧炼，就如至道演化万物，炼出的就是永不朽败的金丹，人服之便是与天合道，当然也就能寿同天地，万古长存。葛洪深信这种神秘理论，对金丹的配伍制作、服食方法及具体效验一一作了同样神秘的说明，最后与方士的黄白之术一起，整合为一套完整的理论。尤须指出的是，由于葛洪在《抱朴子》中一方面将自然之道宗教化，并由此论证修道成仙的可能性，一方面又认为道家之言“去神仙已千亿里，岂足耽玩哉”[1]，实际上割断道与哲学的联系，使神仙思想摆脱了对道家的依附，从此神仙理论开始取得了一种独立的宗教形态，成为俗世众生遵从不疑的信仰。

许诺永享“今日之所欲”的神仙理论，让道教在繁华似锦的唐王

[1]《抱朴子·释滞》。

朝大受青睐，尤其攀老子为先祖的李姓皇室崇道更甚。但经过长期的效验，炼丹服药并没有获得对肉身的超越，中毒身死的事例反倒与日俱增，这每每引起人对神仙信仰的怀疑。面对道教有失去信众和帝王支持的危险，唐代道教徒对葛洪的理论作了多方修正与完善，其中最具代表性的是两位茅山派道士司马承祯和吴筠。为扩大神仙信仰的影响，他们首先修正了葛洪"仙人有种"的命定论观点，如司马承祯在《天隐子·神仙》中就指出：

> 人生时，禀得灵气，精明通悟，学无滞塞，则谓之神。宅神于内，遗照于外，自然异于俗人，则谓之神仙。故神仙亦人也，在于修我灵气，勿为世俗所论折，遂我自然，勿为邪见所凝滞，则成功矣。喜怒哀乐爱恶欲七者，情之邪也；风寒暑湿饥饮劳佚八者，气之邪也，去此邪，仙道近矣。

即人人都有禀自天地的灵气，本近于神仙之道，神仙只不过能通过修炼，保持这种灵气不受世俗污染而已，所以众生都有可能修道成仙。这就大开教门，准入门槛一降低，游仙对俗众显然就更有诱惑力了。然而事实是，世上修道成仙，"千万人中或一人而已"，这又如何解释？对此，他们以人的认识受到蒙蔽作解释。吴筠《神仙可学论》将这种蒙蔽具体归纳为"七远"："但所取者性，所为者形"，"谓仙必有根，竟归沦坠之弊"、"强以存亡为一体，谬以前识为悟真，""以轩冕为得意，功名为不朽，悦色（身除）声丰衣厚味"，"强盛之时为情爱所夺，斑白之后有希生之心"，"汲纡炉火，孜孜于草木"，"身栖道流，心溺尘境，动违科禁，静无修习"，也即或轻视形体，或齐同生死，或徒慕学道虚名，或误入炼丹邪道，或受声色所诱，或为尘俗所动，或以仙道有限而终身不悟，以致道不远人而人自远道。因此，人所要做的是建立更虔诚而坚定的信仰，所谓“精诚在于斯须，击犹土石，应若影响，况丹恳久著，真君岂不为之潜运乎？潜运则不死之阶立致矣”。总之，立诚解蔽，专务修炼，凡人就一定能够成仙。

至于修炼之法，葛洪以服食为本，他们则认为须“以养气为根”[1]，修灵气，遂自然，求物不如求己，把外在的炼丹变为内在的修道。在道教游仙理论中，修道是一个循序渐进的过程，司马承祯在《坐忘论》中将它厘定为七个“阶次”，即信敬、断缘，收心、简事、真观、泰定和得道，又在《天隐子》中区分为五个“渐门”，即斋戒、安处、存想、坐忘和神解。斋戒谓之信解，安处谓之闲解，存想谓之慧解，坐忘谓之定解，信、定、闲、慧四门皆通，方为神解。夫神为义，不行而至，不疾而速，阴阳变通，天地长久，兼三才而齐万物，本一性而趋真如，其中心要义就是要人清心寡欲，守静祛躁，归于无为。吴筠在《玄纲论·学则有序章》中有一段话，也就此意作了很好的概括：

> 道虽无方，学则有序。故始于正一，次于洞神，栖于灵宝，息于洞真。皆以至静为宗，精思为用，斋戒为务，慈惠为先。故非至静则神不凝，非精思则感不彻，非斋戒则真不应，非慈惠则功不成。神凝、感彻、真应、功成者，是谓陟初仙之阶矣。然后吐纳以炼藏，导引以和体，怡神以宝章，润骨以琼醴，皆承奉师诀，研味真奥，则气液通畅，形神合同，不必金丹玉芝，可俟

[1] 司马承祯：《天隐子·序》，《正统道藏》太玄部。

云軿羽盖矣。若独以嘘吸为妙，屈伸为要，药饵为事，杂术为利者，可谓知养形，不知保神矣。不知宝神者，假使寿同龟鹤，终无冀于神仙矣。

认为养气炼形先要修心宝神，涤除种种物欲，使心静如虚无，所谓“收心离境”，达到了“遗形忘我”的境界，形如槁木，心如死灰，才能使“神不出身，与道同久”，这也就是司马承祯“安在道中，名曰归根，守根不离，名曰静定”的“安心坐忘之法”[1]。吴筠还认为“虚极而神自生”，“神运而气自化”，倘学道者能以此为基础，再加以呼吸吐纳的养气，就一定能修炼成“与道为一”的真仙。这种修心为养气之本的精神修炼法，一反葛洪对道家理论的疏离，以对老庄思想的回归，使神仙理论重又获得了超越性的哲理色彩。同时，又因注意将肉身不死的原教旨倾向，转化为形神合一的不死信仰，从而显得更加精深和高雅脱俗。

此外，还须一提的是，与上述两人本道为立意根基，并不摄引佛学不同，其时道教徒还有意识地吸收了当时佛教禅宗的影响，其所主张守静去欲、人人都能成仙的思想与禅宗自性觉悟、人人皆可成佛的主张也如出一辙。由于这套神仙理论融入了老庄与禅宗的意趣，让人在超凡入圣中追求生命的真谛，与士大夫文人的知识修养和人生情趣一拍即合，因此大受青睐，很快在社会上传播开来。

当然，在实践领域，服食求仙的狂热仍甚嚣尘上，人们还是相信丹药是叩开仙境大门的钥匙。自秦汉以来，炼丹术一直是构成神仙说的核心内容，被葛洪奉为“仙道之极”，以致“所谓仙学，即指炼丹

[1]《坐忘论·收心第三》，《正统道藏》太玄部。

术而言”，“自古学仙之人无不炼丹者”[1]。司马承祯等人摒弃方术的鄙俗，变外求为内修，为了防患于未然，首先推倒炼丹术，从而使仙学有可能逐渐被雅化为士夫文人的人生修炼，这是值得大书一笔的事情。不过，有鉴于这种改造的结果很可能削弱了神仙信仰的一部分魅力，五代神仙理论又起了一次嬗变，开始出现将精神修炼与物质炼养熔于一炉的新说，这就是以人体自身为鼎炉，以人的精气神为药物的内丹学。以前借外物以自固的那种炼丹与服食，自然就成为外丹术了。

相传八仙中的钟离权从王玄甫等高人学长生真诀、金丹火候等术，后寻仙访道，在长安偶遇落第士子吕洞宾，见才堪造就，授以丹术，待自己羽化后，留其在世间度人。吕洞宾博览仙经，穷究丹法后豁然贯通，一改外丹烧炼为内功修炼，并将仙师所传心法编为《钟吕传道集》，由其弟子施肩吾传世。据《道藏精华录百种提要》称，这部书“深达道妙，凡仙家不传之秘，于此尽情掬示，纤悉无隐。循此参修，始无歧误之弊，能入真仙之境”。该书有一篇《论真仙》说：“用法求道，道固不难；以道求仙，仙亦甚易”，这个“法”就指被仙家奉为不传之秘的内丹法诀，吕洞宾在《三字诀》中对其大旨作了简要的揭示：首先是认识人体的“性命根，生死窍”，然后方能大悟“精气神，不老药”，仙丹妙药不是外物，而是存在于自身的精、气、神，是为“三宝”；修炼的“大关键，在颠倒”，就是使“三宝”的外向消耗逆流为内向凝聚，做到“气要坚，神莫耗”，如此便可以“乘凤鸾，听天诏”，成为与天地同寿的神仙了。

阐扬钟、吕内修思想并用佛老之学加以总结的，是北宋时道教南

---

[1] 陈撄宁：《众妙居答问》，《道教与养生》，华文出版社 1989 年版，第 334 页。

宗初祖、号称紫阳山人的张伯端。他总结北宋以来的内丹思想，以《阴符经》和《道德经》为理论依据，仿《参同契》写成《悟真篇》，以诗词歌曲的体式，论说逆炼归元的内丹要道，被称为“辞旨畅达，义理渊深，乃修丹之金科，为养生之玉律”[1]。在《悟真篇》序中，他“念世之学仙者十有八九，而达真要者未闻一二”，自己“既遇真诠，安敢隐默”，故有意用通俗的形式写成此书，以期学仙者“见末而悟本，舍妄以从真”。那么，什么是他所认定的真诠呢？他的答案是“学仙须是学天仙，唯有金丹最的端”。要特别指出，这里的“金丹”是指内丹。他用外丹术语阐发内修理论，把人自体看成一小宇宙，认为只要以己身为鼎炉，以体内精、气为药物，并以神为火候，烧炼到精、气、神三者凝聚不散，结为金丹，则天仙之身可成。所以他说：“人人本有长生药”，“何须寻草学烧茅”，“要知金液还丹法，须向家园下种栽。不假吹嘘并著力，自然丹熟脱真胎。”成仙的金丹原不须苦苦外求，世人因为愚钝，抛弃了自我圆足的内丹，又因为迷妄，徒劳地去炼服外丹，实在是惑于正道，没有必要。

至于怎样修炼人的精、气、神，他指出：

> 大丹妙用法乾坤，乾坤运兮五行分。五行顺兮，常道有生有死；五行逆兮，丹体常灵常存。

万物化生遵循的是顺行之道，如老子所说“道生一，一生二，二生三，三生万物”，其结果必将由盛而衰，由衰而亡；人欲长生，修炼内丹就必须逆施造化，“劝君穷取生身处，返本还元是药王”，即后世内丹

[1] 丁福保：《道藏精华录》第3册，北京图书馆出版社2005年版，第457页。

学注家所谓“归万而三，归三而二，归二而一，归一于虚无”[1]，这样返本还源，与万物最初的虚无之道合一，就永不衰亡了。[2]所以，其内丹之法也被其再传弟子、南宋翁葆光概括为三个步骤：第一步是“金丹”，即先诱先天之始气，结成一粒大如黍米的金丹，以摄一身之精气，此相当于“炼精化气”。第二步是“金液还丹”，即运以阴阳之真气，将金丹化成液质，咽入下丹田，结成圣胎，化为纯阳之躯，此相当于“炼气化神”。第三步是“九转金液大还丹”，即收心敛性，守静抱一，兀兀面壁，修行九年，以与道合真，此相当于“炼神还虚”，最后达到“炼虚合道”。[3]

复归道虚是张伯端内丹理论的最高层次。如果说“炼精化气”与“炼气化神”是“养生固形”的修命之术，那么“炼神还虚”则是“本源真觉”的修性之术。在他看来，学仙之人“不通性理，独修金丹”，难以“究竟圆通，迥超三界”，只有修性才能达到“归于究竟空寂之本源”的最高境界。[4]在这方面，他提倡儒道释“三教归一”，《悟真篇序》就说，“教虽分三，道乃归一”，这种把“以炼养为真”的道家、“以空寂为宗”的佛教与“极臻于性命之奥”的儒学糅合起来，显然有助于将神仙追求升华为人生超越的目标的实现[5]，所以对

---

[1] 刘一明：《悟真直指》卷二。

[2] 内丹修炼的基本原理固为顺生人，逆成仙，然就逆炼归元的逆返说本身而言，仍有多种理解。有逆老子的万物生化说，有逆宋儒的太极生化说，有炼精化气、炼气化神、炼神化虚、炼虚合道说，有道生阴阳，然后阴阳为铅汞、铅汞合为金丹说，还有返还到生身受炁初、父母未生前之先天祖炁的返本还原说。参见王体：《〈悟真篇〉清净注本的“先天一炁”名词之所指》，《中国哲学史》2008 年第 3 期。

[3] 见《紫阳真人悟真篇注序》，《正统道藏》洞真部玉诀类。

[4] 见《悟真篇拾遗·禅宗歌颂杂曲言说》。

[5] 昭梿：《啸亭杂录》卷一：“宪皇以张紫阳虽道教，其《悟真篇》实通禅理，并着归人释藏中以广法门”，较之前及吴筠之不摄引佛理，其变化发展之迹判然明矣。

后世游仙影响非常深远，《四库全书总目提要》谓其与魏伯阳的《参同契》同被“道家并推为正宗”。《参同契》融黄老、《周易》与丹火之功于一体，托易象而论炼丹，尚基本以外丹术为主，而唐宋以降，注重性命双修的内丹学流派纷呈，脉延不息成神仙理论的主流，其中《悟真篇》的影响尤其巨大，各家对其思想虽有发展，但大都不能越出其范围，理论构建上更未能超出其框限。因此可以说，从葛洪至张伯端，古代神仙理论已基本成形，游仙思想亦已告完成。

由形体养炼到心性修炼，由外丹术到内丹学，道教将生命看作肉身与精神、个体与道体的双重统一，人有限的年命蕴藏着无限的生机，性与命的修炼就是一个战胜有限达到无限的过程。所以，如何使精神脱出空间的限制，肉身突破时间的限度，复归于无边无际无始无终的道体，进入到永恒的参同宇宙虚极神明的高上境界，就成为其至高的追求。显然，这是一种对生命的超越，尽管其中间杂有人类认识水平局限带来的虚妄与幻诞，但它所含带的对人生的终极性关怀却不应被轻率地否弃。宗教作为“支配着人们日常生活的外部力量在人们头脑中的幻想的反映”[1]，是这样一个集合体，它一方面有作为“幻想的反映”的虚妄，另一方面又有克服“外部力量”的神圣。对神仙理论和游仙观念的两面性亦当作如斯观。

营造神仙世界

大凡宗教信仰都会设置一供信众安顿灵魂的彼岸世界，道教的神仙信仰也不例外，它专门营造了一个瑰丽的神仙世界，那里居住着为信徒崇拜的各路飞仙，也是他们一生虔诚向往的光明极乐之地。

---

[1]《马克思恩格斯选集》第3卷，人民出版社1972年版，第354页。

这个世界原先是方士们构造的，来自远古的仙乡原型——西方的昆仑山巅与东方的蓬莱海岛。但正如方士各有其术一样，他们所崇拜的神仙有时也各自为政，互不统属，以致这个世界从一开始就如同混沌初开，有些杂乱无章，待道教正式建立才逐步得到整饬。以后随教义的成熟与教主的定型，严整的品位秩序正式得以确立。如梁代道教理论家陶弘景《真灵位业图》中，神仙已被划定谱系，分为七个层次，每一层次设一中位，各有一首席之神统领。前三位是元始天尊、玄黄大道君和太极金阙帝君，似乎象征着由道虚化天地、由天地生出万物的创世历程。紧接着是教主太上老君，再下两位是两个创教者九宫尚书张奉和右禁郎定录真君中茅君，大致对应道教诞生与发展各阶段。最后是主宰阴府鬼曹的北阴大帝。在众神中还有许多河伯、洛神之类的神话人物，孔子、庄子之类的先哲大贤，秦皇、汉武之类的帝王，张良、王褒之类的臣子，王乔、赤松之类的仙人，徐福、栾巴之类的方士，张陵、葛洪之类的道徒，各自分列其次，井然有序，组成一个庞大而整饬的神系结构。

然《真灵位业图》所列神谱只是陶氏所属上清派的一家之言，又凭空杜撰，多不可信[1]，故灵宝派与天师道各有所奉，不相统属。直到南北朝末期，经过不断融汇整合，才形成尊神、俗神与仙真三大系。尊神一系中品位最高的是“三清”，即居于玉清境清微天的元始天尊，居于上清境禹余天的灵宝天尊，居于太清境大赤天的道德天尊，也即太上老君。据说，这三位天尊是一体的，代表着宇宙的本

[1]《四库全书总目真灵位业图提要》：“此书杜撰凿空，又出《真诰》之下。其用纬书灵威仰赤熛怒曜魄宝含枢纽之名，已属附会，而易叶光纪为隐侯局，尤为无据。至以孔子为第三左位太极上真公，颜回为明晨侍郎，秦始皇为酆都北帝上相，曹操为太傅，周公为西明公，比少傅，周武王为鬼官北斗君，则诞妄殆不足辨。”

始，道散为气，一气化三清，从而构筑了整个宇宙。其中元始为道身，灵宝为真身，老君为肉身。这种创世模式显然是受了佛教“三身佛”的影响。“三清”各有“九圣”、“九真”、“九仙”等诸神前呼后拥。其次是辅助“三清”的“四御”，又称“四辅”，即执掌四时气候祸福生发的南极长生大帝，执掌天地人三才的句陈上宫天皇大帝，总领日月星辰的北极紫微大帝，主管阴阳生育万物的后土皇地祇。玉皇大帝处两者之间，在民间影响极大，有时地位超过“三清”，能统领三界十方诸神与四生五道芸芸众生。接下来就是五方天帝、日月星辰与山川社稷诸神了。还有一位降魔护道的天尊，即道教的创始人张道陵。

尊神的世界等级森严，大神小神铨次尊卑，完全是现世的翻版，再加上皇帝的称号，简直成了一个神仙官府系统。一般信众对此繁琐并不在意，他们除了给天庭的皇帝——玉皇大帝烧香磕头外，就供奉于己有利的俗神，譬如能劈击忤逆不孝之人的雷公，降神助威的关帝，以及守护安全的城隍、土地，保佑幸福的药王、文昌等等。

尊神与俗神的世界都在彼岸，如同其他宗教一样，都是道教为神化教义、维系统序及扩张势力建立起来的。然而，底下还要重点谈到，道教又是一种与众不同的宗教，有自己独特的重生乐生的现世追求，《道藏》首经《元始无量度人经》就明言“仙道贵生”，它的最高理想是长生不死而非死后的解脱，因此它所营造的神仙世界在很大程度上还跨过生死之河，延伸到了此岸，构成对人强烈的诱引。

在这个世界中，住着道教神系中最独特的仙真。道教称先天得道者为神圣，后天得道者为仙真。他们不同于开创宇宙、掌管天地的尊神，也与维持秩序、保佑人间的俗神有别，是由修行得道跻入神的行列的，品位较高，且受过帝王的封诰，如来自传说人物的广成子、容成公，来自历史人物的道家四真、唐朝八仙，来自道教人物的南五祖、北七真。他们既没有一官半职，又没有专门职司，过着闲云野鹤般的生活，其潇洒自在，一如人间的名士。人们奔着长生成仙的目标崇信道教，最敬奉的实际上就是这些仙真，也最希望得到他们的点悟和度化。

道教因此按照人们的愿望，精心营造这个仙真的世界。如葛洪《抱朴子》就曾把仙人分成上中下三等，他们居处有别：上仙住天界玄都玉京山，中仙住海外三岛十洲，下仙住世间三十六洞天七十二福地。受佛家“三十三天说”影响，道教另造出“三十六重天”[1]，无论欲界六天、色界十八天，还是无色界四天、四梵天和圣境四天，里面皆琼楼玉宇，布满奇花异草，有的还有凤鸣鹤舞，仙女如云，生活在那里的神仙能自由飞行，享极福乐。如署为葛洪所作的《枕中书》引《真记》记天宫仙境胜迹：“玄都玉京七宝山，周回九万里，在大罗之上，城上七宝宫，宫内七宝台，有上中下三宫，如一宫城，一面二百四十门。四方生八行宝林，绿叶朱实，五色芝英。上有万千种芝，沼中莲花，径度十丈。”“昆仑玄圃，金为塘城，四方千里，城上安金台五所，玉楼十二，琼华之屋，紫翠丹房，七宝金玉积之连天，巨兽万寻，灵香亿千。”但尽管如此，天界玄都对于下界凡人来说还是太遥远了，天仙也难免高处不胜寒。所以愿做地仙者甚众，“夫地仙游五岳，朝朝西王母，夕憩钟山岳，虽未升灭，此欢乐亦难言也。”他们既有神仙的户籍，又能出入尘世享受人生，这种两全其美的生活成为人追求的最佳理想。道教特别善于营造这类明显带有世俗意味的仙境，如海外三岛十洲之类。三岛就是渤海三神山蓬莱、方丈、瀛

[1] 见《云笈七签》卷二一“天地部”。

洲，十洲则为瀛洲、玄洲、长洲、流洲、元洲、生洲、祖洲、炎洲、凤麟洲和聚窟洲。[1]那里一切都带有仙氛神效，如人间企羡的世外桃源。且看对瀛洲的描绘：

> 东有渊洞，有鱼长千丈，色斑，鼻端有角，时鼓舞群戏。远望水间有五色云，就视，乃此鱼喷水为云，如庆云之丽，无以加也。有树名影木，日中视之如列星，万岁一实，实如瓜，青皮黑瓤，食之骨轻；上如华盖，群仙以避风雨。有金峦之观，饰以众环，直上干云。中有青瑶几，覆以云纨之素，刻碧玉为倒龙之状，悬火精为日，刻黑玉为乌，以水精为月，青瑶为蟾兔；于地下为机棙，以测昏明，不亏弦望。时时有香风泠然而至，张袖受之，则历年不歇。有兽名嗅石，其状如麒麟，不食生卉，不饮浊水，嗅石则知有金玉，吹石则开，金沙宝璞，粲然而可用。有草名芸苗，状如菖蒲，食叶则醉，饵根则醒。有鸟如凤，身绀翼丹，名曰“藏珠”，每鸣翔而吐珠累斛，仙人常以其珠饰仙裳，盖轻而耀于日月也。[2]

有兽能寻玉，有鸟能吐珠，食树果可轻举遨游，饵草叶可一醉方休，沐浴香风，坐观鱼戏，端的一幅诱人的世俗神仙图。

托名东方朔的《十洲记》序中，作者曾说自己随师学仙，周流天下四方，“北极勾陈而并华盖，南翔太册而栖大夏，东之通阳之霞，西薄寒穴之野”，又“内游七丘，中旋十洲”，遂记下道途见闻，以

[1] 见朱权：《天皇至道太清玉册》卷下，《万历续道藏》。
[2] 王嘉：《拾遗记》卷一〇。

供作游仙广访之资。他也说到分布在东、南、西、北四海中的十洲如何流金泻银，满目辉煌，到处都是芳林玉树、奇花珍卉，灵芝仙草与清泉瑶池间，还有不可胜数的异禽怪兽点缀其间。如元州“有五芝玄涧，涧水如蜜浆，饮之长生，与天地相毕。服此五芝，亦得长生不死，亦多仙家。”生州“有仙家数万，天气安和，芝草常生，地无寒暑，安养万物，亦多山川仙草众芝，一洲之水，味如饴酪。”生活在这样的环境中，高蹈霞外而不失世间之趣，超脱尘表而尽有凡俗之乐，尘世的享乐应有尽有，尘世的遗憾一概全无，正是学道游仙者所祈盼的。

然而这种仙境毕竟虚幻了些，上天入地，终难寻求。为了不让人失望，道教又进一步搬出现实中的仙境模式、即所谓的洞天福地让人仙游。洞天福地的名目繁多，有王屋、青城、罗浮、句曲等“十大洞天”，五岳、峨嵋、武夷、天目等“三十六小洞天”，茅山、崂山、武当、终南等“七十二福地”，无一不在名山秀谷之中。前面说过，仙与山本存在有不解之缘，加之山中矿石蕴藏丰富，草药品类繁盛，环境幽静，空气新鲜，自然是最适合游仙炼养的所在。故自道教创立之初，张天师设立“二十四治”就大多在山上。[1] 由治推广的靖室、即静室也多如此。道徒据以修行，最初治所“置以土坛，戴以草屋”[2]，至为简陋，以后就不尽如此。尤其静室后来演变成道观，山林洞府就成了道教修业最理想的场所。云雾缭绕，林木葱郁，清泉细流，鸟语鸣啭。如此曲径通幽，惠风伫芳，风景如画的大自然杰作便被构筑成一个个别有天地的神秘仙境。其“高峰入云，清流见底。两岸石壁，

[1] 见《三洞珠囊》卷七《二十四治品》引《张天师二十四治图》，又见《云笈七签》卷二八。

[2] 见《广弘明集》卷一二《决对博奕废佛法僧事并表》。

五色交辉。青林翠竹，四时俱备。晓雾将歇，猿鸟乱鸣。夕日欲颓，沉鳞竞跃”，被陶弘景干脆称为“欲界之仙都”[1]。

居住在仙都里的神仙当然是最快活的，个个神采飘逸，风姿清朗。道教徒花许多笔墨来描绘他们的生活，“饮则玉醴金浆，食则翠芝朱英，居则瑶堂瑰室，行则逍遥太清”[2]，最令凡人企羡不已的是他们那种超脱俗累的逍遥自在。已经成仙的，是“二景秀郁玄，霄映朗八方。丹云浮高宸，逍遥任灵风”[3]；正在修仙的，也是“鼓楫乘神波，稽首希晨风。未获解脱期，逍遥丘山中”[4]。总之，或游迹于深山幽谷，或飘踪于溪边池畔，有时林中对弈，月下吹奏，间或种菜南亩，饮酒东篱，既无心于事，也无事于心，一任自己的生命回归道的怀抱，以致逍遥自然的乐趣就是他们生命存在的乐趣。这使人想起宋人费衮《梁溪漫志》中的一则故事：有一士人非常贫穷，每到夜晚就在露天正襟危坐，焚香祈祷，他的虔诚感动了天帝，派来一位神仙问他有何要求。他回答说自己不敢太多奢望，只要此生“衣食粗足，逍遥山涧水滨”也就心满意足。神仙听了笑称，如求富贵无难，可今所求乃“神仙之乐”，实不易办到。不脱人间的山居生活被视为神仙般的至乐生活，这似乎隐隐告诉人，神仙之乐是远远超过功名利禄的真正的快乐。验之自古以来，达官贵人求之而未能如愿者比比，真还不能认为仙者的回答是太过圆滑的玩笑。

追求功名自来是中国人最高的人生理想，但套上了名缰利锁，常意味着就此将失去自由，这使人每每心生踌躇。况且人生百年，荣华

[1] 《答谢中书书》，《全梁文》卷四六。

[2] 《抱朴子·对俗》。

[3] 杨羲：《九月十八日夜云林右英夫人作》，《真诰》卷三《运象篇三》。

[4] 许翙：《郭四朝叩船歌四首》之一，《真诰》卷一三《稽神枢三》。

富贵终如过眼烟云，而神仙的逍遥却永远享受不尽。因此，学道游仙者大多会生出“朱门何足荣，未若托蓬莱”[1]的感慨，转而对功名禄利至少在理智上保持警惕。有的人进而能看穿识破，做到不以为意。如陶弘景隐居茅山，修道学仙，为绝梁武帝的征招，就曾画两头牛，“一牛散放水草之间，一牛著金笼头，有人执绳，以杖驱之”[2]，借以明志。而因做官是被人牵着鼻子呼来唤去，游仙则能享受自由散放的乐趣，以致有时候连神仙都不再愿离世升天。《神仙传》所载白石生即如此，他是中黄丈人弟子，至彭祖时已二千余岁，住白石山中，常煮白石为粮，也喝酒吃肉，日间漫游山林。虽服食不死之药，就是不肯修升天之道。彭祖问其故，答以“天上无复能乐于此间耶，但莫能使老死耳。天上多有至尊相奉事，更苦人间耳。”到天庭做玉皇大帝的属官虽说够尊荣，但要为各路大仙当差，还不如在洞天福地中做个不死的神仙自在。这就告诉人们，彼岸世界并不一定就是极乐之地，有时它远不如此岸世界美好。

更不要说，在洞天福地，也许还会幸遇一位仙翁，点化你长生不死的要道；或偶逢一群仙女，受到盛情款待，得享生命的快乐，这就更具诱惑力了。道教编织了许多这类动人的传说，以使跋涉在漫漫仙路上的凡夫俗子能看到前景的曙光，进而将成仙理想编入个体人生设计的流程，在遍及宇内的各处名山大川，寻找渺渺茫茫处的信仰归宿。王嘉《拾遗记》中就记载了这么一个传说：有采药人入洞庭山，“如行十里，迥然天清霞耀，花芳柳暗，丹楼琼宇，宫观异常”，遇一群仙女，“霓裳冰颜，艳质与世人殊别，来邀采药之人，饮以琼浆玉

[1] 郭璞:《游仙诗》之一,《先秦汉魏晋南北朝诗·晋诗》卷一一。
[2] 见《南史·陶弘景传》。

液，延入璇室，奏以箫管丝桐"，一时仙乐飘闻，令他陶醉。他虽贪恋仙境，无奈更念家人。当其出山时，仙女设宴饯行，还赠以美酒。等到家一看，"已见邑里人户，各非故乡邻，唯寻得九代孙，问之，云：远祖入洞庭山采药不还，今经三百年也"。

采药者经过一段如梦似幻的仙境生活，再回到世间，属于他的世界早已沧桑几度，人事全非。"山中方七日，世上已千年"，仙境和世间的最大区别就在于时间，凡人最是受制于时间，而仙境则能超越时间。在宣扬仙界时间的永恒性方面，"王质烂轲"是更为人耳熟能详的故事。它说的是晋朝王质上石室山伐木，看到几个童子边下棋边唱歌，便停下来观听。一童子给他一枚类似枣核的东西，他含在嘴里就不觉饥饿了。过一会儿童子叫他回去，他起身一看，自己所带斧柄的木头已经烂尽。[1]这个故事形象地告诉人，仙境的刹那即是人间的万劫，神仙之所以长生不老，是因为他们摆脱了时间的大限，凡人只要得到其帮助，哪怕仙女的琼浆，仙童的枣核，就能把握这个刹那，得到万劫的长生。当然，王质和那位采药人一样，实际上都未能长住山中，原因很简单，因为这有违道教徒学道游仙的程序。你得先发愿清修，才能有这份超然，才配拥有此后到来的种种享受。但山中的经历已使他们多多少少逃过了时间的掌控，获得了常人无法企及的长生的体验，这对后世游仙者的鼓励无疑是巨大的。

如果说还有比这更美妙的事，那就是与仙女的恋爱与合欢了。《幽明录》就记载了这样一次奇遇：汉明帝永平五年（62年），剡县刘晨、阮肇入天台山取谷皮，因迷路来到一小溪边，见山腹流出新鲜的芜菁叶和胡麻饭，好奇地入水追溯，逆游二三里出洞，溪水豁然开

[1] 见任昉：《述异记》卷上。

阔。溪边有两仙女，容颜妙绝，唤他们到家中享用胡麻饭、山羊脯与牛肉，饮酒作乐中，有众仙女前来祝贺。到了晚上，两位仙女各与他们共度良宵。来年春暖花开，两人因思乡心切求归，仙女们又设宴张乐，集会相送。及其到家，但见村居改貌，亲旧零落，“问讯得七世孙，传闻上世入山，迷不得归”。

故事与前面采药者的传说同一模式：以美好的山景充为仙境，以美丽的女子代表仙人，以美味的食物象征仙药，最后通过时间的对比，证明尘世凡人也能获得对生命的超越。所不同的是，刘、阮在奇遇外又增加了一份凡仙欢合的风流。对于凡人，那些仙女不仅赐予年命，而且贡献欢乐。游仙就是这样，因充满现世享受的绮丽风色，变得异常地吸引人。以后，此类“会真”故事繁衍益多，流传也广，它们的目的显然并不在歌颂超凡脱俗的爱情，更多是在宣扬仙境的美妙和神仙度人超世的异能。底下还会讲到，它实际上从另一侧面，反映了凡人之所以热衷游仙的深层心理。

这个故事还有一处细节值得注意，即仙境通常是在山洞后一个豁然开朗的地方。如果说上文对此描写得还不够明确，那《搜神后记》中一则故事将此道说得更清楚一些了：会稽剡县民袁相与根硕两人进山打猎，“经深山重岭甚多”，后逐羊“经一石桥，甚狭而峻”，遂随渡过赤城山绝崖，见“羊径有山穴如门，豁然而过，既入，内甚平敞，草木皆香”，内住两位仙女，“年皆十五六，容色甚美，著青衣”，“见二人至，欣然云：‘早望汝来’。遂为室家”。以后根硕虽回家躬耕，终究蝉蜕仙去。这种形象而具体的描绘让人想起陶渊明笔下的桃花源，那位武陵渔夫也是先沿着一条小溪来到小山口，穿过“初极狭”的山洞，走几十步后“豁然开朗”，见里面别有洞天，“男女衣着悉如外人，黄发垂髫，并怡然自乐”。陶渊明出身道教世家，他显然是按道教洞天福地的模式来描写桃花源的。或者可以这样说，是借神仙乐境来象征人间乐土的。

洞天福地与人境既相隔又相通，正是仙界营造者良苦用心之所在。阻隔是为了增加仙境的神秘感，而复相连通是为能吸引人们慕然趋从。所以到后来，别有洞天式的神仙世界越造越多，其氛围也日趋神秘，如唐人《博异志》中就有这样一则记载：有一人打井凿至千余尺，见旁通一洞，遂入而探之。哪知洞下连着一座山峰，走下山峰“乃别一天地日月世界”，但见千岩万壑间，到处可见金银宫阙，山石都呈琉璃色，有五色蝴蝶翔舞花间，五色大鸟翱集树杪，清泉如镜，白泉如乳。他来到一处宫阙前，受到两名“童颜如玉”、“绛唇皓齿”的人盘问，后被引至清泉沐浴，白泉漱洗，泉水甘美得使人饮数口即似醉而饱。然后来到山脚下，见一座国城，上题“梯仙国”，原来是初得仙者的修行之所，一旦修满七十万日，便可升天为仙官，自由飞行。等他被送出仙国，人世间已过了数十年，那口井也早已崩塌。自此以后，他“不乐人间，遂不食五谷，信足而行”，不久便在剑阁鸡冠山附近不知所踪了。

故事将神仙世界渲染得非常奇异，其神秘处就在于不是人境却又在人境之中，在非常隐秘的地方自成一美妙的天地，但又不完全封闭，只要机缘契合，凡人也能经由某个洞穴巧入这个天地。神仙世界与现实社会的这种若即若离，就这样与仙真来自人间又异于常人的观念相应，构成了维系神仙信仰的巨大诱惑力。故事的结尾也颇堪玩味，它隐约交代了打井人最后是化仙而去的。这无疑在暗示人，凡有幸进入仙境，目睹过神仙生活的人一定都想成仙，而且只要信仰坚定，在神仙的帮助下也一定能够成仙。这显然能煽动人对洞天福地产生热切的向往之情，千百年来，希冀入仙境圆梦的寻仙游仙者络绎不绝，盖为此也。

当然，如果没有机缘实现这个梦想也不要紧，道教还营造了另一个独特的世界，保证让每个学道游仙者都能拥有和进入，因为这个世界就存在于人自己体内。道教说人体各部位都有神安驻，所谓“泥丸百节皆有神”，是谓“身神”。[1] 如“心神丹元字守灵”，“肺神皓华字虚成”，“肝神龙烟字含明”，“肾神玄冥字育婴”，“脾神常在字魂停”，“胆神龙曜字威明”[2]，这是内境五脏六腑的神。并有具体的解释，如心神之所以字“守灵”，是“内象喻也。心为脏腑之元，南方火之色，栖神之宅，丹之灵元，故曰守灵”，脾神之所以字“魂停”，是“脾中央土位也，故曰常在，即黄庭之宫也，魂不下于脾土之界，故曰魂停也”。总之“以五脏六腑各有所司，皆法象同天地，顺阴阳，自然应摄之道，故曰运天经也。”而“依此五神服色，思存不舍，不死之道。”此外，还有上中下三部八景神共二十四真，如脑神谓泥丸，眼神谓玄英，鼻神谓灵坚，耳神谓幽田，等等。他们自成体系，构成一个可与天上仙界相联通的完整世界。如“东王父者，青阳之元气也”，“治于东方，下在蓬莱山”，人头顶上也有之，且“左有王子乔，右有赤松子”[3]。“西王母者，太阴之元气也”，“下治昆仑之山”，“上治北斗”，人右目中也有之，“姓太阴，名玄光，字偃玉”[4]。此外，道教又认为人体中有“三尸神”，分别居于上、中、下三丹田，每逢庚申

[1] 最早的身神观念似为“五神”，《汉书·郊祀志》载谷永谏汉成帝言，“世有仙人，服食不终之药……黄治变化，坚冰淖溺，化色五仓之术。”颜注引李奇云：“思身中有五色，腹中有五仓神。五色存则不死，五仓存则不饥。”而《老子河上公章句》则明言“人能养神则不死，神谓五藏之神”，并力主“怀道抱一，守五神也。”

[2]《上清黄庭内景经·心神章第八》，《云笈七签》卷一一。

[3]《老子中经·第三神仙》，《云笈七签》卷一八。

[4]《老子中经·第四神仙》。

日就要上天庭向天帝汇报人的行为，人若行恶就会受到减少寿限的惩罚，故要“守庚申”，这也说明人体内的神与整个神仙世界是共通的。

既然人体之内本有神在，人的生命本身含有长生不死的因子，因此，只要在修道中集中意念，入静存想这些神，神仙就会保佑人各器官不受邪病淫欲的侵害，最后道成德就，长生成仙。这其实就是神仙理论中“我命在我不在天”观念的变相发挥：修仙在我，尽管没有机缘进入仙境，得仙点化，但虔诚的信仰与执着的修炼总能感应天上神仙，从而使自己获得眷顾，升入仙界。

综上所述，道教的神仙世界为人基于信仰而实施的游仙活动提供了一个可供追求的切实目标。它神秘而多彩，既在彼岸，作为绝对超越的宗教圣殿，又在此间，作为现实人生的理想境界。既有虚无缥缈的玄都海岛诱引人美好的幻想，又有遍布大地的洞天福地激发人切实的追求，尤其它所描绘的人间仙境，最完美地体现了道教重视现世享受、追求永恒超越的特点，所以成为神仙信仰和游仙理论中最具魅力的部分，日后在与传统文化的不断契合中，又日渐成为深入人心的人生理想。虽然得道成仙者千百年来凤毛麟角，但学道游仙的热潮却经久不衰，其原动力就来自于人们的这种理想。假此理想，人们得以寄托自己在尘世中骚动不安的灵魂，并由此获得些许的精神安慰。从此，人间一切美好的事物都带上了神仙的品质，清朗潇洒的风姿被称为仙姿，轻盈飘逸的步态被称为仙步，动听的音乐被称为仙乐，超迈的笔调被称为仙笔，神仙追求于是被抹上一层浓厚的文化色彩。

道术的张扬

神仙信仰与游仙理论的独特性，还决定了其目标实现方式的独特性。一般宗教以彼岸世界为精神解脱的归宿，在信仰目标的实现方式上多追求心灵的自我完善，而意识深处永远承认有超自然的神秘力量或实体的存在。他并使自己的全部努力，来虔信并服从这种力量或实体的存在。道教则不同，它所追求的生命永恒是一种物质变化的过程，即从受时间控制的有限飞跃到超越时间的无限与永恒。达到这一飞跃需要有相应的物质量变的积累，这就是生命本身持久的修炼。经由这种身体持久的修炼，人就能进入神仙世界，证悟到生命的永恒。

修炼作为实践信仰的特定行为，离不开特定的方法，亦即所谓的"术"。道教游仙活动最早就是从方术开始的。秦、汉间的方士不仅自诩有踏上三神山之能与获取长生药之法，而且还热衷于各种方术，如宋毋忌之辈的形解销化，少翁之流的召神劾鬼，刘安门下更多擅长黄白烧炼之人。此外又有服食、金丹、变化、存思诸术。《汉书·艺文志》录有方伎三十六家、八百六十八卷，其中神仙十家二百五卷，可见当时方术的流行。它们虽然在很大程度上不脱巫术的范围，但因有明确的信仰目标，已呈现出宗教追求的萌芽状态。以后道教把这些方术悉数继承过来，融入传统哲学、医学及生活知识加以不断完善和发展，终得以形成一系列神仙道术，成为世人进入仙界的必由之路。

这构成了道教的一大特色：在神仙追求的宗旨下，修道就是修术，学道游仙离不开对上述各种方术的学习。对此，佛教徒刘勰讥之为"标明大道，而教甚于俗；举号太上，而法穷下愚"[1]，言辞之间，不免带有六朝释道之争的意气。刘勰还把道教的修炼分为上中下三品：上标老子，修清静无为；次述神仙，学服食饵药；下袭张陵，事斋醮符箓。本来道家相当重视术，盖道是体，术是用，合于道体的清静无为在政治哲学中是治国之术，在生命哲学中则为养生之术。后来司马承

[1]《灭惑论》,《弘明集》卷八。

祯等人正基于此，将它发展为守静寡欲的精神修炼术。道家又把“气”看成是“道”的衍化形式，亦即生命的本原，要求将它纳入人体中永聚不散，从而使生命力长盛不衰。道教除了崇奉“道”之外，有取于道家的主要就是这种类似养生之术的言论，并把它与方士的法术糅合起来。以一般的宗教标准衡量，这种道术似乎形而下多了一些，而太少终极关怀，尤其斋醮符箓，更繁琐得少有深意，故被人们视为最下等的修炼术。

但其实，正如宗教是对宇宙和人类终极问题的究诘一样，道教的各种道术也可作如是观，在永恒的主题面前，也都具形式上的神圣性。细加考察，大致可分为两大类：一是养炼身心，讲究炼丹服食，行气导引；一是沟通人神，侧重禳解祠祷，劾神疫鬼。道教也因此流衍为两大派：丹鼎派与符箓派。当然，这仅是学理上的区分，在道术实践中两者是相辅相成的，构成一完整体系的两个方面，前者是“神秘性”的各种精神和形体的修炼法，即“通过特殊的心理或生理方法直接体验终极实在的宗教传统”，为的是“保持住他们身上那些与生俱来的生命力，这些生命力在人长大以后如果不加修炼，就会慢慢丧失”。后者是“仪礼性”的各种斋醮科仪的手段，即“通过外在的礼仪手段实现其目的的宗教传统”，它们“依赖于道士本人的礼仪行为与天地神灵之间理论上存在的那种关联，即所谓小宇宙—大宇宙之间的关联”[1]。

神秘性的丹鼎道术分为外丹和内丹两大系统。外丹术最早以求仙不死为直接目标，原型来自初民对某些草木土石特异功效的直观认

[1] 克里斯蒂安·乔基姆：《中国的宗教精神》，王平等译，中国华侨出版公司1991年版，第14—15页。

识，但在幼稚的原始思维支配下，神农尝百草式的经验积累导致如下天真的幻想，即这些天然之物既能除疫救命，也一定能延年益寿。如《神农本草经》就记载，曾青能疗风痹，“久服轻身不老”；石胆可治金疮，“久服增寿神仙”。以后神仙说起，方仙道中精于炼金术和炼丹术的方士就将其与不死药联系在一起，灵芝之类的植物与云母之类的矿物，或因气味清香，或因色泽晶莹，被赋予除秽的功能，而多产于山中，更被认为是神仙的食物，服之可以轻身乃至飞升的仙药，于是有了“食玉膏，饮神泉”的服食之术。从嫦娥偷食的传说，到秦始皇使人入海搜求，此术得到人普遍的信奉，许多人之游仙也因此仅体现为对不死的虔信和迷恋。

然而，世上终究没有不死药，搜求是枉费心机，服食也只能是自欺欺人。在无数次失败后，求仙者转而开始自制仙药。在对马王堆汉墓女尸的解剖中，可发现她生前已有一定程度的铅汞中毒。出土的帛画绘有墓主人升天的情状，前跪一人手拿一物，或即为准备进献的仙丹。由此可以推断，炼服仙丹之术在汉武帝前就已出现，但至武帝时才有最早的记录，如《史记·孝武本纪》载方士李少君所云，“祠灶则致物，致物而丹砂可化为黄金，黄金成以为饮食器则益寿”。淮南王刘安炼丹，并留下一本《鸿宝枕中书》。

丹砂（即汞矿石）、黄金和铅，为何能令人长生不死？据《淮南子·坠形训》的解释，是因为它们都是经过千百年演化生成的物质。这就透露出一种信息，即在时人的观念中，具有坚久性的物质一旦被摄入人体，人就能获得此种性质，乃至长生不死。对此，被誉为“万古丹经之王”的《周易参同契》说得明白：“金性不败朽，故为万物宝。术士服食之，寿命得长久。”外丹术就是在这种观念的作用下迅速发展起来的，并在魏晋神仙道中极为兴盛。葛洪所奉金丹道实际就是外丹派，他在理论和实践两方面对此派作了总结，不但明言“不得金丹，但服草木之药及修小术者，可以延年迟死耳，不得仙也”[1]。还对此作了详尽的阐发，认为草木之性“烧之即烬”，黄金则“百炼不消”。丹砂烧之成水银，“积变又还成丹砂”。人服此二物，可借其坚久之质“炼入身体”，使生命如同“铜青涂脚，入水不腐”，在时间的销蚀中永远不朽。故求仙之术“莫不皆以还丹、金液为大要者焉”[2]。还丹就是指丹砂烧炼后的升华物，实即硫化汞加热后发生氧化反应，产生汞和二氧化硫，继续加热反应后，汞再变为一氧化汞，因其外表色红近丹砂，内质纯净度又高于丹砂，故称还丹。道教称这个过程为“转”，“其转数少，其药力不足，故服之用日多，得仙迟也。其转数多，药力盛，故服之用日少，而得仙速也”。由于转的次数与丹质的纯度、药效有关，故葛洪说服一转丹需三年才能成仙，而服最高级的九转丹则立竿见影，三日即可飞升。[3]

金液即含有黄金不败朽之性的溶液。炼成这种溶液，除了黄金，还要用很多药物。在葛洪提供的“金液方”中，就有玄明龙膏（水银）、太乙旬首中石（雄黄）、紫游女（赤色戎盐）、玄水液（磁石水）等。一般先将黄金与这些杂药密封置于华池、即溶有硝石等药物的药醋中浸泡，利用水银消化高熔点的黄金生成金汞齐，然后再将溶解在汞内的金分子陆续分离出来，转化到溶液中形成金液，这就是所谓的水法炼丹。因金汞齐有毒，也有用动物脂肪等煮炼，将金性转移到该溶液中的。尽管黄金不易溶于药醋，但葛洪认为金液已汲取了不败朽的精髓，成为“太乙所服而仙者”的妙药，故其功效“不减九丹”，

[1]《抱朴子·极言》。
[2]《抱朴子·金丹》。
[3]《九转丹迟速效验》，《云笈七签》卷六七《金丹部》。

人服之“其身皆金色”，能达到“假求外物以自坚固”的目的[1]。

丹药的品种繁多，有“饵丹”、“柔丹”、“伏丹”、“寒丹”等所谓“九丹”，还有什么“太一丹”、“九成丹”、“七星辟恶丹”、“群鬼升云丹”等名目。[2]大致可归为两大类，一是以丹砂为主合成的丸丹，一是以黄金为主制成的液丹。炼丹的方法也不可胜数，有什么“岷山丹法”、“五成丹法”、“九光丹法”、“五灵丹法”等[3]，但不出火炼与水炼两种。水炼已如上述，《道藏》洞神部众术类录有《三十六水法》，对古代丹家试炼各种矿物和非矿物的方法有所保存，《抱朴子·金丹》也有一些记载；火炼包括炙、熔与伏等法，指一种无水加热的炼丹方法，《周易参同契》所谓《火记》六百篇类此，《淮南万毕术》与《抱朴子》也有记载。

从还丹、金液的烧炼过程，可以看到外丹术对古代科技的汲取与利用。如古代有制作金汞齐的鎏金术，外丹术吸取它的工艺来溶解黄金，又将对人体有一定药效的汞（刺激神经）、金（镇静安神）、雄黄（充溢元气）等融入丹药中，通过大量实践所积累的有关矿物性、药物性能及其化学反应的经验，对古代化学与医学发展起到了一定的推动作用。如以古老的“淮南炼秋石”为基础，从人尿中提炼出钙化合物，就是世界上最早的内含性激素的人工合成药物。当然，尽管外丹术在中国科技史上写下了重要的一页，也只是无心插柳而已，它有意培栽的花朵并没有开放，魏晋以降，并没有谁能炼出一颗真正的仙丹来。

作为一种道术，从传授到择地，从烧炼器具到具体程序，外丹术

[1]《抱朴子·金丹》。

[2] 见《太清丹经要诀》，《云笈七签》卷七一《金丹》。

[3] 见《金丹序》，《云笈七签》卷六七《金丹部》。

都与神仙理论融为一体，这决定了它不可能走向科学，反而越来越具有诞妄神秘的外道色彩。盖“道家之所至秘而重者，莫过乎长生之方也。故血盟乃传，传非其人，戒在天罚。”[1]炼丹的术士个个自以为执掌着通向神仙世界的钥匙，大多故神其事，秘不授人。葛洪也是亲事郑隐数年，最后在马迹山立坛盟誓，才得到经录丹诀。以后形成所谓“祭受之法”，受者事前先须斋戒数天，再备办一桌酒席，点上三炉香，向各方真皇老仙三拜九叩，自陈心愿后方得传授。得到师授后又须重上香酒送神，然后栖遁山林，隐入幽僻的名山[2]，“斋戒百日，不食五辛生鱼，不与俗人相见，尔乃可作大药”[3]。与之相对应，炼丹的鼎炉也有严格规定，要上合日月星宿之数，下应五行四时之分，再配以卦爻变化，象征天地人三才的交通，以便让丹药在鼎炉中完成宇宙生成演化的过程，将天地精华尽收其中。为了不泄露玄机，整个烧炼过程是在秘密状态下进行的，指称技术流程须使用隐语，药物名称也改用代称。如此故神其事，就为了赢得人们深信不疑。果然，到唐五代此术最为盛行，并很快达到登峰造极的地步。

然而“服食求神仙，多为药所误”，丹药所用的矿物杂药如金汞齐大多含有毒性，尽管外丹术也曾对此作特别的处理，如将炼成后的丹药先埋在地下、沉于井中以出火毒，取出后再拌以枣泥制成丸药以减少剂量，控制毒性，但为药所误者仍然比比，以致道教经籍也不得不假托神仙九霄君之口，告人“夫学炼金液还丹，并服丹砂硫磺并诸乳石等药，世人苦求得之，将为便成至药，不得深浅，竟学服饵，皆觅长生不死者也。并不悟金丹并诸石药各有本性，怀大毒在其中，道士

[1]《抱朴子·勤求》。

[2]《太清金液神丹经·祭受法》,《云笈七签》卷六五《金丹诀》。

[3]《抱朴子·金丹》。

服之，从羲轩已来，万不存一，未有不死者。”[1] 再看唐朝那些皇帝，最渴望做永享洪福的神仙，也最相信能使人一步登仙的还丹金液，以致术士纷纷进献御服，并自诩有神效，结果都一命呜呼。故当其发展到最鼎盛的时候，它让位于新崛起的内丹术的日子也就到来了。

所谓内丹术，前已提到，指行气导引之类的内功修炼术，它变炼丹为养气，服丹为食气，与外丹术区别明显。如要说有相同处，不过借用了外丹黄白术语来表述而已。

对于气与生命的关系，中国人早有认识。道家哲学视气为生命的本原，将此阐发得尤为深刻。《庄子·刻意》称殷商时彭祖就以“吹呴呼吸，吐故纳新，熊经鸟伸”之术养生，寿至八百岁。相传他还给后世留下一块玉佩，上刻铭文：“行气，深则蓄，蓄则伸，伸则下，下则定，定则固，固则萌，萌则长，长则退，退则天。天几舂在上，地几舂在下，顺则生，逆则死。”是为《行气玉佩铭》[2]。经考古推断，这是一件战国时期的玉器，最扼要地描述了气在人体中的运行轨迹。长沙马王堆汉墓出土的帛画《导引图》，则形象地绘出了导引内气运行的各种姿式，模仿龙、熊、鹤、狼等禽兽动作，双目微闭进行调息，这些都说明古人认为将宇宙之气纳入体中足可使人长生[3]。这种

[1] 《玄解录·辨金石药并去毒诀》，《云笈七签》卷六四《金丹诀》。

[2] 见罗振玉：《三代吉金文存》第二〇卷，中华书局1983年版，第49页。又见郭沫若：《古文字之辩证的发展》，《奴隶制时代》，人民出版社1973年版，第262页。

[3] 汉代养生说重呼吸沆瀣，吐故纳新。在纳一方面，是“春日，早起之后……披发，游堂下，迎露之清，受天地之精。”见张家山汉简整理组：《张家山汉简〈引书〉释文》，《文物》1990年第10期。在吐一方面，尤指吐出宿气，因“宿气为老，新气为寿。善治气者，使宿气夜散”，似其时间与纳反，在夜晚。见马继兴：《马王堆古医书考释》，湖南科学技术出版社1992年版，第905页。又，王逸《楚辞章句》引《陵阳子明经》谓：“春食朝霞。朝霞者，日始欲出赤黄气也。秋食沦阴。沦阴者，日没以后赤黄气也。冬饮沆瀣。沆瀣者，北方夜半气也。夏食正阳。正阳者，南方日中气也。并天地玄黄之气，是为六气也。”是吸食精气未必拘泥早晚，而重在气的质性。

观念与不死药的幻想一样有着悠久的历史，后经人养气食气的长期实践，得以总结出一整套修炼术，并在思理上达到相当精深的水平。它有些类似现在的气功，用于强身健体无疑行之有效。但人的欲望似乎并不止于此，还要将这健康保持到永恒。如此神仙说与养生术一拍即合，延年益寿与长生不死被有意识地嫁接粘合在一起，遂使行气导引之术成为更多人碌力践履的修行。

在《楚辞·远游》中，已可见诗人对神仙“餐六气而饮沆瀣兮，漱正阳而含朝霞”的描写，后人普遍认为“食肉者勇敢而悍，食谷者智慧而巧，食气者神明而寿，不食者不死而神。”[1]《淮南子·坠形篇》又称“食气者神明而寿，食谷者知慧而夭”。吃五谷杂粮，肠胃易留渣滓，积成粪便，此等秽浊之物会破坏人的纯净之气，从而减人寿命。要长生就须辟谷，断绝烟火，饮风吸露，直接吸食万物所赖以生存的天地元气，由此人变得轻灵矫捷，大有利于迎风自举，飞升成仙。《史记·留侯世家》载张良“欲从赤松子游，乃学辟谷，导引轻身”，可见行气导引在秦汉间已变成飞升成仙的法术。司马迁说他行至江南，看到“江傍家人常畜龟饮食之，以为能导引致气，有益于助衰养老”[2]，司马迁不信神仙，故没用长生之类的字眼。后汉陈寔《异闻记》中则言之凿凿地提供了一个实例：郡人张广定战乱离乡，无奈将四岁的幼女弃于屯口古墓中，“以数月许干饭及水浆与之”，不意三年后始得回乡，“欲收冢中所弃女骨，更殡埋之”，没想到女儿还活着，原来是学了墓中大龟的伸颈吞气，乃不觉饿。像这类有一定直观经验支持的故事在社会上很有市场。人们似在龟的长寿中看到了行气导引能长生致仙的前景，以至连头脑清醒的仲长统在《昌言》中也说

[1]《大戴礼记·易本命》。
[2]《史记·龟策列传》。

“行气可以不饥不病”，并相信按此“养性之方”便可“举形轻飞，白日升天”。

道教成立后，对这类炼养术加以系统改造。如《周易参同契》认为，人体中“元精流布”，其始“类如鸡子”，后弥漫成团，它“先天地生，巍巍尊高，旁有垣阙，状似蓬壶，环匝关闭，四通踟蹰”，里面“神气满室”，“守之者昌，失之者亡”，所以提倡“引内养性”，就是修炼丹田元气。这“鸡子”也即后来内丹所谓的“胎种”，将其炼成“圣胎”，犹如鸡子孵成小鸡，以精气的新质替代人体的原质，人就能脱胎换骨，化为纯阳之躯，成就神仙之身。其后，葛洪将“宝精行气”看作长生成仙的要诀也如此，传为魏华存所传的《黄庭经》更倡“三丹田”之说[1]，陶弘景《养性延命录》、《登真隐诀》还整理出诸如叩齿握固等服气导引之法。[2]只因这些道术需要持之以恒才能见效，一般学道游仙者求仙心切，一心只想服丹饵药，一步登天，颇不能耐这番渐修的磨炼。直到还丹金液频频使人中毒身亡，不假外物的内功修炼才开始引起广泛的重视。以后又经晚唐五代钟、吕的丹法传道，金宋南五祖、北七真的大力张扬，融哲学、医学、气功和神仙思想为一炉，发展为内丹术，才在神仙道术中取代了外丹术，真正占居主流地位。到元明清，又在东西各派实践中得到丰富发展，渐顿并重，性命双修，达到了炉火纯青的

[1] 李治：《敬斋古今黈》卷六谓：“盖三丹田，精、气、神之舍也。曰下丹田，关元精之舍；中丹田，绛宫神之舍；则上丹田，泥丸为气之舍”，前者在脐下，中者在心窝，后者在眉间，释之甚简明。

[2] 叩齿最早见诸葛洪《抱朴子·杂应》篇之“清晨建齿三百过者”，然原系养生方术之一，并非道教所专有，后道教将之吸收为修行法术，并有所谓“八齿三叩”等说，遂成为科仪之常设，而上清派尤推重之。握固出《老子》“骨弱筋柔而握固”，后葛洪《抱朴子》讲“握固守一”，《道枢·众妙篇》论其法，曰“吾以左右拇指掐其三指之文，或以四指总握其拇，用左右手以拄腰腹之间者也。”

境界。

内丹术把人体看成是一个小宇宙，与天地大宇宙相统一，皆以先天的真气、元气为本，故炼内丹就是炼“天人合一”。天地之道是气生万物，修到万物归气，人便妙合自然与道同一了。当然，既称为炼丹，少不了有药物、鼎炉和火候等术的讲究。对此，宋胡混成《金丹正宗》概括说：

> 聚先天祖气为药物，守玄关一窍为鼎炉，以元神妙用为火候，日锻月炼，时烹刻煮，及时成功，可以脱胎换骨，超凡入圣，跨鸾鹤而冲九霄，登昆仑而游八极。大道之要，不过如斯。

内丹术以构成生命的精、气、神为药物，它们有先天与后天的区别，先天的是元精、元气与元神，无质为清；后天的是交感之精、呼吸之气与思虑之神，有质为浊。道教强调对后者要摄精、闭气、安神，变浊为清，然后用意念将其聚于丹田备炼，是为“采药”。炼精化气为采外药，炼气化神为采内药，神与气凝合才最后生成大药。

炼药的鼎炉就在人体内，有大、小之分。炼外药用大鼎炉，先沿督脉上送至鼎、即被称为泥丸宫的脑，也即上丹田，再顺任脉护归回炉，即下丹田，也称气穴处凝结；炼内药用小鼎炉，使之运行于炉与鼎、即被称为黄庭中宫的心，也即中丹田之间，不断凝聚成丹。而所谓“玄关窍”，贯通上中下三丹田，是真气在体内运行的最关键部位，此窍一通，百窍皆开，丹田方能作鼎炉炼气。[1] 烧炼的火候就是“元

[1] 阳道生：《真诠》卷中《丹枢·阐发玄关一窍》引张伯端“此一窍无边傍无内外，此神气之根，虚无之谷”语，谓“此指虚无为玄关一窍辈，虚极静笃，无复我身，但觉杳杳冥冥，与天地合一，而神气酝酿于中，乃修炼之最妙处，故谓之玄关一窍。”

神”，即引导真气在体内运行的意念，它通过呼吸控制气的进退升降，或以剧烈的呼吸将药迅速向上急运，此称“武火”；或以轻微的呼吸将药慢慢向下缓运，此称“文火”。火候的运用最为精妙，要有真师指点并自己的体悟才能得其自然。

内丹修炼的过程非常复杂，并须配以各种方法。首先是筑基，使人体精满气足神旺，达到“三宝”俱全，尤其须要打通任督二脉和三关径路，然后才有药可采，有路可运。其功法很多，有坐忘、守一、内观、存想等等，要在能静心炼己，尽除欲念。故内丹家极力宣称“学道初关，先须炼己。炼己者，克己也。克去己私，私欲净尽，本体湛然，乃见真性。”[1] 又称“金丹之道，炼己为先”，并以为“己炼则神定，神定则气住，气住则精凝。”[2] 这样才能达到一灵独现的清明境界，保持住充沛的生命力，顺利进入炼丹三关。

初关要在炼精化气。精气满时，阳物自动勃起，周身一团暖气，表明身中“活子时”已到来。此时须以意念控制呼吸，将充盈的精气引入下丹田，此为采药。然后神凝于气穴，升起炉火，使下丹田产生热感，热极生动，晃晃滚滚，将精气送上泥丸宫，再降归下丹田，不断地沿任、督二脉作周天运动，此为炼药。等到精化为气，凝于丹田，须用意念加以封固，并静息寂照，使神气相依，此为养药。

中关要在炼气化神。外药炼成内药后，下丹田的气愈聚愈多，为免外泄，须以神合气，使之在中、下丹田间不断运转凝结。炼到所谓“蟾光”，即精气神“三宝”高度凝聚后所发之慧光于眉间一现时，说

[1] 陆西星：《邱长春真人青天歌测疏》，《方壶外史》卷七。
[2] 陆西星：《金丹就正篇·后序》，《方壶外史》卷八。

明大药、又称金丹已生成。此时应立刻凝神入定，用胎息法，即如在母胎那样不用口鼻的内呼吸，将大药翕聚于中丹田，并日夜内观，凝神于药。经过以气抱神的十月静养，一朝分娩出“圣胎”，也称“婴儿”，即尽化为纯阳之神的境界。此诚如《悟真篇》所云，“婴儿是一含真气，十月胎圆入圣基”。

上关要在炼神还虚。打下圣基后，阳神初出，易于摇动，此时须迁入上丹田哺育三年，时刻加以调理，以入定之法炼神，使之越炼越纯，寂照全身，直至三丹田浑融成一个虚空大境。但神如拘于形中会顽而不灵，因此等到眼前出现天花乱坠之景，头顶天门骨自开，犹如婴儿的囟门，须调神出壳。初时要旋出旋收，以免阳神不归而人成尸解。再加六年炼虚功夫，阳神渐入道境，至虚至灵，放收无不自如，即如《大成捷要》所称，“出入有无，通天达地”而“以太虚为宅舍”，“分散形影，百千万亿化身”而使人超神入化。这时小宇宙与大宇宙，先天与后天融为一片万劫不坏的虚无，人超越有限而证入无限，“此三年乳哺之功，已返到性体坚硬刚，神化无方之位，名曰神仙者是也”。

从面上看，内丹术比外丹术要神秘，如大量使用隐语，什么“日魂月魄”、“离火坎水”、“砂汞铅银”、“青龙白虎”、“乌精兔髓”、“父精母血”等等，不过是指称元神与元气；什么“玉炉金鼎”、“蓬壶神室”、“黄房明堂”、“虚谷玄牝”等等，也无非是形容上中下三丹田。此外，它还将火候称作“推周天”、“用文武”、“准晦朔”、“定弦望”。尤其阴阳双修法吸收房中术的还精补脑，因与传统伦理观念相悖，更显得闪烁隐晦。然而，这种神秘只是人为披戴上去的玄衣。它还有更内在的神秘，那就是内功修炼的玄机与生命超越的境界。道术家宣称内丹炼到最后还虚阶段，人体百窍贯通，阳焰升腾，周身一圈无极神光，灿烂弥漫，具有通天彻地的“六通”功能。[1] 人能否达到这样的境界，至今仍是一个谜，但它对人体生命内在奥秘的探索，似内蕴一种东方哲学和医学的智慧。如果说，在神仙信仰不复存在的今天，内丹术外在的神秘早已失落，那么其留存在气功中的内在神秘尚有待未来科学的破译。

至于礼仪性的斋醮符箓，在神仙道术中一般多用为辅助的手段。道教宣扬修炼心诚，求仙则灵，无论炼外丹还是内丹，都要借用一定的道术来坚定信仰。斋，是为了洁净身心，以示求仙的诚意，故有“烧香行道，忏罪谢愆，则谓之斋”一说。[2] 其法五花八门，有学仙修行的“自然斋”、求仙念真的“上清斋”、谢过求仙的“八节斋”等等。术士炼丹之前常常要斋戒沐浴，据《沐浴身心经》说，沐浴能使“内净者，虚心无垢；外净者，身垢尽除”，可“证人无为，进品圣阶”，进而得道成仙。洗浴的水要加五种香料，“五香者，一者白芷，能去三尸；二者桃皮，能辟邪气；三者柏叶，能降真仙；四者零陵，能集灵圣；五者青木香，能消秽召真”。这样通过沐浴，便可沟通与神仙的联系，在修炼中自然也就能得到其点化。对一般学道游仙者来说，

---

[1] 《性命圭旨》贞集《移神内院端拱真心》：“何谓六通，按玉阳大师日，坐到静时，徒然心光发现，内则洞见肺腑，外则自见须眉，智勇踊跃，日赋万言，说妙谈玄，无穷无极，此是心境通也。不出庐舍，预知未来事情，身处室中，又能隔墙见物，此是神境通也。正坐之间，刹时迷闷，混沌不分，少顷心窍豁然大开，地理山河，犹如掌上观纹，此是天眼通也。能闻十方之音，如耳边音，能忆生前之事，如眼前事，此是天耳通也。或昼或夜，入于大定，上见天堂，下见地狱，观透无数劫来，宿命所更，此是宿命通也。神通变化，出入自如，洞鉴十方众生，知他心内隐微之事，他虽意念未起，了了先知，他虽意念未萌，了了先觉，此是他心通也。”另《道门经法相承次序》卷下以为，六通指目耳鼻舌身心之通。又，佛教有所谓六通神，即神足通、天耳通、他心通、宿命通、天眼通、漏尽智证通，为佛菩萨依定慧力所示现的六种无碍自在的妙用，见《中阿含》卷一九《迦绨那经》与《长阿含》卷九《增一经》，可并为参看。

[2] 蒋叔舆：《无上黄箓大斋立成仪》卷二六，《正统道藏》洞玄部威仪类。

大抵也应如此。“故学道不修斋戒，徒劳山林矣！夫斋者，正以清虚恬静，谦卑恭敬，战战兢兢，如履冰谷，若对严君，丹诚谦若，必祈灵应”[1]。

醮，是祈福禳灾的仪式，所谓“延真降圣，乞恩请福，则谓之醮”[2]。“古谓醮者，祭之别名也。降天帝致万神，莫大于醮。”[3]所以“自古建斋无设醮之仪，只于散坛拜表后，铺设祭巽果肴……备以茶酒，列于坛心”[4]。以后才弄出各种繁杂的名目，有所谓“阳醮”、“阴醮”或者“清醮”、“幽醮”之分，前者祈福谢恩，后者召摄亡魂。而且程序也愈弄愈复杂，如设坛摆供、焚香化符、鸣鼓念咒，献茶散花、步虚赞颂、唱礼送神之类，是为“科仪”，近似一出气氛神秘的戏剧。行仪时，道士手持奇灵的道具如剑、镜、符水、章奏等，对着神像时跪时拜，或念或唱，并在场中步罡踏斗，依着北斗七星的位置缭绕而走；同时叩齿咽液，捏诀诵咒。据说循此步法便可飞行成仙，故又称“飞步之道”。整个过程还始终伴有缥缈的羽章，“无此歌章，皆不得妄上天纲，足蹑玄斗也。”[5]那是模仿神仙飞巡虚空诵经的布虚声而形成的育经礼赞的一种特殊曲调和行腔，道士们随着这种舒缓悠扬的乐音绕坛、穿花并存想，其情形就如一首道教散曲所描写的那样：

星罗云布，俺只见、星罗云布，空中奏天鼓。见巫山神女，

[1]《云笈七签》卷三七《说杂斋法》。

[2] 蒋叔舆：《无上黄箓大斋立成仪》卷二六，《正统道藏》洞玄部威仪类。

[3] 朱权：《天皇至道太清玉册》卷上，《万历续道藏》。

[4] 林灵真：《灵宝领教济度金书》卷三《设醮》，《正统道藏》洞玄部威仪类。

[5]《太上飞行九神玉经》记九神真人语谓：“行飞步之道，先一日沐浴斋净，是日于中庭布星图随斗建也。北向长跪，烧香于玄冥星下，叩齿三十六通，闭眼存岁星在左肋，太白星在右肋，荧惑星在头上，辰星在脐下，镇星在心……咽气九过止。”过程极为繁复神秘。见《云笈七签》卷二〇《三洞经教部》。

洞府麻姑，戴霞冠身佩玉，屈膝结跏趺，手拿如意珠。饥啖松腴，梦涉华胥。有时节、凭霄驾来帝所。游遍蓬壶。一会间、游遍蓬壶。浮江羽渡。猛可的、浮江羽渡。乐逍遥、向灵山参谒大巫。[1]

在这缭绕的烟雾和摇曳的烛火中，他们遍历幻想的神仙世界，心醉神迷地感知它的谲诡与神奇，从而获得信仰的力量。

符箓，又称“符字”、“墨箓”和“丹书”，是一些被认为具有神力的文字或图形，书写在纸、绢、木、石等物上，道教以为它可以遣神役鬼，镇魔压邪。尤其入山修炼，佩带如“老君入山符”、“入山辟虎狼符”等符箓，能在五十步内辟除山精鬼魅，使众鬼不敢加害。如费长房曾因仙翁赐竹杖与符，得以“主地上鬼神”，“能医疗众病，鞭笞百鬼，及驱使社公”[2]。三国时，张鲁“据汉中，以鬼道教民”，也曾因张修用符箓之法而增饰之。[3]道教经典并有太上老君降授“正一盟威”经书共九百三十卷和符图七十卷的说法。那些符箓或由若干小字横竖曲扭组成复文，或仿云纹或古篆籀合成云篆，也间有更为繁复的点线或神象结成的符图。依道教的说法，它“以道之精气，布之简墨，会物之精气，以却邪伪”[4]，如迷宫草图般的“鬼画桃符”让人感到神秘莫测，但符无正形，以气而灵，它们从古老的巫术演化出来，具有召将请神炼度亡魂的特定功能，确实在实际施行过程中起到调节佩符者心理的作用。

与具有心理暗示意义的符箓相比配，还有令牌、法印、师刀、

[1] 周履靖：《二犯江儿水》，《鹤月瑶笙》卷一。
[2] 《后汉书·方术列传》。
[3] 《三国志·魏书·张鲁传》裴注引《典略》。
[4] 《云笈七签》卷七《符字》。

双锏和镜、剑之类的法器。它们的神秘功能同样来源于巫术，其中镜为天悬，剑能龙飞，尤为法力无边，故为道术用为照妖镜与斩魔剑。入山道士只要背上一面径九寸的照妖镜，佩上一柄七星斩魔剑，哪怕是一柄桃剑，因刻有符咒，就能对付一切妖魔鬼怪。[1]故可知这类道术在根本上仍是想通过对生命的自我保护，达到求仙长生的最终目的。手持明镜，腰悬佩剑，也因而成了仙风道骨的标准形象。

至于那些祛邪消灾的小道小术不一而足，什么隐形变化、奇门遁甲、拘神制魄、禁兵避疫等等，都旨在驱避外害，除去内患。前曾言及，神仙理论认为人的三丹田中居处着上中下"三尸"，又称"三虫"、"三毒"，均系鬼神之属，总希望人早死，然后可从人体内解放出来享受死者的祭品，为此每每蓄意乱人心神，促人行恶，以便到庚申日能上天告人过失，让司命之神据其大小减人寿数，阻人成仙。《河图纪命符》对此言之甚详，称"三尸之为物，实魂魄鬼神之属也。欲使人早死，此尸当得作鬼，自放纵游行，飨食人祭拜。每到六甲穷

[1] 孙夷中《三洞修道仪》曾评述道士佩带法剑的等次，《灵宝无量度人上经大法》之"冠裳剑佩品"记载了法师佩剑的类别与尺寸，《历世真仙体道通鉴》引吕洞宾"三剑"语则分疏了剑法的三种修持，为"一断烦恼，二断贪瞋，三断色欲"。而王钦若《翊圣保德传》另有三剑法，为"地只作孽，水族生妖，分野为灾，国家轸虑，当以上剑治之；或山泽之怪，飞走之雄，震骇闾阎，侵毒黎庶，当以中剑治之；或魑魅之徒，夔魖之辈，挟邪暴物，作祟害人，当以下剑治之。"又，道教以"慧剑"、"心剑"喻指丹法，见《玄虚子鸣真集》、《纯阳真人浑成集》，俱可见剑在道教实为神授宝物、富于象征意义的重要法器。镜乃金水之精，能照面分形，也自来为道教所重。早在东汉时期，画像镜和神兽镜的纹饰与镜铭就已见早期道教的内容。以后唐道书《道门经法相承次序》多言其"不可言有，不可言无"的特性，《神仙炼丹点铸三元宝照法》则记造镜事则，分出天照、地照与人照三类。《秘要诀法》中有《老君明照法叙事》更载"四规"之法，所谓前后左右，可上见天神，下视鬼魅，亦可以役使百灵，主长生不死。以后更被附会上吸财纳福、镇宅化煞等功效，为历来道教徒所深信。

日，辄上天白司命，道人罪过，过大者夺人纪，过小者夺人算。故求仙之人，先去三尸，恬淡无欲，神静性明，积众善，乃服药有效，乃成仙。"[1] 段成式《酉阳杂俎》卷二《玉格》云："三尸一日三朝，上尸青姑，伐人眼；中尸白姑，伐人五藏；下尸血姑，伐人胃命"[2]，说得更为具体可怖。故上述小道小术设计出种种对付"三尸"的办法，积善行德、清心寡欲之外，或上章首过，或念咒禳除。最常见的是"守庚申"，即到庚申日彻夜不眠，阻止"三尸"上天报告，如《三尸中经》所谓"兼夜不卧，守之，若晓体疲，小伏床数觉，莫令睡熟，此尸即不得上告天帝。"甚至像《神仙守庚申法》所教的那样，"彻夕不眠"，与之交对，并将其"斩死不还"。如此"三尸皆尽，司命削去死籍，著长生录"，人便可"上与天人游"，成为寿命长存的神仙。

道教通过这些神秘性的或礼仪性的道术，将神仙信仰落实到日常行为的层次，并大加张扬，使热衷游仙的人既有所顾忌和敬畏[3]，又相信"我命在我不在天"，通向神仙世界的路就在自己脚下，打开神仙世界大门的钥匙尽在自己掌握，从而在俗世掀起一股股涌向仙界的热潮。

---

[1] 见《重修纬书集成》卷六，又见《云笈七签》卷八一至八三《庚申部》。

[2] 又见《中山玉柜服气经》之《录神诫戒序第一》、《云笈七签》卷一〇四《玄洲上卿苏君传》。

[3] 叶梦得：《避暑录话》卷下谓："凡学道者未有不信其说，柳子厚最号强项，亦作骂尸虫文。"

第三章

帝王的梦想

中国历史上，方士是学道游仙的热烈鼓吹者，帝王则是此道最热诚的响应者。要说世上最想成仙的实在莫过于帝王，“溥天之下，莫非王土”，他们主宰人间的一切，挟人主之威以自恣，据天下之富为己用，却主宰不了自己的命运；虽说奉天承运，君临并统牧万民，却一如普通人肉身凡胎，受生老病死的支配，这不能不令其深感遗憾。神仙说使他们在无奈中看到了将自己从生死河中救出的希望，尽管这希望虚无得很，他们也紧抓不放，并为此信用方士，迷恋道术。然而具有讽刺意义的是，如此不惜代价学道游仙，得到的却是失去生命的结果。

万寿无疆与万代一祀

帝王求仙最早可上溯至周灵王时苌弘的“欲以鬼神之术辅尊灵王，会朝诸侯”[1]。战国末年，由西东渐的求仙之风刮向渤海之滨，面对浩瀚莫测的大海和奇幻的海市蜃楼，方士们似受到一种神秘力

[1]《汉书·郊祀志》。

量的激发，开始为兜售其术，编织海上仙山的神话。控辖燕齐之地的君主如齐威王、宣王和燕昭王，对此多深信之，纷纷派方士入海去三山求仙药，虽一无所获，但“世主莫不甘心焉”。由于屡求屡空，屡空屡求，遂使“怪迂阿谀苟合之徒自此兴，不可胜数也”[1]。中国古代求仙游仙热潮的掀起，从某种意义上因此与帝王的倡导大有关系。

燕昭王死后半个多世纪[2]，各国君王忙于应付现实，弱者国将不保，固不遑念及长生不死；强者志在天下，亦无暇追求神仙的快乐。不久，秦始皇灭六国，并四海，当其拥有整个天下后，即接续前人旧梦，开始作神仙长生之想，听说古有天、地、人三皇，便取皇为帝号，欲与天地相并而万寿无疆；又自称“始皇帝”，想让秦王朝“二世三世至于万世，传之无穷”。以后四处巡游，短短十年中四到渤海之滨，求仙之心至诚至勤，以致游仙活动几乎构成了他天子生涯的主要内容。司马迁在《史记·秦始皇本纪》中花了大量笔墨描述这位帝王的神仙之梦。正是有了《史记》的记载，后人才得以看到一位帝王的游仙史，并信而有征地把握到帝王求仙的内在动机。

秦始皇雄才大略，当初苏秦来秦游说，提出“并天下，凌万乘，诎敌国，制海内，子元元，臣诸侯”[3]，他一一予以实现，“奋六世之余烈，振长策而御宇内，吞二周而亡诸侯，履至尊而制六合”[4]，完成了一统天下的伟业。然登上天子位后，开始大兴土木，建阿房，修驰

---

[1]《史记·封禅书》。

[2] 杜光庭:《仙传拾遗》有“燕昭王者，哙王之子也。及即位，好神仙之道。仙人甘需臣事之，为王述昆台登真之事，去嗜欲，撤声色，无思无为，可以致道。王行之既久……三十三年，王无疾而殂，形骨柔软，香气盈庭”这样的附会。

[3]《战国策·秦策一》。

[4] 贾谊:《过秦论》,《全汉文》卷一六。

道，凡所建筑都极天下之丽，如汉初贾山批评的那样，“以千八百国之民自养，力罢不能胜其役，财尽不能胜其求。一君之身耳，所以自养者，驰骋弋猎之娱，天下弗能供也”[1]。并且，为了永远地保有这种享受，第二年起即开始狂热的求仙活动，对卢生所描绘的“入水不濡，入火不爇，陵云气，与天地久长”的真人艳羡不已，尝称“吾慕真人，自谓‘真人’，不称‘朕’”，道出其求仙的心切。

当其开始游仙，东行泰山封禅，又至渤海，南登琅邪台，齐地方士趋之若鹜，争言仙事者不可胜数。其中最著者为徐市，上书兜售海上三山之说。秦始皇信以为真，即遣其找数千童男女，入海求药。[2]三神山的故事流传已久，因从不见效验，几成老生常谈，秦始皇如此相信，说穿了是不愿错过任何成仙的机会。所以仅仅过了一年，又迫不及待地东巡琅邪，复游海上，盼望徐市满载而归。八年后南至湘山，特意绕经吴地北还，再到琅邪。察其用心，仍意在蓬莱三神山的仙药。

秦始皇游仙的目的还与永保帝国江山的念想有关。当他闻悉天上落下陨石，上刻“始皇帝死而地分”，便诛杀了当地百姓，燔销了陨石。事后闷闷不乐，叫博士作《仙真人诗》，传乐工歌弦之。他相信只要做了神仙，王朝就不会崩解。故东游至燕，登上俯瞰渤海的碣石山（在今河北昌黎县西北），遥想仙人所居的海上神山，令卢生入海寻找古仙人羡门、高誓，又遣韩终、侯公、石生求仙人不死之药。仙

[1]《至言》，《全汉文》卷一四。

[2] 徐市，《史记·淮南王安传》又作“徐福”。据日本的传说，他领数千童男女乘船离开中国，结果到了日本并居留下来，在熊野川一带耕作，养育那些童男女成长，繁殖后代，子孙皆称秦氏。当地有一山也叫蓬莱山，今新宫一地还有其墓，并有“秦徐福之墓”的碑刻，离墓不远，又有徐福祠。

人当然没能找到，卢生只带回神仙“亡秦者胡也”的预言。他再次信以为真，令蒙恬发兵三十万北击匈奴，绝未料到后来亡秦的竟是自己的儿子胡亥。

秦始皇日夜耽溺于神仙追求，内心急切至于走火入魔，使他一方面对方士言听计从，另一方面不免疑神疑鬼，大开杀戒。卢生曾向他传授求仙之术，说君主只有微行隐居，辟去恶鬼，就能使真人降临，“不死之药殆可得也”。他深信不疑，即令在咸阳附近二百里遍建甬道，连通所有宫观，又各设帷帐、钟鼓和美人，便自己可神不知鬼不觉地出入各宫，同时严令如有泄露便是死罪。尝幸梁山宫，从山上见丞相车骑前呼后拥，斥责了几句。随从中有人私下转告，丞相就此减了车骑，以避势侔人主的嫌疑。他大怒，断定“此中人泄吾语”，拷问所有随侍，因无人招供，遂将全体处死。自此以后再无人敢泄露其言行，众臣自然都不知帝起居之所在。

见其求仙动了真格，方士们非常害怕。卢生与侯生相谋，认为他“贪于权势至如此，未可为求仙药”，又恐其得不到仙药会迁怒于人，遂一逃了之。秦始皇得悉后勃然大怒，说自己“悉召文学方术士甚众，欲以兴太平，方士欲炼以求奇药。今闻韩众去不报，徐市等费以巨万计，终不得药，徒奸利相告日闻。卢生等吾尊赐之甚厚，今乃诽谤我，以重吾不德也”，于是将一肚子恶气全都发泄在招来京城的诸生身上，活埋了四百六十余人，这就是震惊历史的“坑儒”事件。想其昔日“执敲扑以鞭笞天下”，虽以暴力制御六国，尚有“威振四海”的雄豪气概；如今因求仙无望便恣意施虐，则是一种近乎变态的狂暴心理了。然而色厉掩饰不了内荏，狂暴正是他内心焦灼但又虚怯的无奈表现。

当最后一次游至琅邪，仙药没求到，反而病倒时，他还盼望神仙能给他带来长生，而不愿言及死事。他在郦山营建的陵墓，不仅“宫观百官奇器珍怪徙臧满之”，还“以水银为百川江河大海，机相灌输，上具天文，下具地理”，并“以人鱼膏为烛，度不灭者久之”。如前所说，在山东临沂金雀山西汉墓出土的帛画和洛阳西汉卜千秋墓中的壁画上，已能看到男女墓主分乘腾蛇飞鸟，双双闭目飞升或优游于海上三神山的情景[1]，这种墓主飞升所表现的死后升仙主题，与流行于战国末年的尸解之术有相同的观念渊源。相比之下，秦始皇在墓中为自己营建的世界更不同凡响，琳琅满目的珍玩，银波流泻的大海，闪烁辉耀的烛光，他是把自己的神仙追求一并带入了那个连自己也未知的的幽冥世界。

如此求仙的荒诞足以警示后来帝王，仙山与仙药只是虚无缥缈的幻想，以此祈求万寿无疆与万代一祀终将化为泡影。但遗憾的是，前车之覆并没有成为后车之鉴，无数的后来者为欲望驱使，依然执迷不悟地重蹈他的覆辙。

最典型的是汉武帝。与秦始皇一样，他也不乏雄才大略，内兴文教，创制百代，外攘狄夷，拓宇四疆，文治武功显赫一时。汉人这样评说他的业绩：

> 招集天下俊贤，与协心同谋，兴制度，改正朔，易服色，立天地之祠，建封禅，殊官号，存周后，定诸侯之制，永无逆争之心，至今累世赖之。单于守藩，百蛮服从，万世之基也，中兴之功，未有高焉者也。[2]

---

[1] 详见刘家骥、刘炳森：《金雀山西汉帛画临摹后感》，《文物》1977 年第 11 期；孙作云：《洛阳前汉卜千秋墓壁画考释》，《文物》1977 年第 7 期。

[2]《汉书·韦贤传》引刘歆《毁庙议》。

然而这位独领风骚的皇帝“初即位，尤敬鬼神之祀”[1]，至七十一岁驾崩，始终热衷游仙，且求仙的诚意与恒心，比秦始皇有过之而无不及。封禅是帝王祭祀天地的典礼，在泰山上筑土为坛祭天，在泰山下梁父山辟场为祭地，《大戴礼·保傅》所谓“封泰山而禅梁甫”，从来是历代王朝极为看重的国家大典。当初秦始皇趁封禅之际，顺道东游海上，求仙人羡门之属。到了汉朝，方士进而把封禅与求仙联系起来，如新垣平就曾使人假进献刻有“人主延寿”的玉杯，力劝文帝迎祠天帝。最早向武帝鼓吹此道的是李少君，尝以长生不死之术遍游诸侯，后武帝召问古铜器，他认出是齐桓公柏寝台中器物，从而骗得武帝的信任。他建议武帝学黄帝封禅以求不死，并言之凿凿，称“祠灶则致物，致物而丹砂可化为黄金，黄金成以为饮食器则益寿，益寿而海中蓬莱仙者乃可见，见之以封禅则不死，黄帝是也。臣尝游海上，见安期生，安期生食巨枣，大如瓜。安期生仙者，通蓬莱中，合则见人，不合则隐。”武帝信以为真，一边遣方士“事化丹砂诸药齐为黄金”，一边“入海求蓬莱安期生之属”。其实这时武帝登基才八九年[2]，正值血气方刚的盛年。这种急切的心态在他以后写的《秋风辞》中也可窥见一斑，他由“秋风起兮白云飞，草木黄落兮雁南归”，联想到人的生生死死，自己虽贵为帝王仍不免一死，故而发出“欢乐极兮哀情多，少壮几时兮奈老何”的悲叹[3]，由此对神仙之术心向往之，

[1]《史记·封禅书》。

[2] 司马迁《史记》系李少君事在元光二年（前133年）武帝“初至雍，郊见五畤”时，又谓少君“尝从武安侯饮”，武安侯田蚡卒于元光四年，由此可推知其得武帝召见应在此数年间。

[3] 见《乐府诗集》卷八四《杂歌谣辞二》。王尧衢《古诗合解》卷一：“乐极悲来，乃人情之常也，愁乐事可复而盛年难再，武帝求长生而慕神仙，正为此一段苦处难遣耳。念及此而歌啸中流，顿觉兴尽，然自是绝妙好辞。”又，张玉谷《古诗赏析》卷三：“此辞有感秋摇落。系念求仙意，‘怀佳人’句，一篇之骨”，“以佳人为仙人，似近乎凿。然帝之幸河东，祠后土，皆为求仙起见，必作是解，于时事始合，而意义亦前后一线穿去。”

深信不疑。李少君病死，他以为是“化去不死”。《汉禁中起居注》记其梦见与李共登嵩山，及半山腰有天使乘龙持节从云中下来，口称“太乙请少君”，醒谓左右：“如我之梦，少君将舍我去矣。”果然几天后李病死，开棺视之，只有衣冠，人已尸解。董仲舒投上所好作《李少君家录》，称其“有不死之方”，故其死是“道成而去”[1]。方士的宣传与臣下的奉承使他更加沉溺此道，以致当霍去病子霍嬗去世，竟听信神仙家“仙去”的说辞，告其家人此“不足悲”[2]。以后，宽舒接过李少君不死之方，继续行烧炼之事，并不断派人入海求仙，都是受了他的指派。

由其好游仙，还招来出于同一师门的方士少翁与栾大，一个擅长招魂术，使武帝复睹已亡爱妾的容貌；他们善说大话，吹嘘“往来海中，见安期、羡门之属”，为神仙使者，并称只要礼尊使者，则“黄金可成，而河决可塞，不死之药可得，仙人可致也”。武帝大为高兴，分别拜两人为文成将军、五利将军，对后者尤为恩宠，封乐通侯，赐列侯甲第，童仆千人，车马器物无数，并将长公主嫁给他。甚至为了表示对神仙的尊敬，还屈尊亲临栾大府第，刻“天道将军”玉印，让送印者和栾大穿上羽衣，晚立白茅上行授印仪式，以示自己与其已超脱了人间的君臣关系。但两人的仙术屡屡失验，先后因诈作天书和妄托其师被诛死。

然而，痛恨欺骗自己的方士并不表明对方术本身有怀疑。故在诛死少翁后，“后悔其早死，惜其方不尽”的他又听任方士怂恿，建造了柏梁台、铜柱和承露仙人掌；听信蓬莱不远，只因不见其气不能到

[1] 见《抱朴子·论仙》引。
[2] 见《史记·封禅书》注引《索隐》。

达的妄说，派遣擅长望气者去助入海求仙者候气。随着岁月流逝，他年将半百，围绕着所谓宝鼎的出现，求仙活动也达到高潮。这次唱主角的是方士公孙卿，他重弹李少君的老调，假托与安期生相通的申公，编造了一个黄帝铸鼎升仙的神话，并说申公已死，其受黄帝言独留下鼎书，中有“汉之圣者在高祖之孙且曾孙也。宝鼎出而与神通，封禅。封禅七十二王，唯黄帝得上泰山封”云云。又借申公之口，称“汉主亦当上封，上封则能仙登天矣”。武帝听了欢欣不已，说：“嗟乎！吾诚得如黄帝，吾视去妻子如脱屣耳。”于是拜公孙卿为郎，先往嵩山候神仙；同时急欲仿效黄帝登泰山行封禅大典，并令儒生起草封禅礼仪。后因这种典礼不见著于经传，儒生筹备许久也没头绪，他再无耐心，索性自定一套礼仪，于元封元年（因纪念封禅而诏改的年号）三月匆匆东行，先礼登嵩山，再东巡海上，行礼祠八神。时齐地方士上疏言神仙奇方者以万数，他发船令其一一入海寻求，自己则西上泰山封禅。看到诸事顺利，未遭秦始皇封禅时的风雨之灾，真以为成仙有望。

在作于太始四年（前93年）的《泰山鼎文》中，他道说自己的心声：“登于泰山，万寿无疆。四海宁谧，神鼎传芳。”[1]为了自己的万寿无疆和帝国的四海宁谧，他心甘情愿被方士牵着鼻子走。一会儿因公孙卿上报在缑氏城觅见仙人踪迹，亲自赶往迎接；一会儿又听信神仙现于东莱，“欲见天子”的传说，在那里宿留数日伫候。二十余年间，数次东巡泰山，亲临海上，每次都要望祀蓬莱，并考入海方士神仙术，尽管都失验无效，仍勉力以行。对于屡屡蒙骗自己的公孙卿，只因其有功于封禅，并没有像对待少翁、栾大那样杀掉了事，

[1]《鼎录》,《全汉文》卷四。

反而更言听计从。当听说“仙人好楼居”，欲招神仙当筑高观置脯枣时，即下令在长安建蜚廉观和桂观宫，在甘泉宫建益延寿观，又作通天台，置祠具其下。柏梁台遭火灾后，听他说“黄帝就青灵台，十二日烧，黄帝乃治明庭”，又扩建甘泉宫，起建章宫，《三辅黄图》言其“周二十余里，千门万户”，宫中高台危楼都有辇道相连。北面太液池更筑有假山，以像海上三山。[1] 而其之所以征大宛，“取其善马数十匹，中马以下牡牝三千余匹”[2]，是因为大宛产善马，被时人视为“天马”和“神马”，可以带他去往神仙的另一个居所昆仑山，甚至可以得遇西王母。这种“对外国稀有方物的好奇背后可以再次发现热切渴望求仙在起作用”[3]。

司马迁说武帝晚年“益怠厌方士之怪迂语矣，然终羁縻弗绝，冀遇其真”，以致“方士言神祠者弥众”。《史记》完成于武帝末年，未来得及实录完他好仙的一生。但据《汉书·武帝纪》记载，其最后一次巡行海上是在征和四年（前 89 年），也就是说，在临终前两年，他还在做冀遇仙人的美梦。由此可见他并没有真正厌倦那些虚诞的神仙术，不过是被方士们骗得有点心灰意冷罢了。由于他对神仙的存在是真诚地相信，对神仙的生活是真心地羡慕，以致当司马相如上《大人赋》，欲以神仙的放野山泽、形容瘦癯来阻止其求仙，所谓“必长生若此而不死兮，虽济万世不足以喜”，他竟反被赋中所描写的神仙生活深深吸引，只企羡赋中“呼吸沆瀣兮餐朝霞，噍咀芝英兮叽琼华。

[1] 见《史记·孝武本纪》、《汉书·郊祀志》。又，《三辅故事》谓：“池北岸有石鱼，长二丈，广五尺，西岸有龟二枚，各长六尺。”《西京杂记》卷一则记“太液池边皆是雕胡、紫萚、绿节之类……其间凫雏雁子，布满充积，又多紫龟绿鳖。池边多平沙，沙上鹈鹕、鹧鸪、䴔䴖、鸿鶂，动辄成群。”可见动植物品类之盛。

[2]《史记·大宛列传》。

[3] 余英时：《东汉生死观》，上海古籍出版社 2005 年版，第 30—31 页。

媨侵浔而高纵兮，纷鸿涌而上厉。贯列缺之倒景兮，涉丰隆之滂沛。驰游道而循降兮，鹜遗雾而远逝”的夸饰与描绘，并为之魂动魄摇，“飘飘有凌云之气，似游天地之间意”[1]。这种好仙之情与成仙之想伴着他走完一生，后世之所以出现许多以其求仙活动为题材的神仙小说，如《汉武故事》、《汉武内传》、《汉武洞冥记》等，即与此有关。

秦始皇与汉武帝都热衷求仙，“锐意三山上，托慕九霄中”，但正如沈约所说：“宁为心好道，直由意无穷”[2]，根本目的不过为满足一己的贪欲而已。但一个做了十年的仙梦，并把它带入坟墓，尸骨还是化为腐土；一个终生都在梦中，最后仍不得不从田千秋奏请，“悉罢诸方士候神人者”[3]，只望药能延命而终不免一死，这样酷烈的事实并未使后世帝王有所憬悟，相反踪其迹者仍层出不穷。就拿武帝以后的西汉诸帝来说，宣帝“复兴神仙方术之事”[4]，企以长生不死；成帝因无子嗣，亦“颇好鬼神”[5]。魏晋南北朝时，吴主孙权听长老传说徐福领童男女入海求仙药，止于亶洲（今台湾）不还，其子孙时来会稽购货，遂遣将军卫温、诸葛直将甲士数万浮海求之。[6]东晋哀帝“雅好黄老，断谷，饵长生药”[7]。北朝皇帝如北魏道武帝特“置仙人博士，煮炼百药”，太武帝“曾问方士金丹事”，遣韦文秀与尚书崔赜至王屋山烧炼金丹，命罗崇之入中条山访求神仙，诏令河东郡给所须，后有司以其诬罔不道奏治罪，他竟以不愿“伤朕待贤之意，遂赦之”。又

[1]《史记·司马相如传》。

[2]《游沈道士馆诗》,《先秦汉魏晋南北朝诗·梁诗》卷六。

[3]《资治通鉴》卷二二。

[4]《汉书·刘向传》。

[5]《汉书·郊祀志》。

[6]《三国志·吴书·吴主传》。

[7]《晋书·哀帝纪》。

受司徒崔浩影响接纳寇谦之，“乃使谒者奉玉帛牲牢，祭嵩岳，迎致其余弟子在山中者，于是崇奉天师，显扬新法，宣布天下，道业大行”[1]。北齐文宣帝也曾令方士张远游“与诸术士合九转金丹”[2]。隋文帝开皇初重修楼观宫宇，度道士百二十人，羽流精炼，朝野宗奉。炀帝大业中亲征高丽，遣人迎茅山道士王远知并执弟子礼，又听信道士潘诞言，为作嵩阳观，华屋数百间，以童男女各百二十人充给使，位视三品，又常役数千人，所费巨万，然丹未炼成，“帝怒，锁诣涿郡，斩之”[3]。

唐朝皇帝好游仙并服食金丹在历史上也是出了名的，他们在追求自己万寿无疆的同时，也祈求神仙保佑其王朝的万代一祀。更有甚者，为抬高门第，神化统治，还硬与老子攀上关系，自称是太上老君的苗裔。传唐高祖李渊称帝后，有个叫吉善行的人在羊角山遇一骑朱鬣白马的老翁，要他“谓吾语唐天子，吾汝祖也，今年平贼后，子孙享国千岁。”[4]李渊深信之，立刻在当地立了一座老君庙，更极力抬高道教的地位，亲临国子监下诏宣布其为三教之首。[5]这一国策在有唐三百年间，从太宗置道士、女冠在僧、尼之前，以使“敦本之学，畅于九有；尊祖之风，贻诸万叶”[6]，到高宗巡幸亳州老君庙，诏封老君为“太上玄元皇帝”，令天下各州皆置道观、度道士，又下诏以《道德经》为上经，作为国家考试正式科目列《论语》前，道士隶属宗正

[1]《魏书·释老志》。

[2]《北史·艺术传》。

[3]《资治通鉴》卷一八一。

[4]《尊崇道教》,《唐会要》卷五〇。

[5] 其实李渊在创业过程中一直充分利用道教图谶为自己夺取天下作背书，由此影响舆论，神化自己。见李刚:《唐高祖创业与道教图谶》,《宗教学研究》1988年第3期。

[6]《道士女冠在僧尼之上诏》,《唐大诏令集》卷一〇三。

寺，一直得以很好的执行，道教也因此实际成为国家宗教。此后武宗有鉴于僧尼从国家获得土地却享有无须纳税的特权，贵族和豪富又多向其捐款增产，致寺院常住田过多，庇荫人口剧增，均田制崩溃，两税法不得切实实施[1]，故勘检寺产，兴道灭佛。而昭宣帝当国家败亡，仍大建宫观，以便朝谒“大圣主”，可谓仍忠实贯彻了这一国策。

宋朝皇帝的游仙梦做得更有声有色。宋真宗在被迫与辽国订立城下之盟后，为稳定人心，即求助仙道来神化王朝，先后三次托梦称神仙降书，最后一次降于泰山的天书上更有“国祚延永，寿历遐岁”字样。于是领群臣奉书至泰山封禅，以效法汉武帝之“镇服四海，夸示戎狄”。大中祥符五年（1012年），又对臣下称得梦兆，神人传玉帝之命，称赵氏乃黄帝之后，奉玉帝命下界“抚育苍生”，故尊先祖赵玄郎封号为“圣祖上灵高道九天司命保生天尊大帝”，两年后再尊老子为“太上老君混元上德皇帝”，修《天宫宝藏》4565卷，又建玉清昭应宫，共房舍两千余间以供奉天书，兼以收服人心。[2]徽宗崇道求仙更甚，自称“教主道君皇帝”，为天上神霄玉清宫神仙，只为解救人间苦难才下降为人世之主。[3]他还仿朝廷官吏品秩设道阶、道职及道学博士，四出访求道经，编修《道藏》与《仙史》。高丽睿宗朝出于护国佑民祈福禳灾的目的，最用心崇道，种种纯正的醮祀科仪即由

[1] 其时寺院尚有屋舍、碾硙、车乘、林地、果园、菜圃等多种经营，参见道端良秀《唐代佛教寺院与经济问题》，张曼涛编：《佛教经济研究论集》，台北大乘文化出版社1971年版。甚至发展出包括质举、借贷等金融体系，此即柯林斯（Randall Collins）所说的中国最早金融市场的刍形，他进而称此为“佛教寺院资本主义”（Buddhist monastic capitalism），见其所著 *Weberian Sociological Theory*. London: Cambridge University Press. 1986, pp.58—73，这也为大一统国家和专制皇权所不容。

[2] 见《续资治通鉴》卷二七及《宋史·礼仪志七》。

[3] 见宫川尚志：《宋の徽宗と道教》，《东海大学纪要》1975年第23辑。

使臣韩安仁向徽宗进言所获。[1]大观四年（1110年），他遣道士往赴传道，以后彼此往来密切。[2]不过，尽管如此费神劳心，最终还是未能保住社稷，相反，一旦归为臣虏，尤其可叹。

综观历史，没有一个帝王万寿无疆，也没有一个王朝万代一祀。秦始皇的海上求药，汉武帝的泰山封禅，唐帝国之尊老子，宋王朝之奉黄帝，帝王的求仙全化为泡影。盖因仙家看来，学仙要在修道，修道要在恬愉澹泊，涤除嗜欲，而帝王穷嗜极欲，沉溺声色，又劳心竭虑，喜好杀伐，不啻南辕北辙。而对于帝王来说，要修道成仙，就得放弃至尊的享受，成仙的代价恰与求仙的目的适足构成矛盾，他们冲不出怪圈，当然做不成神仙。如此既不肯接受求仙的代价，又不愿放弃成仙的目的，只知道醉生梦死，结果导致生命夭折、社稷颠覆也就可想而知。

权欲、物欲与性欲

帝王在欲望享受中追求长生，其所望所求与所得结果之间的矛盾和悖离，是与道教神仙思想和游仙理论本身就充满了矛盾相关的，即它一方面具有超越性，重视对个体生命的安顿，由此张扬老庄的生命哲学，主张摈弃欲望享受，与道同体，在清静无为中获得对官能沉迷的超越。但另一方面又不免有浓厚的世俗性，弥漫着强烈的现世享乐气息。

在神仙世界中，黄金宫阙闪烁着珠光宝气，琼浆玉液令人想到山

---

[1] 李圭景：《五洲衍文长笺散稿》卷三九《道教仙书道经辨证说》。

[2] 黄以周：《续资治通鉴长编拾补》卷五六："政和以来，（高丽）人使每岁一至。"（中华书局2004年版，第1792页。）又，陆游《家世旧闻》卷上："宣和中，林灵素得幸，乃白遣道士数人，随奉使往，谓之行教。"（中华书局2006年版，第192页。）

珍海味，绰约的仙女与缥缈的仙乐，更让人不由得羡慕起秦娥赵姬与韶乐瑶舞。神仙信仰就是这样，诱使人放纵自己的欲望，而神仙道术都恰恰是提供给人满足这些享受的手段而已。要钱花，有炼金术教你点石成金；要欢爱，有房中术能教你御女合气。总之是让人的欲念得到充分的释放，这很大程度上似乎构成了游仙思想的终极归赴。只要看看葛洪一边在《论仙》中批评秦皇汉武穷嗜极欲，无“修道之实”，一边又在《对俗》中竭情发扬神仙世界的无上享受，声言“求长生者，正惜今日之所欲耳，本不汲汲于升虚”，是很难怪帝王们既求仙游仙又不愿摈弃欲望的贪婪的。

前及北齐文宣帝嗜酒如命，尝令方士炼成九转金丹，却放进玉匣不用，称“我贪世间作乐，不肯即飞上天，待临死时服。”[1]可谓一语道出帝王求仙的动机，与神仙说的提倡不谋而合。他们一边求仙一边享受，不享受枉为帝王一生，不求仙难渡生死大劫。单就游仙可将人间极乐搬到神仙世界这一点已足以吸引他们，更何况求仙之术本身又常常是现世助乐之法，既能延展生命的长度，又能强化享受的浓度与密度，自然令他们不忍轻弃。故自秦始皇求仙，建甬道，通宫观，离不开美人的享受，以至死了还要把人间的享受带入陵墓，到此后汉武帝求仙，造楼台，修池苑，模仿神仙世界的绮丽乐趣，奔走于求仙路上的帝王可谓络绎不绝。如果将其沛盛的欲望归结起来看，无非权欲、物欲和性欲而已。

如王莽称帝后就“兴神仙事”，并“数下诏自以当仙”[2]。他召来方士，遍祭天地神祇，以至末年所祭，自天地六宗以下至诸小鬼神多

[1]《北齐书·方伎传》，又见《北史·艺术传》。
[2]《汉书·郊祀志下》。

达千七百个，三牲鸟兽等祭品所费三千余种，有时不能备齐，只好以鸡当鹜雁，犬充麋鹿。他还叫人在殿中种五粱禾，将鹤髓、毒瑁、犀玉等二十余物放在水里煮，取其汁浸渍种子成青、赤、黄、白、黑五色，然后按五行搭配模式，依次种于大殿的东、南、中、西、北五方，称这种“耕耘五德”为“黄帝谷仙之术”。听说黄帝建华盖以登仙，又叫人造九重华盖，高八丈一尺，饰以金瑤羽葆，安于秘机四轮车上，车配六马，另黄衣力士三百拖拉，出行时令车前行，车上人一通击鼓，力士便高呼“登仙”。

如此热衷仙道，首先自然是为巩固谋夺来的权力。[1]王莽的姑母是元帝皇后、成帝生母，西汉后期王氏一家权倾朝野，时人谓“乘朱轮华毂者二十三人，青紫貂蝉充盈幄内，鱼鳞左右。大将军秉事用权，五侯骄奢僭盛，并作威福”，“管执机枢，朋党比周”，“历上古至秦汉，外戚僭贵，未有如王氏者”[2]。他继王根为大司马录尚书事，经营多年，最后成了新朝的皇帝。为了巩固政权，他大造符命四十二篇颁布海内，宣扬自己受天命，当代汉有天下，即位之后即“欲绝其原以神前事”[3]。同时为防朝臣不服，“尤备大臣，抑夺下权”，凡有敢告讦大臣的就拔擢之，由此罗致了孔仁、赵博等一干亲信。他之游仙求仙，正是

[1] 历代论者基于汉室正统的立场，皆以王莽为乱臣贼子。自胡适、钱穆以下，吕思勉、田余庆，胡寄窗等人始有驳正，不仅以为其人有政治理想与抱负，更指其政治乃先秦以来社会改良思想的产物。又，日人宫崎市定认为，正确的做法当“首先考察当时的形势，再将王莽放在背景之中进行总体考察”，对其所实施的“儒教主义的政治”颇有肯定，见其所著《中国史》，焦堃等译，浙江人民出版社 2015 年版，第 113—117 页。毕汉斯（Bielenstein Hans）更认为“班固对王莽的指责缺乏根据”，见崔瑞德、鲁惟一：《剑桥中国秦汉史》，杨品泉等译，中国社会科学出版社 1992 年版，第 255 页，与上述诸家所论可以对看。然其作符命，好神仙，事迹历历如绘，虽有延续《周礼》经典政治的本意与图谋，终不免宗教神秘主义的痴迷与愚妄。

[2] 刘向：《极谏用外戚封事》，《全汉文》卷三六。

[3]《汉书·扬雄传》。

想藉以显示自己得到神仙助佑以自固权欲。国师刘歆、卫将军王涉等人谋废王莽，事觉被迫自杀，时殿中钩盾土山承露仙人旁出现了一身穿青衣的白头公，众郎吏私下都说是国师公，王莽使衍功侯筮之，曰“忧兵火”，乃谓“小儿安得此左道？是乃予之皇祖叔父子乔欲来迎我也”。如此认仙人王子乔为“皇祖叔父”，也是为了表明自己获得神佑，可居正统。就连看到天下不宁，盗贼蜂起，他也要下诏书效法黄帝登仙，张乐终南山以顺符命，以“诳耀百姓，销解盗贼”。

其次是为声色享受。武帝后，相信方士神仙术的有宣、成、哀诸帝，不过用其人为尚方、待诏等微职，故《汉书·郊祀志》称其时方士无大显贵者。王莽却听信方士苏乐言，用其为黄门郎，费万金在宫中筑八风台供自己作乐。又听郎官阳成修说“黄帝以百二十女致神仙”，遣中散大夫、谒者各四十五人分行天下，四处罗致乡里美女。过了一年多，立所进杜陵史氏女为皇后，又置三夫人、九嫔、二十七美人、八十一御妻，恰合百二十人之数。自己染黑须发，“日与方士涿郡昭君等于后宫考验方术，纵淫乐焉”[1]。黄帝御女成仙是秦汉以来就流行的故事。传其时有容成公善房中术，以“谷神不死，守生养气”为功，结果“发白复黑，齿落生”[2]。他曾向黄帝进献此术，黄帝因此与房中术发生了联系，《汉书·艺文志》“方技略”著录房中八家，除《容成阴道》等诸家《阴道》总百七十一卷外，就有《黄帝三王养阳方》二十卷，《抱朴子·微旨》中也有“俗人闻黄帝以千二百女升天”云云。王莽打着效法黄帝的旗号到处收罗女色，以房中术自恣，求仙与游仙至此已成为其声色享受的门径。

---

[3]《汉书·王莽传》。

[2]《后汉书·华佗传》注引《列仙传》。

道教形成后，神仙信仰的传播日趋广泛，上层社会尤其盛行。因黄巾起义，统治者对太平道恨之入骨，但对神仙长生依然艳羡不已。即以靠镇压黄巾起家的三国帝王来说，吴主孙权到处建造道观，如天台山的桐柏观，富春的崇福观，建业的兴国观，茅山的景阳观，据《历代崇道记》记载共有三十九所，又度道士八百人。他如此结交道士的目的就是为了求仙，派将军卫温、诸葛直率兵万人浮海寻求仙药即是例证。

曹操的求仙尤为突出，他“好养性法，亦解方药，招引方术之士，庐江左慈、谯郡华佗、甘陵甘始、阳城郗俭无不毕至”[1]。曹植尝称其之所以招致天下方士，是“诚恐斯人之徒，接奸宄以欺众，行妖慝以惑民”，即鉴于黄巾起义的教训，对这些人有以限制，但说他此举没有“欲观神仙于瀛洲，求安期于海岛”的目的则又不然。[2]大概曹植唯恐其重蹈秦皇汉武的旧辙，故直斥那些方士“若遭秦始皇、汉武帝，则复为徐市、栾大之徒也”[3]。其实，曹操政治上限制道教，内心深处对神仙说却是非常相信的，特别是到晚年，“年暮之感，徘徊于心”[4]，尤其如此。读他的游仙诗如《精列》，有感于“造化之陶物，莫不有终期”，一说“思想昆仑居”，再说“志意在蓬莱”，便可以明白。在《陌上桑》中，他更直抒自己的求仙心愿：

---

[1]《三国志・魏书・武帝纪》注引张华《博物志》

[2]《三国志・魏书・武帝纪》载：“光和末，黄巾起……（武帝）禁断淫祀，奸宄逃窜，郡界肃然。”裴注谓：“初，城阳景王刘章以有功于汉，故其国为立祠，青州诸郡转相仿效，济南尤盛，至六百余祠。贾人或假二千石舆服导从作倡乐，奢侈日甚，民坐贫穷，历世长吏无敢禁绝者。太祖到，皆毁坏祠屋，止绝官吏民不得祠祀。及至秉政，遂除奸邪鬼神之事，世之淫祀由此遂绝。”曹操《让县自明本志令》也申言“性不信天命之事”，《善哉行》诗又感叹“痛哉世人，见欺神仙”，《掩获宋金生表》明令将所谓“神人”宋金生入军法，可知曹植语不可尽废。或如葛洪《抱朴子・内篇》卷二所谓“彼二曹学则无书不览，才则一代之英，然初皆谓无，而晚年乃有”，最得情实。

[3]《辩道论》，《三国志・魏书・华佗传》注引。

[4] 陈祚明：《采菽堂古诗选》卷五。

> 驾虹蜺，乘赤云，登彼九疑历玉门。济天汉，至昆仑，见西王母谒东君。交赤松，及羡门，受要秘道爱精神。食芝英，饮醴泉，拄杖桂枝佩秋兰。绝人事，游浑元，若疾风游欻翩翩。景未移，行数千，寿如南山不忘愆。

诗以言志，纵观曹操的一生，这种企盼与他一统海内的雄心是有联系的。尽管他常以周公自比，辩称“设使国家无有孤，不知当几人称帝，几人称王。或者人见孤强盛，又性不信天命之事。恐私心相评，言有不逊之志，妄相忖度，每用耿耿”[1]。但其事实上对汉廷确多不逊，“自帝都许，守位而已，宿卫兵侍，莫非曹氏党旧姻戚。议郎赵彦尝为帝陈言时策，曹操恶而杀之。其余内外，多见诛戮”[2]。连献帝的妻妾也敢杀，诛董承之女董贵人可根本不顾献帝求情。伏皇后写信给父亲，言其残逼之状，他知悉后威逼献帝废后，献帝因自己“亦不知命在何时”而不能救，只得向御史大夫郗虑感叹“天下宁有是邪？”至于让献帝封自己为魏公，又晋级为魏王，并将反对这样做的士族领袖荀彧、崔琰置于死地，更可见其不臣之心。他之所以最终没有称帝，一来恐遭到拥刘士族的激烈反对，引起朝野大乱；二来想平定天下后再禅继帝位。[3] 由此可见，在帝王的权欲这一点上，曹操与王莽可等而观之，他招政方士，追求神仙长生，并乐意被周围人视作“真

---

[1] 《让县自明本志令》，《三国志·魏书·武帝纪》注引《魏武故事》。

[2] 《后汉书·皇后纪下》。

[3] 《三国志·魏书·武帝纪》注引《魏略》载孙权上书劝进，曹操谓“是儿欲踞吾著炉火上邪！”又引《曹瞒传》及《世语》载桓阶劝曹操即帝位，夏侯惇以为“宜先灭蜀，蜀亡则吴服，二方既定，然后遵舜、禹之轨”，曹操从之。

人”[1]，同样是受日益膨胀的权欲的驱使。

此外与王莽一样的是，他也喜好声色，从小“任侠放荡，不治行业”，干过劫人新妇的勾当。以后权倾朝野，仍“为人佻易无威重，好音乐，倡优在侧，常以日达夕”[2]。他在邺都作铜雀台，贮歌伎以自娱，死了还要她们幽守台上，陪伴躺在西陵的自己。难怪后来陆机讥其“系情累于外物，留曲念于闺房”[3]。他在《气出唱》一诗中描绘了自己所向往的游仙生活：与仙人玉女相游，吹洞箫，鼓琴瑟，“酒与歌戏，今日相乐诚为乐”；然后与赤松、王乔“乐共饮食到黄昏”，希望以此增年，并“与天相守”，可见其求仙和“思想昆仑居”，很大一部分原因就是为了享乐。这也就不难理解，在他招致的方士中为什么会有擅长房中术者如左慈，曹丕《典论》和曹植《辩道论》都称其“善修房内之术”、“晓房中之术”；还有甘始、东郭延年和封君达，《后汉书·方术列传下》也称他们“率能行容成御妇人术，或饮小便，或自倒悬，爱啬精气，不极视大言”，曹操对此大有兴趣，常“问其术而行之”。也正因为其以天下奉私意，假势位而恣其欲望，故信者以为求贤思治，不信者不免多有非议。[4]

通过学道游仙满足声色享受，在以后唐玄宗身上表现得更为典

[1] 本自先秦道家的“真人”称谓政治指向意味浓厚，常被认为“乃是天命的传达者，是受命于天而行革命的人”，见吉川忠夫：《六朝精神史研究》，京都同朋社1984年版，第100页。曹丕“令曰：‘先王皆乐其所生，礼不忘其本。谯，霸王之邦，真人本出’”，即暗示其为真人，见《三国志·魏书·文章纪》注引《魏书》。至晋时，道经《真诰》干脆称其为“北君太傅”。

[2] 见《三国志·魏书·武帝纪》及注引《曹瞒传》。

[3]《吊魏武帝文并序》，《全晋文》卷九九。

[4] 朱乾：《乐府正义》卷五：“呜呼，魏武之心，汉武之心也。汉武求之外而失，魏武求之内而亦失。乾闻之，阴气不尽不成仙，观魏武一生，甚处心积虑，皆阴气也。阴气不尽而阳气绝矣。分香奏技，瞻望西陵，孰为哀哉！”

型。唐朝诸帝中，玄宗可谓最醉心于道教，不仅好几次下令天下各州普建玄元皇帝庙，还不断给这位显赫的祖先追加尊号，直至“大圣祖高上大道金阙玄元天皇大帝”。他尝自称梦见玄元皇帝，告以京城西南有其像，当遣人求之，在派人往求的同时，又依梦图其真容，分送各州大观安置，并下诏要求“所在道士女冠等，皆具威仪法事迎候，像到七日夜，设斋行道”，费用由朝廷负担。鉴于“真容应见，古所未闻”，此等大喜理当普天同庆，故赐钱亲王、公主以下至文武百官及全国将士、诸州父老，令他们“休假之辰，宜以酒食，用申庆乐”[1]。由此举国上下顿时掀起一股崇拜老君的狂热，老君降临的神话层出不穷。为了提高道教的地位，他还煞费苦心地封庄子为“南华真人”，文子为“通玄真人”，列子为“冲虚真人”，庚桑子为“洞虚真人”，以与佛教中文殊、普贤、观音、地藏四大菩萨相抗衡。又将他们的书改为真经，设置崇玄馆，实行道举制度，以“四子真经”开科举士，并亲自策试“四子”举人以示奖励。此外，还制令士庶家必备《老子》一本。对道士更是恩宠有加，先后将司马承祯、王希夷、李含光、吴筠等人请到京城拜官赐爵不算还将道士当作宗室亲戚看待，下令“道士女冠宜隶宗正寺”，而僧尼则“令祠步检校”[2]。甚至还让玉真公主下嫁道士张果。故开元、天宝时，道教春风得意，盛极一时。

《旧唐书·礼仪志》载其“御极多年，尚长生轻举之术。于大同殿立真仙之像，每中夜夙兴，焚香顶礼。天下名山，令道士、中官合炼醮祭，相继于路。投龙奠玉，造精舍，采药饵，真诀仙踪，滋于岁

[1]《玄元皇帝临降制》，《唐大诏令集》卷一〇三。

[2] 见《旧唐书·玄宗本纪》，又见《唐会要》卷四九《僧尼所隶》。

月”。听司马承祯说“五岳皆有洞府，各有上清真人降任其职，山川风雨，阴阳气序，是所理焉”，宜立斋祠，即遵其言，敕令五岳各置一真君祠以示诚心[1]，又请其弟子李含光向太上老君转告自己“志求道要，缅想真仙”[2]。由于完全沉浸在神仙信仰之中，对方士为兜售其术编造出来的神话都深信不疑。有个叫李浑的太白山人，声称真仙显灵于金星洞，告人洞内有玉版石记，上写“圣上长生久视”，他急令御史中丞王珙入洞寻求，并封太白山为神应公，金星洞为嘉祥公，所属华阳县因此改为贞符县。

为了把神仙的预言变为现实，他还“往往诏郡国征奇异之士”，“思神念道”，“吐故纳新”[3]，遍求长生久视之术。太常卿韦韬祭祀名山回朝，向他提起一隐居深山的高人已数百岁，名姜抚，通仙人不死之术，他马上召至东都，求问其术，听说服常春藤能使白发返黑，而天下最好的常春藤生在太湖，立刻遣使赶往采取，并赐廷中老臣。[4]又尝向吴筠询问金丹修炼及神仙羽化之事，吴筠劝以“此是野人之事，当以岁月功行求之，非人主之所宜适意”[5]，意指内功修炼要求人长期清心寡欲，守静去躁。耽溺声色如他当然办不到，故只能专意在外丹烧炼上下功夫。直到安史乱起，在颠沛流离的奔窜途中，他还念念不忘炼丹，说自己“比年服药物，比为金灶，煮炼石英，自经寇戎，失其器用，前日晚际，思欲修营。一昨早朝，遽闻进奉，有同符契，若合神明”[6]。其耽溺之深，可见一斑。

---

[1] 见《旧唐书·司马承祯传》。

[2]《命李含光奉祠诣坛陈谢敕》，《全唐文》卷三六。

[3] 王谠：《唐语林》卷五。

[4] 见《新唐书·姜抚传》。

[5]《旧唐书·吴筠传》。

[6]《赐皇帝进烧丹灶诰》，《全唐文》卷三六。

玄宗的时代是一个富裕开放、欢乐风流的时代，唐王朝经过近百年的发展，至此达到繁盛的顶峰，政通人和，物阜民熙，史称“开元盛世”，诚如杜甫诗中所说：“忆昔开元全盛日，小邑犹藏万家室。稻米流脂粟米白，公私仓廪俱丰实。九州道路无豺虎，远行不劳吉日出。齐纨鲁缟车班班，男耕女桑不相失。宫中圣人奏云门，天下朋友皆胶漆”[1]。这样的基础自然容易滋蔓享乐风气，故整个社会或斗鸡走马，纵酒诞放，或挟妓交游，脱去形检，乃至走索、弄丸、舞剑、爬竿，百戏杂陈，不一而是。道教藉此获得长足的发展，由于有信众的捐资，官、私道观的兴建縻费无度。仅长安一地，已知具体始末的33座道观中，至少有24座是由王公、贵戚和大臣舍宅兴建的[2]。玄宗俨然是这种风尚的领导者，常“球猎蒲博，赋诗饮食，欢笑戏谑，未常惰息”，又于勤政楼开宴聚饮，“纵庶士观看，百戏竞作，人物填咽”。他曾对高力士说：“吾以海内丰稔，四方无事，故盛为宴乐，与百姓同欢。”[3]还“从禽自娱，又于蓬莱宫侧立教坊，以习倡优萼衍之戏”，臣下劝谏不应好郑卫之音，他表面纳谏，实际“好乐如初”[4]。龟兹国进献一色如玛瑙的枕头，制作朴素却神奇非凡，枕以睡觉，“十洲三岛，四海五湖，尽在梦中所见”，他即取名为“游仙枕”。又尝梦游月宫，见仙女十余人御卿云而下，各执乐器为奏上清之乐，曲调寥亮凄楚，殆非人间所闻，他听得如痴如醉，仙女告以“此曰《神仙紫云回》，今传授陛下，为正始之音。”

[1]《忆昔》二首之二，《杜诗详注》卷一三。

[2] 布目潮渢：《唐代前半期長安における公主宅の道觀化》，《中国の都市と农村》，东京汲古书院1992年版，第203—234页。

[3] 郑綮：《开天传信记》。

[4] 刘肃：《大唐新语》卷一〇《厘革第二十二》。

他醒后便取玉笛寻调吹奏，尽得其曲。次日上朝，仍不停手按腹部上下移动。退朝后高力士问他是否欠安，他津津有味地告以昨夜的仙梦，说是担心上朝后忘了那支曲子，所以怀藏玉笛，时时用指按寻。他还在梦中应龙女之请作《凌波曲》，醒后自御琵琶奏之。又叫乐工奏《紫云回》和《凌波曲》，大张声乐，兼观百戏，欣赏教坊戏子戴百尺竿，竿上施木山，状瀛洲、方丈，人出入于其间，歌舞不辍，犹如遨游仙境一般。[1]至于令两京诸州各置玄元皇帝庙，又诏每州核定观寺，直至天下名山皆“置一祠，仙人台下置一观，两京并十道于一大郡亦置一观，并以真符、玉芝为名”[2]，更可见其本人实为这种佞神之风的鼓动者。而假此纵情享乐，自然也是题中本有之义。这才有安禄山投其所好，进献助情花香百颗，他如获至宝，秘不示人。[3]

在游仙中纵情声色，享尽人间风流，这在其宠幸杨贵妃一事上表现得尤为充分。这种宠幸的由来，唐人陈鸿《长恨歌传》及白居易《长恨歌》说得清楚，起因于他的“重色”。“开元中，泰阶平，四海无事。玄宗在位岁久，倦于旰食宵衣，政无大小，始委于右丞相，稍深居游宴，以声色自娱。”杨贵妃天生丽质，又善歌舞，使玄宗“如得至宝”。尝避暑兴庆池，拥其昼寝于水殿，看宫嫔凭栏争观水鸟戏水，笑谓怎如他“被底鸳鸯”[4]。宫嫔的戏笑宴乐，他犹称为“半仙之戏”。如此住在高入青云的骊宫，整日缓歌曼舞，听着《霓裳羽衣曲》声飘云外，仿佛身处仙境。据逸史载，此曲亦得来甚奇，系一位

[1] 见郑处诲:《明皇杂录》与《开天传信记》。
[2]《加天地大宝尊号大赦文》,《全唐文》卷四〇。
[3] 王仁裕:《开元天宝遗事》卷上。
[4] 见乐史:《杨太真外传》卷上及《明皇杂录》卷下。

叫罗公远的神仙中秋陪他宫中赏月，取桂枝往空中一掷，化为一座银桥，他得以与罗登桥同游月宫，见数百仙女宽绰素衣，广庭展袖，随乐起舞，他被这音乐所打动，于是密记其调，回人间作成此曲。杨贵妃喜其“可掩前古”，常舞此以取悦于他，此所以刘禹锡有“仙心从此在瑶池，三清八景相追随”之诗。[1]以后杨贵妃于马嵬坡香消玉殒，他欲救不得，伤心无限。后听说蜀中道士会“李少君之术”，立刻招致宫中求仙致神。道士使出浑身解数，上穷碧落，下及黄泉，最后总算在海上三神山见到了“风吹仙袂飘飘举，犹似霓裳羽衣舞”的杨贵妃，带回她对玄宗的致意。玄宗听说杨贵妃已升入仙境，遂辟谷服气，恨不得马上成仙，飞去相会。晚尝吹玉笛，见一对天鹤飞下庭院，徘徊后又冲上云天，谓身旁宫女：“吾奉上帝所命，为元始孔昇真人，此期可再会妃子耳。”当夜魂归西天。

将杨贵妃描绘成仙女，将玄宗驾崩说成升仙，虽是小说家言，但正如神话是现实的曲折反映，野史别传也有生活的影子。生活中的玄宗崇尚长生轻举之术，追求声色宴乐之娱，是人们心目中的神仙皇帝、风流天子。那些故事以虚诞的情节，形象地告诉人们，他“缅想真仙”，求的是一位国色天香的仙女；他“真诀仙踪”，为的是与仙女重续旧梦。他上天入地寻找失去的快乐，正是他慕仙重色的逻辑发展，也是他一生企求长生的最好写照。从这一点来说，那些故事真可以当作信史来读。

五代十国时，前蜀后主王衍仿效李唐皇室之尊老子，亦尊仙人王子晋为“圣主至道玉宸皇帝”，领着三宫六院，游历道教第五洞天青城山，“宫人衣服，皆画云霞，飘然望之若仙”，他自己则亲作《甘

[1] 见《杨太真外传》卷上引。

州曲》"述其仙状"，边走边唱，令宫女和之，学的就完全是唐玄宗的样。身处洞天福地，周围仙女如云，加以仙乐悠扬飘荡，不免使他忘乎所以，于是"与佞臣韩昭等为狎客，杂以妇人，以恣荒宴，或自旦至暮，继之以烛"，也就是必有的事了。[1]

相比之下，宋徽宗追求的是另一种快感。如前所说，他是北宋佞道最甚的皇帝，尝听信道士之言，以神仙下凡自居。又因为认定神灵非形胜不居，故大兴土木，建造宫观和园林，富丽的程度令人咋舌。如上清宝箓宫"山包平地，环以佳木清流，列诸馆舍台阁，多以美材为楹栋，不施五采，有自然之胜，上下立亭宇，不可胜计"[2]。又听信茅山第二十五代宗师刘混康进献的"广嗣之术"，以为在京城东北叠石筑山可得多子多寿，遂花五年时间，扰动民间选石起艮岳，初名"万岁山"，后亦号"华阳宫"，众山借势环立，最高峰达九十尺，而景物之美与品类之盛，均极一时之巧。据《大宋宣和遗事》记载，"山林高深，千岩万壑，麋鹿成群，楼观台阁，不可胜记"[3]。此外如绛霄阁、金碧阁等也都高入云表，"工艺之巧，无以出此"。大门两旁种有丹荔八千株，还有"朝日升龙之桧"与"卧龙伏云之桧"等。总之，为铺排人间仙境而穷极奢华之至。

明世宗嘉靖皇帝则是通过游仙来满足自己性欲的典型。尝移居西苑，一心修玄，二十多年不理朝政，以致郊庙不亲，朝讲尽废。[4]方

[1] 见《新五代史·前蜀世家第三》、《旧五代史·僭伪列传第三》。

[2] 陈邦瞻：《宋史纪事本末》卷五一。

[3] 周密：《癸辛杂识》前集："前世叠石为山未见显著者，至宣和艮岳，始兴大役。连舻辇致，不遗余力。其大峰特秀者，不特侯封，或赐金带，且各图为谱。"又，李濂：《汴京遗迹志》卷四《山岳》："及金人再至，围城日久，钦宗命取山禽水鸟十余万，尽投之汴河，听其所之，拆屋为薪，凿石为炮，伐竹为笓篱，又取大鹿数千头，悉杀之以啖卫士云。"

[4] 谷应泰：《明史纪事本末》卷五二《世宗崇道教》。

士高辅向他进献长生药，说须用“天癸”、即童女的首次月经精制方成。他即两次下令选童女数百人入宫。以后见自己年届五十仍能每夜御数妃，欣喜过望，授高辅为通妙散人，同时分遣御史王大任、姜儆等访求天下异人与仙术秘方，并招方士王金等人炼丹合药。方士们为邀宠，纷纷伪造《万寿金书》、《诸品仙方》之类的仙经及五色灵龟与灵芝，又进御各种诡秘的金石药。嘉靖服后躁热火发，久病不痊，还想取药服气，幸为大学士徐阶所阻。然终因长期纵欲，掏空了身子，不出一年而亡。

虽说“道教见重宫廷，往往与女色相互关系，炼丹本不过是兴奋剂”[1]，但求仙游仙完全沦为疯狂满足身体欲望的手段，终究与道教学仙宗旨相违。如此求之愈切，离题意远，几乎南辕北辙的荒唐行迹在让帝王们付出生命代价的同时，也为后人留下了诸多深刻的教训。

荒唐的代价

历代帝王狂热地问神求仙，既要永享权力的带来的满足感，又想在欲海中长葆康乐，寿极无疆，自然难遂所愿，极端者更不免付出了惨重的代价。由其生命的暴亡与王朝的堕落相接踵，万寿无疆与万代一祀之念盼交替迭代，最后都只化为空无，不能不令人重生感叹。

这其中，企以长生而死于非命，是帝王求仙最可悲的结局。如东晋的哀帝“服食过多，遂中毒，不识万机”[2]，不到一年就死了，只活了二十五岁。北魏道武帝更惨，屡服丹石使他性情变得异常暴躁，“或数日不进，或不寝达旦。归咎群下，喜怒乖常”，有时“终日竟夜

[1] 孙克宽：《唐代道教与政治》，《大陆杂志》1973 年第 51 卷第 2 期。
[2]《晋书·哀帝纪》。

独语不止，若旁有鬼物对扬者，朝臣至前，追其旧恶皆见杀害。其余或以颜色变动，或以喘息不调，或以行步乖节，或以言语失措，帝皆以为怀恶在心，变见于外，乃手自殴击，死者皆陈天安殿前”[1]，朝野为之人心惶惶，各怀危惧。前有司空庾岳等人被杀，后又有其堂弟、尚书令拓跋仪自疑出逃被赐死。夫人贺氏因小事触怒，被定为死罪，惶急无奈中，只能买通左右，传子拓跋绍来救，拓跋绍召集亲信宦官数人，当晚翻墙入宫，将正在寝殿休息的道武帝乱刀砍死。这位驰骋疆场、扫荡北方的雄悍君主就这样屈死在乱刀之下，寿不过四十。

在诸多神仙术中，帝王们特别迷信服丹饵药。如道武帝得到仪曹郎董谧进献的《服食仙经》数十篇，于是置“仙人博士”，立“仙坊”，封西山供其薪蒸，还令死囚试服，尽管“多死无验”，仍不罢休。太医周儋为煎采之役所苦，欲废其事，暗中收集仙人博士张曜的隐罪，逼其离开朝廷，仍不足以使道武帝有所醒悟。相反，“炼药之官，仍为不息”。只是久炼不成，才“意少懈”[2]。

有些声称不相信神仙长生的帝王，对服丹饵药也趋之若鹜。唐太宗就曾对侍臣说：

> 神仙事本虚妄，空有其名。秦始皇非分爱好，遂为方士所诈，乃遣童男女数千人随徐福入海求仙药，方士避秦苛虐，因留不归。始皇犹海侧踟蹰以待之，还至沙丘而死。汉武帝为求仙，乃将女嫁道术人，事既无验，便行诛戮。据此二事，神仙不烦妄求也。

[1]《魏书·太祖纪》。
[2]《魏书·释老志》。

他还下诏说“夫生者天地之大德，寿者修短之一期。生有七尺之形，寿以百龄为限，含灵禀气，莫不同焉，皆得之于自然，不可以分外企也。”又批评以前帝王“靡不矜黄屋之尊，虑白驹之过，并多拘忌，有慕遐年，谓云车易乘，羲轮可驻，异轨同趣，其蔽甚矣。”[1]以神仙之事为虚妄，以求长生为愚蠢，看似识见煌煌，其实仍未逃过丹药的诱惑。据《旧唐书·天竺传》记载，唐军破了大竺，将天竺方士那罗迩娑婆寐带至京师，太宗就对他“深加礼敬，馆之于金飙门内，造延年之药”，又“发使天下，采诸奇药异石，不可称数。延历岁月，药成，服竟不效”，才遣退之，“放还本国”。

后天竺方士又来长安，高宗尽遣之，又谓侍臣说：“自古安有神仙，秦始皇、汉武帝求之，疲弊生民，卒无所成，果有不死之人，今皆安在？”[2]但有意思的是，与此同时，他又下令“广征诸方道术之士，合炼黄白”，让著名道士叶法善负责检验丹药真伪，并将另一著名道士刘道合请进宫中，令其合还丹。刘道合死后，弟子为其改葬，开棺见其尸惟剩空皮，有似蝉蜕，俱称尸解，他闻之不悦，称“刘师为我合丹，自服仙去。其所进者，亦无异焉。”[3]埋怨中充满了羡慕，遗憾中还带着几许希望。以后又打算服食胡僧卢伽阿逸多所造之药，为大臣郝处俊援引太宗例切谏乃止[4]，与太宗可谓殊途同归。他

[1]《旧唐书·太宗本纪》。

[2] 见《资治通鉴》卷二〇〇。

[3] 见《旧唐书·刘道合传》。

[4] 见《旧唐书·郝处俊传》。又《旧唐书·张果传》载“玄宗初即位，亲访理道及神仙方药之事，及闻变化不测而疑之。”后以仙者凭虚之论，而多不取，并改集仙殿为集贤殿。但开元后始信之，除令道士伏炼，自己还亲主其事，事见《资治通鉴》卷二〇五。《宣室志》卷二尝记其闻海岱间有可令人长生的玄黄石，因命每岁采入进贡。《通志·艺文略》与道家外丹目下，亦有李林甫《唐朝炼大丹感应颂》一卷，记开元中道士孙太冲炼造神丹事。

最后也因服食了中外方士炼制的金丹中毒而亡，这正应了他们自己说的话，世上本无神仙，不烦妄求。而其之所以明知故犯，诚如清人所说，“实由贪生之心太甚，而转以速其死耳”[1]。

但问题是，道教提供的长生方法很多，丹药既有速死之害，为何帝王们还要对其趋之若鹜呢？细想之，喜欢择此作为主要手段，实在是由他们所处的生活状态和环境所决定的。一般说来，为保住拥有的一切而操心，也为了享受拥有的一切而纵欲，先求在肉林酒池中做快活神仙，再企慕到瑶林玉池中长生逍遥，是其普遍执奉的生活信条。有些道术如食气辟谷、存思守一固然安全，但要求人清心寡欲，宁静淡泊，而且见效缓慢，精进难期，属所谓“渐修之术”，自难引起他们的兴趣。而服食丹药被推称能一步登仙，向人许诺了一条既简便又适宜的成仙捷径，所以才最受他们的青睐。

再者，炼制丹药，尤其是伏炼矿物性丹药，须有相当的财力作后盾，当初葛洪得金丹真经后不无感慨，称“余受之已二十余年矣，资无担石，无以为之，但有长叹耳。有积金盈柜，聚钱如山者，复不知有此不死之法。就令闻之，亦万无一信，如何？”[2]帝王既富有天下，又迷信长生，自然就成了炼丹方士贾技获利的对象。这些人不像葛洪，葛洪认定秦皇汉武成不了仙，没有向帝王兜售其术，故《晋书》本传称其“贫而乐道”。然而不甘淡泊、妄求一逞的方士大有人在，他们找到帝王这座靠山，自炫其术，投其所好，极力怂恿人主服食，以求得一夜成名，腾取富贵，是再常见不过的事情。而后者为长生极乐，也乐意就范，并难以抵挡，故宫廷成了炼丹之士的辐辏之地，服

[1] 赵翼：《廿二史劄记》卷一九《唐诸帝多饵丹药》。

[2]《抱朴子·金丹》。

丹饵药尤成风气，尽管其结果大都像太宗父子那样，不过贪生而速死而已。

在靡弱不振的中唐，唐宪宗能对藩镇割据势力用兵，以恢复唐帝国的统一，也算是个有作为的皇帝。但此后相信自己是神仙转世，也追求起神仙长生来。[1]不仅"锐于服饵"，还"诏天下搜访奇士"[2]。左金吾将军李道古与宰相皇甫镈为谀媚固宠，推荐了"自云能致灵药"的山人柳泌，进宫对宪宗称"天台山多灵草，群仙所会，臣尝知之，而力不能致。愿为天台长史，因以求之。"此人"言多诞妄"，此来无非想要个官做。宪宗求仙心切，竟一下任其为台州刺史。谏官认为以前诸帝有封方士官号，但从未让其"赋政临民"。宪宗原先还能纳谏，此时竟以"烦一郡之力而致神仙长年，臣子于君父何爱焉"驳回。柳泌到天台后，"驱役吏民于山谷间，声言采药，鞭笞躁急"，这样作威作福一年多，毫无所获，只得携家逃进深山。宪宗令浙东观察使捕到后送解京城，但上述二人力保，宪宗居然释免了他，令其待召翰林院，继续为自己炼药。[3]后来服其所进之药，日增躁渴，有好几次不能上朝。起居舍人裴潾上疏切谏，以真仙有道之士大多潜遁山林，灭影云壑，柳泌之辈夸炫药术，"必非知道之士，咸为求利而来"，君主不可"保信其术，亲饵其药"，并建议"所有药术虚诞之徒，伏乞特赐罢遣，禁其幻惑"[4]。宪宗不听，反将其贬为江陵令。

由于服药后性情变得暴躁狂怒，常常稍不称意，便斥责诛杀左右，弄得宫中人情汹惧。时宦官分成两派，吐突承璀一派策划立沣王

[1] 见《太平广记》卷四七。

[2]《旧唐书·裴潾传》。

[3] 见《旧唐书·皇甫镈传》及《宪宗本纪》。

[4]《旧唐书·裴潾传》。

李恽为太子，梁守谦、王守澄一派想拥戴太子李恒为嗣君。后梁、王一派抢得先手，某日夜间潜入寝宫杀了宪宗，然后守住宫门不准朝臣入内，伪称其“误服丹石，毒发暴崩”，又假传遗诏命李恒继位，并杀了吐突承璀。[1] 可怜宪宗锐于服饵，不听劝谏，虽非直接中毒而亡，但被人用毒发来掩盖弑逆的罪行，只活了四十三岁，可谓第二个道武帝。

以后穆宗以“轻怀左道，上惑先朝”的罪名，下诏诛杀了柳泌，并说炼制金丹“既延祸衅”，“人神之所宜共弃”[2]，但他并没有从中吸取教训，不久重新进用方士，听僧惟贤、道士赵归真之说，亦饵金石，以致身体受损，重蹈父亲旧辙，三十岁时就病死于寝殿。唐宪宗的另一个儿子在武宗死后被宦官拥立为帝，是为宣宗。即位后一边诛杀迷惑武宗废佛求仙的道士赵归真，一边却派人到罗浮山迎道士轩辕集入宫问长生之事。谏官切谏，他下诏辩称道士“善能摄生，年龄亦寿”，请入宫中只是为了讨教养生之道；还称自己“每观前史，见秦皇汉武为方士所惑，常以之为诫”，所以“虽少翁、栾大复生，不能相惑”[3]。轩辕集见他已患风毒，难以治愈，只是劝以清心寡欲，不必“别求长生”。但他不死心，又遣使到魏州传旨韦澳，要其进献新得的药术。韦澳上章谏以“方士殊不可听，金石有毒，切不宜服食。”[4] 无奈他求仙心切，一意孤行，于病中服用了太医李玄伯所治长年药，病渴且中燥，疽发背而崩。[5]

---

[1]《旧唐书·王守澄传》。

[2]《旧唐书·穆宗本纪》。

[3]《旧唐书·宣宗本纪》。

[4]《旧唐书·韦澳传》。

[5] 裴庭裕：《东观奏记》卷下载李玄伯为谄上邀宠，曾进一绝色女，“上一见惑之，宠冠六宫，玄伯烧伏火丹砂进之，以市恩泽，致上疮痍”。

穆宗之子敬宗是个荒淫无度的纨绔公子，十六岁登上皇位后，更是“荒僻日甚，游幸无恒，疏远贤能，昵比群小”[1]。为了尽情享乐，即位不久便热衷求仙，尤迷方药，尝遣中使往湖南、江南等道及天台山采药，故而方士们纷纷进药献媚。有个叫刘从政的道士吹嘘谙熟长生之道，自请寻访天下异人灵药，被封为光禄少卿，号“升玄先生”。还有个杜景先请于江南求访异人，到了浙西，上报有隐士周息元已四百岁，他即遣使往润州迎入京中，令供奉道士二十余人侍之，常问以道术。另外，又命兴唐观道士孙准入宫为翰林待诏，为自己合制长生药。李德裕上疏切谏，以为帝王欲求长生须访真仙，那些应召而来的只是“怪迂之士，苟合之徒，使物淖冰，以为小术，炫耀邪僻，蔽欺聪明”，且金丹有害身体，尤应慎用，要延年益寿，“惟问保和之术，不求药饵之功”[2]。但他不听，一边游冶无度，一边服饵不辍。某次夜猎还宫，饮酒作乐之际，稀里糊涂就被宦官刘克明等杀了，此时距其登基尚不到三年。

再说其弟武宗之迷信金丹，更有过之而无不及。早在做颍王时就好道术修摄之事，尊崇宫廷道士赵归真。待被宦官仇士良等立为皇帝，即召赵归真等八十一人入宫，于三殿修金箓道场，自己在九天坛亲受法箓。又“志学神仙”，多次在京城及宫中建造望仙观、望仙台和望仙楼，并听赵归真挑唆下诏废佛，酿成“会昌法难”。谏官多上疏切谏，他却明告朝臣，“朕宫中无事，屏去声技，但要此人道话耳”。又为自己受道士欺骗百般辩解，称“非直一归真，百归真亦不能相惑。”[3]后赵归真因自觉受朝臣抨击难以立足，推荐罗浮山道士

[1]《旧唐书·李德裕传》。

[2] 李德裕：《谏敬宗搜访道士疏》，《全唐文》卷七一〇。

[3]《旧唐书·武宗本纪》。

邓元起，武宗即派人迎入宫中，命为炼制仙药。他本来生活就荒淫无度，三十二岁已一身是病，服了金丹后，因所谓“药躁”，更是喜怒无常，“肤泽消槁”[1]，不久病势转沉，旬日不能言，朝臣请见，一概不许，以致人情危惧。第二年三月，终因毒发而死。

五代十国置君犹易吏，变国若传舍，一时道教势衰，道士星散。[2]但承唐朝余风，仍有帝王热衷于崇道求仙。如后唐明宗李嗣源能励精图治，简朴自持，为五代少有的开明之主，“在位年谷屡丰，兵革罕用，校于五代，粗为小康”[3]，但也曾打着“复我真宗”的旗号，大修宫观，又召道士于中兴殿修金箓醮。后晋高祖石敬瑭卖国求荣，也“素尚玄元”，屡召道士张荐明问以国事，由是虚心质素，尊道贵德。[4]后周世宗柴荣一边抑佛，一边召陈抟“问以飞升黄白之术”，乃至欲拜其为谏议大夫。[5]闽主王璘“颇好神仙之术”，信用道士陈守元，大兴土木，建造“宝皇宫”[6]。吴越王钱镠慕道士钱朗“得道长年”，“迎就钱塘，师敬之勤切”[7]。至于礼遇天台山南岳宗传人间丘方远，并“重建天柱宫，俾以居之”[8]，更可见其慕道情切。有的亦好服丹饵药，结果难免步唐诸帝的后尘。如南唐烈祖李昪专心朝政，日理万机之余，很希望活得长久些，晚年开始信奉道术。某日梦见自己吞服灵丹，次日恰有方士史守冲进献丹药，遂以为神兆，从此一发

[1]《新唐书·王贤妃传》。

[2] 孙夷中：《三洞修道仪》：“五季之衰，道教微弱，星弁霓襟，逃难解散，经籍亡逸，宫宇摧颓。”

[3]《资治通鉴》卷二七八。

[4] 见《册府元龟》卷五四。

[5] 见赵道一：《历代真仙体道通鉴》卷四七。

[6]《资治通鉴》卷二七七。

[7] 沈汾：《续仙传》卷中。

[8] 钱俨：《吴越备史》卷一。

不可收拾。由于药性反应，他渐渐变得急躁暴怒，不听劝谏。尝赐药李建勋，后者劝以“臣饵之数日，已觉燥热，况多饵乎？”但他仍不警觉，结果毒疽上背而死。临终告戒子李璟：“吾饵金石，始欲益寿，乃更伤生，汝宜戒之”[1]。尽管为时已晚，但总算有所醒悟。

鉴于金丹服食的惨痛教训，后世帝王即使再好求仙游仙，也不敢轻易服用，特别是无节制地服用。宋人笔记中有一则很令人玩味的记载：一个名叫刘栋的道士，将韩真人所赠仙丹进献给宋徽宗。据说此丹神奇，其状如蜡，用手指揭取而服之，次日又能生成新丹，如此揭而复生，用之无尽。想不到徽宗并没有大喜过望，竟说：“汝师赐汝长年丹，而朕夺之，非朕志也”，当面掷还。古人感叹“此与秦皇汉武异矣，可谓盛德也哉。”[2]如前所说，徽宗是北宋最崇道的皇帝，自称“昊天上帝元子”，为“大霄帝君”，想成仙想得几乎走火入魔，之所以谢绝，唯一的解释是不敢服用，上述言不由衷的说辞，掩饰不住的是他对丹药致命的恐惧。

不过，虽然避免了服药身死的结局，宋徽宗仍为自己的崇道求仙付出了代价。当其即位时，宋王朝内外交困，朝野相乱，已是危机四伏。他知国事难为，无意振作，便以崇道求仙作精神寄托。尝自称梦见太上老君坐殿，告以“汝以宿命，当兴吾教”。到南郊祭天，在南薰门又自称看见楼台数重，问身旁蔡攸这是何处，有没有见到何人，蔡攸附和说，这些楼台皆在云间，离地数十丈，有道流童子等持幡盖出没其间，衣服眉目历历可识。他听后亲作《天真降临示现记》颁示天下，并在京城建迎真观，自此以后“益信神仙之事”，下诏搜求道

---

[1] 见《资治通鉴》卷二八三。

[2] 蔡絛：《铁围山丛谈》卷一。

教仙经。[1]道士林灵素为了投其所好，编造天有九霄，神霄最高，其治曰府，府主就是神霄玉清王徽宗，号长生大帝，本上帝长子，为解救人间苦难，才降为人世之主；又称蔡京、童贯等都是神霄府的仙伯、仙吏，自己是仙卿。徽宗听了，"心独喜其事"，对林灵素大加封赏，并赐号"通真达灵先生"[2]。后干脆利用这个神话，宣称神仙夜降宣和殿，授他帝诰、天书、云篆等，讽示道录院册封自己为"教主道君皇帝"。道教有了这位皇帝教主，一下子飞黄腾达为国教，再次进入鼎盛的时代。

为了求仙，徽宗还不顾朝廷财用匮乏，优宠道士，滥加封赐，又尝把所赐名号写在银牌上，特别宠爱的用金牌，并"咸使佩之，以为外饰"[3]。如刘混康多次被召至京师，他特为修建道观，送上印、剑及田产财物，赐号"葆真观妙冲和先生"。王文卿因奏对玄化无为大道，封赏珍玩奇果与金钱币帛，赐号"冲虚通妙先生"，父母妻子另有赐封。对林灵素更是"赏赉无算"，请在上清宝箓宫讲道经，令士庶人听，"每设大斋，辄费缗钱数万，谓之千道会"，其近二万名徒弟因此个个"美衣玉食"[4]。一般道士也都有俸禄，每一道观给田上千顷，任由道士将其佃给农民，坐收粮租，厚加盘剥。同时又大兴土木，在福宁殿东造神霄玉清宫，在皇宫附近造上清宝箓宫，又令各州将天宁万寿观改建为神霄玉清万寿宫，宫内摆设宝盖珠幢、金钺玉斧等各种威仪，没有田产的都赐给田产。至于各洞天福地更是广修宫观，遍塑圣像，以致一时道观遍天下。

---

[1] 见陈邦瞻：《宋史纪事本末》卷五一。

[2]《宋史·林灵素传》。

[3] 蔡絛：《铁围山丛谈》卷三。

[4]《宋史·林灵素传》。

狂热的崇道求仙使宋王朝不仅在经济上更加虚弱，政治上也愈益腐败。徽宗为了表示对道士的宠信，特地设置了“侍宸”、“金门羽客”等名号，加此名号的道士身挂玉牌，出入宫禁与大臣无异。这些人打着皇帝教主的旗号，恃宠横行，“有所不快，必托为帝诰，莫不如意”[1]，简直到了恣意妄为的地步。时道士与蔡京、蔡攸父子多相勾结，如徐知常等道士就以为“非相京不足以有为”，在徽宗面前极力推荐蔡京为相；林灵素更称蔡京为神霄府的“左元仙伯”，是最好的辅佐。蔡京就此圣眷日隆，专断朝政后反过来又怂恿徽宗追求仙乐，“欲广宫室求上媚宠，召童贯辈五人，风以禁中逼侧之状。贯俱听命，各视力所致，争以侈丽高广相夸尚，而延福宫、景龙江之役起，浸淫及于艮岳矣”[2]。如前所说，所用山石皆由各地限期运来，四方花竹奇石先后大船运了二十余年，有的船只仅役夫就达数千人，一石所费至三十万贯。蔡京乘机大肆搜刮供己挥霍，手下爪牙则借此贪污勒索，弄得许多百姓倾家荡产，不得不揭竿而起。最后，金兵的铁蹄长驱南下，蹂躏宫观，践踏法器，将这位“神霄玉清王”下凡的皇帝教主虏去“北狩”了。上帝没能救得自己的“长子”，保佑其“国祚延永”。因其“溺信虚无，崇饰游观，困竭民力”[3]，反而几乎葬送了祖宗的基业，并终于彻底葬送了自己。

最后还须一提的是明嘉靖皇帝，历代帝王中好游仙求长生的最后一个狂热分子。如前所说，他迷信道术，自号“玄都境万寿帝君”，在宫中罗致大批道人方士，其中较著者为邵元节和陶仲文，一个自称得范文泰所授《龙图龟范》之秘，能呼风唤雨，驱鬼通仙；一个性喜

[1]《宋史纪事本末》卷五一。

[2]《宋史·蔡京传》。

[3]《宋史·徽宗本纪》。

神仙之术，尝在罗田万玉山练习符术，也自称法术高明。其他如高辅善于导引服食，尤精通房中御女术，蓝道行擅长扶乩请仙，通长生术。这些人整日为他炼丹制药，设斋打醮，自然大得宠幸。邵元节官封一品，又岁给禄一百石，遣缇骑四十人充扫除役，赠田三十顷，蠲其租徭；陶仲文封恭诚伯，赐特进、光禄大夫，不久加少保、礼部尚书，食一品俸，一封再封，位极人臣。他以为邵元节的通仙法术让他三十得子，陶仲文的驱鬼符箓帮他退了敌兵，高辅的长生药使他能纵情女色，可也正是这些法术，让他最终在过度的淫欲中葬送了生命。

嘉靖追求神仙不仅误了自己，更误尽国家苍生。由于整天和道士鬼混，日费万巨，又荒废了朝政，朝臣纷纷上疏劝谏。时给事中郑一鹏指斋醮频繁有“伤太平之业，失天下之望”；太仆卿杨最以“黄白之术，金丹之药，皆足以伤元气，不可信也”；御史杨爵指斥方士“执左道以惑众”，使百姓“颠连无告，委命沟壑”；户部主事海瑞则批评嘉靖因“一意修玄”，导致“二十余年不视朝政，法纪弛矣”。[1]他一概听不进去，反将上疏之人下诏狱痛加整治。而那些迎合他的朝官则大受宠信，以致恃仗恩宠，胡作非为。继顾鼎臣、严讷、袁炜等人之后，严嵩就因能镂金琢玉，辞藻飞扬，写得一手漂亮的“青词”[2]而深受其宠眷，擅权专政达二十年之久。既结党营私，诛杀忠良，又纵子卖官鬻爵，强抢豪夺。而当倭寇侵扰，鞑靼攻袭，竟还吞没军饷，废弛武备，致国家陷入深刻的危机，摇摇欲坠，不堪维持。对于这样一个祸国殃民的奸臣，嘉靖还是听了蓝道行的扶乩示语，才

[1] 均见《明史纪事本末》卷五二《世宗崇道教》。又，参见《明史》诸家本传。

[2] 青词，亦作“青辞”，又称“绿章”，是道教斋醮时献给天神的祈祷词。唐李肇《翰林志》曰：“凡太清宫道观荐告词文，用青藤纸书朱文，谓之青词。”又，元王恽《玉堂嘉话》卷四曰：“青词主意，不过谢罪、禳灾，保平安而已。”

动了罢免的念头，要不然，一个御史邹应龙是很难扳倒他的。但失去严嵩后，嘉靖总感到身边缺了一个求仙的得力助手，想起他的赞玄之功便闷闷不乐[1]，甚至要传位太子，自己退居西内专祈长生。徐阶力谏不可，他竟不耐烦地说："必皆仰奉上命，阐玄修仙乃可。有再言嵩者，并邹应龙斩之。"可谓关心自己的长生甚于社稷的长存。

当然，嘉靖并非丹毒而亡，但总因求仙而死；虽未丧失天下，但已使国家元气损耗殆尽，留给儿子穆宗的，只是一个千疮百孔的烂摊子。[2]他一死，徐阶即草拟遗诏，其中"只缘多病，过求长生，遂致奸人诳惑"云云，看似曲为开解，实是代他向天下谢罪。以后清人将他与宋徽宗并论，以为"游仙之志，久而弥笃，未有若斯之甚者也"，以致"清虚学道，不御万机，奸嵩专权，二十余载"[3]。他为了游仙，迷信方士，折损性命；任凭奸臣妄为，败坏了王朝的基业，可以说付出的代价是双重的。

大概是被这种惨重的代价吓怕了，以后各代帝王在神仙追求上不得不有所收敛，涌向仙界的狂潮也因此缓息下来。不过，说神仙梦永远做不完却一点没错。如清朝雍正皇帝就崇信金丹派南宗祖师张伯端，封其为"大慈圆通禅仙紫阳真人"，并敕命在其故里建观以崇祀。又因道士娄近垣用符水偶尔治愈了自己的病，便动起服丹长生的念头，以为其"性不涉寒热温凉，征其效不在攻击疾病，惟补益元气，

[1] 严嵩不仅擅写青词取媚，亦尝奉诏为上亲试丹药，并奏服后如何"乃致遍身燥痒异常，不可以忍"，"至冬发为痔疾，痛下淤血二碗，其热始解"。见其所著《嘉靖奏对录》卷一〇。

[2] 沈德符:《万历野获编》卷二一记穆宗好服丹药至"阳物昼夜不仆，遂不能视朝"，可见非但不能改弦更张，亦更前仆后继，乐此不疲。其释海瑞于狱，逮方士王金、陶仿、申世恩、刘文彬、高守中等下诏狱论，皆不过初践阼时的面上功夫而已。

[3]《明史纪事本末》卷五二《世宗崇道教》。

是乃专攻”，又要臣下“放胆”服此“有益无损良药”[1]。其实雍正十年后（1729 年），其后宫剧增至 30 人，可以想见其之服丹不仅为养生，也在纵欲。雍正暴死的原因不明，近年来有海外学者认为可能也是死于服丹中毒。[2] 当然，因清三百年改信别教，道教总体上已近衰歇，这类荒唐的事情总得来说是渐渐稀少起来了。

[1]《雍正朝汉文朱批奏折汇编》卷八。

[2] 参见杨启樵：《雍正帝及其密折制度研究》，上海古籍出版社 2003 年版，第 280 页。又见《活计档》雍正八年十一、十二月所记内务府总管与太医院院使同传圆明园秀清村处化银用桑柴、白炭、黑炭和好煤千百斤计，铅火盆罩、矿银若干等记载，以及 20 世纪 30 年代以来萧一山、金梁和恒慕义等人的研究。

第四章

士人的归趣

《楚辞·远游》是中国历史上第一首由士大夫文人写的游仙诗，其开门见山就说“悲时俗之迫阨兮，愿轻举而远游。质菲薄而无因兮，焉托乘而上浮”，末又结以“视儵忽而无见兮，听惝怳而无闻。超无为以至清兮，与泰初而为邻”，直言神仙追求的动机与目的在全身远祸，以求精神苦闷的解脱。它似乎是一篇牢愁洋溢的序言，拉开了历代士人学道游仙的幕帘。[1]

古代中国社会对人的要求实在苛严，专制君主与繁琐的礼教对人性的戕害也实在深重，有时遇上昏君无道，奸臣当国，更连生命都难以保全。面对这样的现实，士人们往往一边怀揣兼济天下的志向，一边不免要留意独善其身的退路，在汲汲于问世的同时，更用心寻找一个可全身以退的环境。神仙世界正为他们展现了这样一个理想环境，那里既无须为全身全名而忍气吞声，也不必为尽忠尽孝而俯首帖耳。

[1] “远游”这一主题也见诸《离骚》、《九辩》和《九章》。《离骚》之“驷玉虬以乘鹥兮，溘埃风余上征”、《九辩》之“愿赐不肖之躯而别离兮，放游志乎云中”、《九章·涉江》之“驾青虬兮骖白螭，吾与重华游兮瑶之圃”，与《远游》之“载营魄而登霞兮，掩浮云而上征”并无不同。然亦有论者认为，前者重在神游即精神超越，游历的主体为灵魂，与后者重在仙游、游历主体的灵肉界限并不分明仍宛然有别。

故他们纷纷选择游仙作为超越的途径，既追求对社会现实的超越，在脱略世俗的过程中抗志尘表，纵情放任；又追求对个体生命的超越，在神仙般的逍遥中隐逸林泉，闭门修道，由此回归自然而与道同体，以仙风道骨的韵质张扬自我，使一己人生充满了超凡脱俗的情趣。许多人最终虽未能成仙，但通过游仙多少获得了一点自由，体尝到了一份自我存在的自足感。如果说，帝王游仙最终付出了荒唐的代价，向人呈示了中国游仙文化的负面，那么士人的游仙则多少体现了它的正面影响，而这种正面影响也正是其精义与真髓之所在。

逍遥物外的追求

士人游仙的序幕虽然在秦汉间就已拉开，但真正进入状态却要到汉末魏晋时期。有汉一代，热衷游仙的主要仍是方士，士人大多怀经世致用之志，还很少作逍遥物外的遐想。而且，其时黄老养生之说与神仙长生之术在士人的观念里也未趋合流。好黄老之说者如西汉杨王孙，《汉书》本传仅谓其"厚自养奉生，亡所不致"，又不好"费财厚葬"，无片语提及求仙之事。东汉的王充，《后汉书》本传也只说他"造《养性书》十六篇，裁节嗜欲，颐神自守"，其《论衡》一书还曾批评求仙的虚妄。此外，像梅福那样的士人，既通经致用，"明《尚书》、《穀梁春秋》，为郡文学"，屡次上书切谏政事，又颇能独善其身，"居家，常以读书养性为事"，见王莽专政，"一朝弃妻子，去九江"，后人也仅从"至今传以为仙"这句话中，知道他游仙去了。[1]因史无明文，这所谓的游仙成仙，也只能是传说而已。

然而到东汉末年，礼崩乐坏使儒家统治地位摇摇欲坠，皓首穷经

[1] 见《汉书·梅福传》。

已迂腐不堪，恪守节义也变得一钱不值，这使得士人开始怀疑旧有的信仰，重新思索生命意义和价值，个体本位意识由此觉醒，新的人生追求正式崛起。恰好在这个时候，社会动荡不安和个体生命的朝不保夕，给以重生、贵生为号召的道教登上历史舞台提供了机遇，神仙信仰与黄老养生之说趁此融而为一，迅速传播开来，成为士人新意识和新追求的现成参照。作为把握个体生命的一种方式，士人的游仙就是在这样的背景下展开的。

读《古诗十九首》已能让人感受到这一点。作那些诗的都是游宦京洛的失意士子，兼济天下的志向他们是再也不要了，留下的只是独善其身过程中，对生命短暂与人生无常的深深感慨。其中有一首是这样写的：

> 驱车上东门，遥望郭北墓。白杨何萧萧，松柏夹广路。下有陈死人，杳杳即长暮。潜寐黄泉下，千载永不寤。浩浩阴阳移，年命如朝露。人生忽如寄，寿无金石固。万岁更相迭，圣贤莫能度。服食求神仙，多为药所误。不如饮美酒，被服纨与素。

面对长眠地下的故人，他们体会到生命存在的价值，但想到死亡是每个人必然的命运，生只是朝露一现，而死则是千载永恒，不免产生一种只有宗教才能缓释的痛苦。他们不要死的解脱，而要生的快乐，于是想到学道游仙，想从道教的神仙信仰中求得浮生片刻的安慰。

要特别指出的是，他们虽也想过服长生药，求神仙术，有的还真这样做了，但并没有像帝王那样执迷不悟，在“多为药所误”的事实面前，他们理性地选择了放弃，转而寻求另一种增加生命密度的方式来实现人生的价值。当然，汉末士人的人生观、价值观由于没有一种新思想的支撑，还是不很成熟的，很大程度上只是被压抑的人性对传统信仰的自然反叛，所以愤激而带有颓废的色彩，热烈又不脱世俗的味道。

魏晋时，本于道家的玄学兴盛起来，使新的人生理想获得某种哲学的加持，一时提倡任真自然成为士人普遍的追求。而在现实中，名教恰恰违反了天地之本与万物之性，要达到自然的理想必须超越名教，这就是“越名教而任自然”得以提出的背景。它体现在时人人生观、价值观等各个方面，具体表现形式可以一言蔽之，就是对逍遥的追求。超越现实的束缚，率性而为，回归自我。在这种追求面前，任何一种刻意的求仙方式都显得幼稚了。它提高了游仙的品位，使其不再单纯表现为服药求长生，而成为一种超越现实的人生态度和生活方式。质言之，士人不再为被药所误而感到沮丧，进而放弃游仙，而是随对个体生命体认的深化和具体化，将它上升为对理想人生的一种憧憬。正是在这种憧憬中，士人的游仙进入到了一个新的高潮，同时也把传统游仙文化带入了一个新的发展阶段。

一个最突出的现象就是当时涌现了大量描写游仙的诗歌，有些还直接以“游仙”命名。从这些诗中可以分明看到士人游仙观念的变化。曹植是一个在现实世界中备受压抑的诗人，同为藩王的曹彰的暴毙，好友丁仪等被抄斩，望风希旨的佞臣的构陷，最主要的是来自皇帝的罪遣，使他悚惕惶惧之余，极思乘云高适，聊以忘忧。所以从黄初之年到魏明帝太和之年，他写了一系列游仙诗，分量占其整个创作的六分之一。他在《仙人篇》中说“四海一何局，九州安所如。韩终与王乔，要我于天衢”，《远游篇》称“昆仑本吾宅，中州非我家。将归谒东父，一举超流沙”，《五游咏》又称“九州不足步，愿得凌云翔。逍遥八纮外，游目历遐荒”，如此极言“高高上际于众外，下下乃穷极地天”的仙游想象，并似不在意它和《辩道论》乃或《愁思赋》的扞格与抵触，显然是为了暗寓对现实的不满和对“戮力上国，流惠下民”的人生理想的痛悼。[1] 何谓“五游”，四方不足游而上游于天之谓也。故他的这些诗全是希望通过游仙，超越局促压抑的生存环境。他感到四海九州再大也没有他的容身之所，所以亟思凌云翱翔，自由自在地逍遥于尘世之外。他还创作了中国士人第一篇以“游仙”为题的诗[2]：

> 人生不满百，戚戚少欢愉。意欲奋六翮，排雾凌紫虚。蝉蜕同松乔，翻迹登鼎湖。翱翔九天上，骋辔远行游。东观扶桑曜，西临弱水流。北极玄天渚，南翔陟丹邱。

与汉末士人一样，他对生命的短促也感到痛苦，尽管未作“服药求神仙”的追求，没有“多为药所误”的遗憾，但也不拒斥或放弃游仙，是因为他内心真实地知道，游仙虽不可能让人真的与松、乔同仙，却是他骋辔游远，在精神上拉开与现实距离的最好方式。

郭璞的一组游仙诗更有代表性。郭璞曾受业于精通卜筮的郭公，获其所赠《青囊中书》九卷，“由是遂洞五行、天文、卜筮之术，攘灾转祸，通致无方”，迹近方士。但“好经术，博学有高才”[3]，怀有

---

[1] 见《与杨祖德书》，《全三国文》卷一六。

[2] 清朱乾《乐府正义》卷一二认为“屈子《远游》，乃后世游仙之祖”，其主旨在“悲时俗之迫阨兮，将轻举而远游”，即抒发个人的俗世忧愤与高蹈远志。实此类诗还另有一主题，源自《史记·秦始皇本纪》之“三十六年，使博士为《仙真人诗》”，原诗已佚，大抵以求药问神仙为主，为汉乐府如《吟叹曲·王子乔》、《长歌行》、《董逃行》和《效祀歌十五首》所继承。

[3]《晋书·郭璞传》。

经世之志，可在门阀社会中无法施展，入仕后一直“材高位卑”，为著作佐郎、记室参军等闲官幕僚[1]，因此其《游仙诗》在“登岳采五芝，涉涧将六草”、“采药游名山，将以救年颓”的求仙咏唱中，时时有逍遥尘世之外的旋律回响。面对“珪璋虽特达，明月难暗投”的社会不公，愤激地喊出“朱门何足荣，未若托蓬莱”，“寻我青云友，永与时人绝”的激越的心声。羡仙与游仙成了他“啸傲遗俗罗”、“高蹈风尘外”的超越途径。他“逸翮思拂霄，迅足羡远游”，要远离世间并去寻找理想的人生；又“永偕帝乡侣，千龄共逍遥”，在神仙的世界里充分展现并实现自己，故诗中一再高吟“放浪林泽外”，“纵情在独往”，“飘飖戏九垓”，“放情凌霄外”。游仙在他看来，简直象征着对这个昏昧的固化社会的冲决。

观念的变化必然反映到行为中来，如魏晋士人服食“五石散”在当时就蔚成风气。这种石药传由白石英、紫石英、石钟乳、赤石脂和石硫磺制成，因性热，服后需饮冷食散之，故又名“寒食散”。本源自东汉名医张仲景的“侯氏黑散”和“紫石寒食散”，用治伤寒杂病。传统医药学认为这些矿物能“益气益精”，“久服轻身延年”[2]，故人有将两方合并加减制成五石散，医家说“久服则气力强壮，延年益寿”，方士进而称常服可“令人不死”[3]。因此有一大批士人为之吸引，首倡者即大名士何晏，他是玄学的倡导者，史书记其生平甚简，未及求仙事。但他追求貌美，纵情酒色，因伤于此道而服食，还宣扬过

[1] 郭父瑗曾为尚书都令史，官不过七品，禄不及四百石，故可称门寒身素，无世祚之资。宫崎市定据此将其视作以庶民为官的寒士典型。见其所著《九品官人法の研究——科举前史》，中央公论社 1997 年版，第 156、268 页。

[2] 唐慎微：《证类本草》卷三。

[3] 见孙思邈：《千金翼方》卷二二。又见葛洪：《抱朴子·金石》。

“服五石散，非惟治病，亦觉神明开朗”的好处[1]：精神旺盛，可以续欢，面色红润，可增姿容。这样的放浪自适与刻意自炫，用其《言志诗》所谓“逍遥放志意”，正是当时士人游仙的普遍风尚，与因羡慕皇甫隆“年出百岁，而体力不衰，耳目聪明，颜色和悦”，而向其讨教“服食施行导引”术的曹操也正相似。[2]以此推断，何晏完全有可能求仙，至少迹近求仙，故后人直接称“世有食钟乳乌喙而纵酒色，所以求长年者，盖始于何晏。”[3]

因何晏服食后“心加开朗，体力转强”，“京师翕然，传以相授”，“服者弥众，于时不辍”，可见其盛况。[4]隋巢元方《诸病源候总论》尝论初服少量，能使人“进食多”，“气下颜色和悦”，即消化机能得到加强，营养状况得以改善，但同时也会出现“策策恶风”、“厌厌欲寐”的轻度中毒现象。久服则难免严重中毒，直至死亡，此也即皇甫谧所谓“暴发不常，夭害年命”。他就目睹过许多中毒者或“痈疽陷背”，或“脊肉烂溃”，自己服后也曾内躁发热，甚至“隆冬裸袒食冰”，浑身疼痛难忍，几欲引刃自杀。但尽管如此，服者仍众，甚至群起仿效，成为一种时髦。有则笑话：“后魏孝文帝时，诸王及贵臣多服石药，皆称石发。乃有热者，非富贵者，亦云服石发势，时人多嫌其诈作富贵体。有一人于市内前卧，宛转称热，要人竞看，同伴怪之，报曰：‘我石发。’同伴人曰：‘君何时服石，今得石发？’曰：‘我昨市米中有石，食之今发。’众人大笑。”[5]足证服散风气的炽盛。

---

[1]《世说新语·言语》。
[2]《与皇甫隆令》，《全三国文》卷三。
[3] 苏轼：《东坡志林》卷五。
[4] 见巢元方：《诸病源候总论》卷六《寒食散发候篇》引皇甫谧语。又，余嘉锡：《寒食散考》于此举例甚详，《辅仁学志》1938年7卷1、2期，可参看。
[5]《太平广记》卷二四七引侯白《启颜录》。

那么，面对中毒痛苦乃至生命危险，时人为何仍热衷于此？难道他们也像那个市人一样，仅为附会风尚不惜冲冒风险？以下事实表明，仅作如此看不免太过简单。即以皇甫谧而言，一生清静自适，不喜官场奔竞，当晋武帝下诏敦迫他出仕，竟以服食中毒为辞，不奉诏命。还有贺循，看到乱贼陈敏诈称诏书，委己为丹阳内史，也以“服寒食散，露发袒身，示不可用”[1]。服散在他们，很大程度上已成为摆脱俗累、逃避世网的法门。有的士人将此义进一步推衍发扬，时常鼓励自己做到唯情所适，逍遥自得，正如皇甫谧所说，“立乎损益之外，游乎形骸之表”[2]，由此“体足”而“道全”，持有主体精神的绝对自由，更使服散行为脱略了粗昧的原态，有了一种充阔人生意趣和提升人生境界的意义。当然，因时代不同与个人志趣的差异，这种唯情所适的逍遥也有各各不同的表现。

它可以是一种不与享利集团合作、自甘放废的啸傲谑浪，这可以嵇康的游仙为代表。嵇康生活在政治黑暗的曹魏后期，当时统治集团内部争权夺利、一次政变使天下名士减半之事每有。身陷污浊危险的尘世，游仙成了他超越现实的手段，他“常修养性服食之事，弹琴咏诗，自足于怀”[3]。所作诗有一大主题就是《兄秀才公穆入军赠诗十九首》所咏叹的登“灵岳”以“忘忧”，又如《五言诗三首》所咏叹的“俗人不可亲，松乔是可邻”之类。他想“慷慨之远游，整驾俟良辰。轻举翔区外，濯翼扶桑津”，用以超越的方式就是服食。且看他的《游仙诗》：

遥望山上松，隆谷郁青葱。自遇一何高，独立迥无双。愿想

[1]《晋书·贺循传》。

[2]《晋书·皇甫谧传》引《玄守论》。

[3]《晋书·嵇康传》。

> 游其下，蹊路绝不通。王乔弃我去，乘云驾六龙。飘飖戏玄圃，黄老路相逢。授我自然道，旷若发童蒙。采药钟山隅，服食改姿容。蝉蜕弃秽累，结友家板桐。临觞奏九韶，雅歌何邕邕。长与俗人别，谁能睹其踪。

诗中“秽累”、“俗人”都指向现实中人事的无聊和迫陋，在他看来只有通过采药服食，才能轻举远游别弃世间。《代秋胡歌诗》更道出他游仙的目的在“归之自然”，“齐物养生，与道逍遥”，也就是追求那种“目送归鸿，手挥五弦。俯仰自得，游心太玄”的逍遥境界。这个主题在其《养生论》中，被明确地归结为“越名教而任自然”，所谓“夫称君子者，心不指乎是非，而行不违乎道者也……夫气静神虚者，心不存于矜尚；体亮心达者，情不系于所欲。矜尚不存乎心，故能越名教而任自然；情不系于所欲，故能审贵贱而通物情。物情顺通，故大道无违；越名任心，故是非无措也。是故言君子则以无措为主，以通物为美”，“是故傲然忘贤，而贤与度会；忽然任心，而心与善遇；傥然无措，而事与是俱也。”可见它所要真正解决的问题，就是他在《答难养生论》中所说的“故世之难得者，非财也，非荣也，患意之不足耳”。

当时司马氏集团为篡取政权，积极网罗士人，同为“竹林七贤”的山涛欲荐举他做官，他作《与山巨源绝交书》，申明自己“纵逸来久，情意傲散”，又因爱读《老》、《庄》而更加放浪，“愈思长林而志在丰草”，有不堪为官的七条理由：一不堪，好睡懒觉。当了官，睡在衙门，守门差役会不停地来打扰。二不堪，喜欢抱琴行吟，到野外打鸟钓鱼。当了官，出入有吏卒伺候着，行动再无自由。三不堪，身上多虱，搔挠没完。当了官，须端坐办公，还要衣冠端正地拜迎上司。四不堪，不喜欢写信。当了官，文书满案，不酬答伤礼教；勉强酬答又不能持久。五不堪，不喜欢吊丧。但人情世俗素重此道，当了官，就要随顺世俗，这难免有违本性。六不堪，不喜欢与俗人交往。当了官，就得与之共事，处在喧闹嘈杂的争攘环境中。七不堪，生性不耐烦恼。当了官，就必须费神操心公事，考虑世务，不得清静。总之，不能忍受当官的羁绊，并让它束缚了个性。嵇康名著当时，又与曹魏联姻，迫隘的现实不容他自在地徜徉于长林丰草间，故只能通过游仙来舒展想象，纵逸个性。他曾说："饵术黄精，令人久寿，意甚信之。游山泽，观鱼鸟，心甚乐之。一行作吏，此事便废，安能舍其所乐而从其所惧哉?"由此"顷学养生之术，方外荣华，去滋味，游心于寂寞，以无为为贵"，在与当权者保持一段距离的前提下，追求无羁绊的人生之乐。史传说他常"采药游山泽，会其得意，忽焉忘返"，确是完全沉浸在俯仰自得的快乐中了。唯此，在当时就被人目为"神人"[1]，死后更被传为"尸解"[2]，并"以此委蜕耳"[3]。

然而真实的情况是，这种"越名教而任自然"的逍遥，还是触怒了标榜名教的司马氏集团，因另有"每非汤武而薄周孔"、"刚肠疾恶，轻肆直言，遇事便发"之"甚不可者二"，嵇康被扣上"上不臣天子，下不事王侯，轻时傲世，不为物用"、"言论放荡，非毁典谟"等罪名，惨遭杀害。[4] 而其身处险恶的环境，内心深埋巨大的

[1]《文选》李善注颜延之《五君咏》之二引孙绰《嵇中散传》："嵇康作《养生论》，入洛，京师谓之神人。"

[2]《文选》李善注颜延之《五君咏》之二引顾恺之《嵇康赞》："叔度迹示终，而实尸解。"

[3] 高彦休：《唐阙史》卷上《丁约剑解》："道中有尸解，有剑解、火解、水解，唯剑解实繁有徒，嵇康、郭璞非受戕害者，以此委蜕耳，异韩、彭与粪壤并也。"见《太平御览》卷五七九。

[4]《世说新语·雅量》注引《文士传》。又见《晋书·嵇康传》所载钟会语。

痛苦，极其渴望超越现世。这种渴望的象征，就是他诗中频繁出现的“飞鸟”意象。它们或孤飞或双栖，咀嚼兰蕙，从容中流，当其振翮高翔，如《述志诗》中所描写的：“焦股振六翮，罗者安所羁。浮游太清中，更求新相知。比翼翔云汉，饮露餐琼枝。”常寄寓着他冲决世网的自由理想。《兄秀才公穆入军赠诗》第一首所谓“双鸾匿景曜，戢翼太山崖。抗首漱朝露，晞阳振羽仪。长鸣戏云中，时下蕙兰池。自谓绝尘埃，始终永不亏。何意世多艰，虞人来我维。云网塞四区，高罗正参差。奋迅势不便，六翮无所施。隐姿就长缨，卒为时所羁。单雄翻孤逝，哀吟伤生离。徘徊恋俦侣，慷慨高山陂。鸟尽良弓藏，谋极身必危。吉凶虽在己，世路多崄巇。安得反初服，抱玉宝六奇。逍遥游太清，携手长相随。”则将鸟之高洁高迈与所遭遇到的环境的险恶，作了淋漓尽致的发扬。《答二郭三首》之“坎壈趣世教，常恐婴罗网”，“鸾凤避罻罗，远托昆仑墟”也同此。要之，游仙使这种渴望得到了一定的满足，虽然他没能“自生羽翼，呼吸太和”[1]，“舒翼太清”[2]，化为飞鸟，却似乎成了天地中任真自然的“羽客”，在唯情所适的精神世界里，获得了放浪逍遥的精彩人生。

它又可以是一种为葆天真、超越时俗的潇洒自在，这成为两晋南北朝门阀士族游仙的主要追求。其时名门望族中有许多信奉道教的世家，如琅邪王氏、高平郗氏、吴郡杜氏、会稽孔氏、义兴周氏、陈郡殷氏、丹阳葛氏、东海鲍氏、丹阳许氏、丹阳陶氏、吴兴沈氏等[3]，其游仙有悠久的家庭传统。如在琅邪王氏，可上溯到西汉时的王吉，相

---

[1]《代秋胡歌诗》第六章，《先秦汉魏晋南北朝诗·魏诗》卷九。

[2]《四言诗》第八首，《先秦汉魏晋南北朝诗·魏诗》卷九。

[3] 见陈寅恪：《天师道与滨海地域之关系》，《金明馆丛稿初编》，上海古籍出版社 1980 年版，第 16—34 页。

传他能“作黄金”，后“积行获仙”[1]。以后随道教的日益渗透，那些世家进一步张扬其神仙信仰，加以作为社会的特权阶层，生活优裕，其醉心玄学希慕老庄也好，学道游仙作逍遥游也好，都不像欲化身为鸟冲决世网的嵇康那样强烈，而更多地表现为通过对与下层民间符水祝咒不同的长生、养生说的了解，求得对人生烦恼的摆脱，对现世约束的超越[2]。

王羲之的游仙就充分地体现出这一特色。他出身于东晋最高的门第琅邪王氏，笃信神仙道教，“雅好服食养性，不乐在京师”，至今人们还能读到他写的许多关于服散的书帖。[3]他又心仪庄子，庄子拒绝楚威王之请，不愿当郊祭的牺牛，而宁可像小猪一样“游戏污渎之中自快，无为有国者所羁”[4]，启导他早早摆脱官累，离京来到山明水秀的浙东会稽，“尽山水之游，弋钓之娱”，同时与出身丹阳道教世家的许迈“共修服食，采药石不远千里，遍游东中诸郡，穷诸名山，泛沧海”。服食游仙，本是为了长生不死，王羲之却不在乎死，相反，常感叹“我卒当以乐死”，可见他所追求的是游仙本身的乐趣。远离官场喧嚣，纵情山水之间，正如他在《兰亭集序》中所说的，可以令人游目骋怀，“极视听之娱”。当然，这只是“暂得于己”而已。想到

[1] 见《汉书·王吉传》。又见陶弘景：《真诰》卷之一六《阐幽微第二》。

[2] 王悬河：《三洞珠囊》卷一《教导品》引《道学传》卷四“杜炅”条：“陆纳为尚书令，时年四十，患疮，告灵云，奕世短寿，临终皆患此疮。炅为奏章，又与灵飞散。谓曰：君厄命已过，可至七十。果如其言也。”

[3] 张彦远：《法书要录》卷十《右军书记》所载，如“吾服食人，尤为劣劣，大都比之年时为复可也”，“得足下旃罽、胡桃药二种，知足下至戎盐乃要也，是服食所须”，“比服寒食酒，如似为佳”，“得散力，烦不得眠”，“服食故不可乃将冷药，仆即复是中之者”，“吾昨频哀感，便欲不自胜举。旦服散行之，益顿乏”，“顷劳服食之资，如有万一，方欲思尽颐养”者甚多。

[4]《史记·老子韩非列传》。

时光流逝，会使“向之所欣，俯仰之间，成为陈迹”，他又不免感到“死生亦大矣”的悲痛。而欲比当与谢安东游山海，并行田视地利，颐养闲暇，衣食之余，与亲知时共欢宴，率诸子，抱弱孙，虽不能兴言高咏，衔杯引满，语田里所行，故以为抚掌之资，也每多佳致，但凡此种种，也都将随时而尽，又不能不令其“寤寐咏叹，若坠深谷”[1]。此时，作为对这种悲痛的安慰，在游仙中安顿生命寄托情志，便成为他所追求的大快乐。此所谓“我卒当以乐死”之真义。

王羲之的儿辈也像他一样笃信道教，有的还非常痴迷。如次子王凝之任会稽内史时，逢孙恩作乱来攻，部下请求设兵备敌，他不听，竟“入靖室请祷”，出谓诸将：“吾已请大道，许鬼兵相助，贼自破矣。”结果城被攻破，自己也遇害身亡。少子王献之言迈不羁，风流冠绝一世，得病后依道教规仪上章首过，忏悔时却说：“不觉余事，惟忆与郗家离婚。”[2]对为迎娶简文帝女新安公主，被迫与发妻、表姐郗道茂分手深感内疚。其渴望通过求道摆脱人生日常的烦恼，与乃父相似。会稽境内，山是“峰崿隆峻，吐纳云雾，松栝枫柏，擢干竦条”，水是“潭壑镜彻，清流泻注”，他纵情于此，发出“从山阴道上行，山川自相映发，使人应接不暇。若秋冬之际，尤难为怀”的赞叹。[3]某次路经吴郡，听说当地望族顾辟疆家花园出名，便不管与主人素不相识，乘平肩与径入其中，正在宴客的主人见此怒斥其傲慢非礼，将其逐出。他却顾望左右，不以屑意。这种“怡然不屑”[4]自然不可视同无赖，其底里显然透溢出对现世俗情的超越。

---

[1]《为会稽内史称疾去郡于父墓前自誓文》，《全晋文》卷二六。

[2] 均见《晋书·王羲之传》。

[3]《世说新语·言语》及注引《会稽郡记》。

[4] 见《世说新语·简傲》。

逍遥还可以是一种志不获骋、退而求乐的优游闲适，这是唐宋庶族占主流时士人游仙的一大特点。门阀士族到唐代走向衰落，代之崛起的是寒门庶族。他们通过科举步入仕途，由于奉行内道外儒的生活态度，当遭受各种挫折，想从苦闷中获得解脱，很容易到道教中寻找安慰，选择游仙作为超越的手段。即以唐代言，在前有四杰之一的王勃，因《檄英王鸡文》被斥出沛王府，由此“上策怀神仙”，《八仙迳》诗称“终希脱尘网，连翼下芝田”，《观内怀仙》诗称“自能成羽翼，何必仰云梯”。在后有李白，《暮春江夏送张祖监丞之东都序》自称“仆书室坐愁，亦已久矣。每思欲遐登蓬莱，极目四海，手弄白日，顶摩青穹，挥斥幽愤，不可得也。”[1]而如《旧唐书·逸隐传》所载王远知、潘师正、刘道合、李含光、张果、吴绮和司马承祯等人既为著名的道士，居然又富隐者的盛名，对士人的上述选择也产生了一定的影响。

白居易是其中一个典型的例子。他一生奉“穷则独善其身，达则兼济天下”为座右铭，曾称自己“虽不肖，常师此语”。[2]初入仕，积极介入朝廷政治，颇以拯世济民为怀，以后得罪贬谪，便埋首道家经籍，走上独善其身的道路，尝称“不开庄老卷，欲与何人言”[3]，又对禅宗和道教养性说渐生兴趣。在江州寻访道士，向郭虚舟学习炼丹。起初还将信将疑，如《寻王道士药堂因有题赠》诗所云：“常悲东郭千家冢，欲乞西山五色丸。但恐长生须有籍，仙台试为检名看。”

---

[1] 葛立方：《韵语阳秋》卷一一：“李太白欲持两龙而凌倒景，欲留玉舄而上蓬山，或欲折若木而游八极，或欲结交王子晋，或欲高揖卫叔卿，或欲借白鹿于赤松子，或欲食金光于安期生，岂非因贺季真有‘谪仙’之目而固以为是，以信其说邪？抑身不用郁郁不得志而思高举远引邪？”

[2] 《与元九书》，《白香山集》卷二八。

[3] 《早春》，《白香山集》卷七。

不久就变成积极的信奉者。在《酬赠李炼师见招》中称“几年司谏直承明，今日求真礼上清。曾犯龙鳞容不死，欲骑鹤背觅长生。”甚至产生了要到上清仙境一游的想法。然后再为忠州刺史，又觉“为感君恩须暂起，炉峰不拟住多年”[1]，“药灶今夕罢，诏书明日追”[2]。不过，这样的心态如回光反照，很快消殒暗淡下来。到晚年，他依然炼丹不止，所谓“白发逢秋王，丹砂见火空”[3]。与当初任左拾遗时所作《海漫漫》诗之“不言药，不言仙”，“蓬莱今古但闻名，烟水茫茫无觅处”对照着看，似非一人。

当然，对服丹的危害性他是有所察觉的，所谓“白发万茎何所怪，丹砂一粒未曾尝”[4]，又在《戒药》中直言“徼福反成灾，药误者多矣”，但也确实从中得到些许的精神安慰，换来了难得的内心平静。试读他刺史杭州任上写的那些诗，如《赠苏炼师》之“两鬓苍然心浩然，松窗深处药炉前。携将道士通宵语，忘却花时尽日眠”，《独行》之“暗诵黄庭经在口，闲携青竹杖随身。晚花新笋堪为伴，独入林行不要人”，还有《宿竹阁》之“晚坐松檐下，宵眠竹阁间。清虚当服药，幽独抵归山”，一边游心仙道，一边林下逍遥，可称悠闲。后来看到行此不足以长生，便转而在饮酒中求寄托，在酒中游起仙来。《感事诗》便云：“唯知趁酒杯，不解炼金银”，《烧药不成命酒独醉》一诗又云：“赖有杯中绿，能为面上红。少年心不远，只在半酣中。”当分司洛阳，宅内有一花园，修竹清池，颇具佳境，水中还有三岛，上筑亭台，幽胜如仙境，他就在此中优游：

[1]《别草堂三绝句》之一，《白香山集》卷一七。
[2]《同微之赠别郭虚舟炼师五十韵》，《白氏长庆集》卷五一。
[3]《烧药不成命酒独醉》，《白香山集》卷六六。
[4]《对镜偶吟赠张道士抱元》，《白香山泉》卷六八。

> 每至池风春，池月秋，水香莲开之旦，露清鹤唳之夕，拂杨石，举陈酒，援崔琴，弹《秋思》，颓然自适，不知其他。酒酣琴罢，又命乐童登中岛亭，合奏《霓裳散序》，声随风飘，或凝或散，悠扬于竹烟波月之际者久之。曲未竟，而乐天陶然石上矣。[1]

为此他满足地称自己为“地仙”[2]。又仿效陶渊明《五柳先生传》，作《醉吟先生传》，以“放情自娱，酩酊而后已”概括洛阳十年的生活。文中还说自己放弃“炼铅烧汞”，“自适于盅觞讽咏之间”，为的就是“得全于酒”，在酒中安顿和保全自己的生命。总之，无论是炼丹还是饮酒，都是为了安妥绝望的心灵，追求独善其身的悠闲，这就是他游仙的归趣。[3]又，“长安风俗，自贞元侈于游宴，其后或侈于书法、图画，或侈于博弈，或侈于卜祝，或侈于服食，各有所蔽也。”[4]可见中唐以后的乱世人生，士人于英雄灰心、无路可走之时，借游仙麻痹自己，实为一时之风气。

宋代士人常将道教与道家相混言[5]，随道教本身世俗化的加剧，

---

[1] 《池上篇序》，《白香山集》卷六〇。

[2] 如《酬别微之》云“我住东京作地仙”，《池上即事》亦云“身闲当贵真天爵，官散无忧即地仙”。

[3] 陈寅恪：《白乐天之思想行为与佛道关系》指出：“然则其早年好尚，虽到晚岁终未免除，逮丹不成，遂感叹借酒自解耳。噫！亦可哀矣。而同在此年，犹赋‘唯知趁酒杯，不解炼金银’之句以自豪，何其自相矛盾，若此之甚耶？由是言之，乐天易蓬莱之仙山为兜率之佛土者，不过为绝望以后之归宿，殊非夙所蕲求者也。”见《元白诗笺证稿》，上海古籍出版社1982年版，第325页。

[4] 李肇：《国史补》卷下。

[5] 如《续资通鉴长编》卷一〇〇仁宗天圣元年二月庚申条载：“自祥符天书既降……用道家法，内外为斋醮”，罗愿《淳熙新安志》卷八《聂师道传》载：“少入老子法中，事道士于方外”，此处“道家法”与“老子法”均指道教无疑。

时人“面壁思禅理，向阳观道书”[1]，除用心追求长生，也企求从中找到心灵的安慰。如王禹偁谪居期间就常体会“伯阳书见精神”的精义[2]，苏轼自黄州后，愈困顿而愈信之，并有《异事》一文，借“人有妄传吾与子固同日化去”自神其事。即如富弼也“少好道”，笃信吐纳长生之术[3]，熙宁中初罢相，无意于世，亦好之。致仕居洛，更“清心学道”[4]。明清时，道教本身发生了较大的变化。明朝皇室发迹于民间，对道教中民间迷信的成分很感兴趣。而清朝统治者素无神仙信仰，遂将其逐出朝廷，这使得道教日益与民间巫术合流，而为风雅士人所忽弃。因此，当其追求超越性的逍遥人生时，往往选择其他方式而不再钟情于学道游仙。或其游仙也不再为求人生的超越，而仅表现为个体生命更惬意自在的安顿。

闭门修道与隐逸林泉

士人的游仙，以任真自然超越现实为起始，更以回归自然超越个体生命为终极。自然与神仙作为道家与道教接轨的两个接口，被他们在“道”的轨迹上密合起来。本来，中国人就以为自然是“道”的体现，天长地久，生生不息，现在他们藉此似看到了生命的真谛，那种“真力弥漫，贯注万物”，与宇宙生命“融贯互通”、“浃化并进”的新生命。[5]应该说，把生命融于自然中，与道同体就能获得无穷的生命力，是古人从来领受的传统。道教把这种观念取来改造成自己的信

[1] 文彦博:《文潞公集》卷五《大名府舍创作茅斋因题八句呈太师相公宋太保相公庞》。
[2]《小畜集》卷九《日长简仲咸》。
[3] 叶梦得:《岩下放言》卷中。
[4] 邵伯温:《邵氏闻见录》卷九。
[5] 方东美:《中国人的人生观》，幼狮文化事业公司1976年版，第12页。

仰，虽从未放弃高门深院的闭门修道，但针对信众的具体情况，更鼓励通过摒弃尘世的引诱，栖身自然，以生命去把握自然，让自然反映在生命中。道教所谓的神仙，实际上就是这样的人。

魏晋六朝玄学兴盛，这种鼓励在士人中得到广泛响应。玄学高扬道家的旗帜，崇尚生命的自然样态，进而提倡复归自然。如王弼就认为，只要“任自然之气，致至柔之和”，就能“物全而性得”[1]。道教迎合时尚，宣扬神仙的自然性。《抱朴子》第一篇《畅玄》就开宗明义地称“玄者，自然之始祖，而万殊之大宗也。”生命只要依附这个玄道，即能“含醇守朴，无欲无忧。全真虚器，居平味澹。恢恢荡荡，与浑成等其自然；浩浩茫茫，与造化钧其符契”，就是神仙。第二篇《论仙》也由此意展开所谓“设有哲人大才，嘉遁勿用，翳景掩藻，废伪去私，执太璞于至醇之中，遗末务于流俗之外”，“岂况仙人殊趣异路，以富贵为不幸，以荣华为秽污，以厚玩为尘壤，以声誉为朝露”，蹈炎飙而不灼，蹑玄波而轻步，鼓翮清尘，风驷云轩，仰凌紫极，俯栖昆仑”。一方面，神仙优游于自然，不为世间物所役使，不被庸碌的生活琐事所困扰，从而领略到存在的乐趣；另一方面，自然的妙趣也足以滋养万物，丰富神仙的生命。这使道教的生命追求有了更隽永的价值意味，神仙信仰和游仙理论也因此吸引了更多的士人。

且看当时士人写的游仙诗，就充满了对自然中的仙道乃至自然本身的憧憬，张协《游仙》的“亭馆笼云构，修梁流三曜。兰葩盖岭披，清风绿隟啸”，那是环境之美；庾阐《游仙诗》的“神岳竦丹霄，玉堂临雪岭。上采琼树华，下挹瑶泉井”，那是修炼之怡；沈约

[1] 见《老子道德经注》第十章。

《游沈道士馆》的“山嶂远重叠，竹树近蒙笼。开襟濯寒水，解带临清风”，那是优游之乐；庾信《奉和赵王游仙》的“白石香新芋，青泥美熟芝。山精逢照镜，樵客值围棋”，那是生活之趣。所以，何劭《游仙诗》要说：“抗迹遗万里，岂恋生民乐。长怀慕仙类，眇然心绵邈。”遗落世事，企慕神仙，实实在在地道出了士人的悠悠之心。

如何倾爱并复归自然？最直接的方式莫过于隐逸山林。受玄学影响，士人的隐逸因得到社会推崇与舆论褒奖而风行一时。加以“君子之道，或出或处”[1]，古人普遍认为“处者为优，出者为劣”，至少是“出处同归”[2]，风气所趋，使人竞相隐遁。由于除一些真心归隐的高士外，大多不过求其名而不务其实，所以就有了各种各样的隐逸：有寻欢作乐之隐，如石崇奢侈无度，下野后退居乡间别墅，“出则以游目弋钓为事，入则有琴书之娱”，自称这种放逸的生活为隐逸。[3]有欺世盗名之隐，如邓粲本有高洁之名，后禁不住刺史厚礼诱惑，改节出仕，面对友人批评，竟厚着脸皮发一通“朝亦可隐，市亦可隐”的高论[4]，如此“虽假容于江皋，乃缨情于好爵”，一如孔稚圭在《北山移文》所讽刺的那样，实在有辱隐逸之名。至于桓玄篡位后，看到历代都有隐士点缀太平，而自己治下却无，便召晋初高士皇甫谧六世孙皇甫希之，给以钱财，暗中令其假充高士辞让不受，则像足了一出滑稽剧，故时人名之为“充隐”[5]。

---

[1]《周易·系辞上》。

[2]《世说新语·文学》注引《中兴书》。

[3] 石崇：《思归叹并序》，《全晋文》卷三三。

[4] 见《晋书·邓粲传》。

[5] 见《晋书·桓玄传》。

其实，士人归隐从来有多种原因[1]，所谓隐逸比出仕为优，在于它宅心玄远，高蹈脱俗。其时有些士人既不满朝政败坏，又不愿同流合污，现实迫使他们要么忍辱从仕，要么抗志归隐，所持有的理想和原则使他们选择了高蹈尘表，栖遁林岩。并且，由于无法实现经世致用的理想，他们对人生的关怀发生了变化，从群体人格移向个体生命，从庙堂移向山林。在山水林泉构成的自然中，他们研习延年益寿的方术，既是出于对神仙道术的信从，也藉以寻求自在精神的寄托。如刘宋刘凝之德行为朝野所重，然其州里辟召不就，朝廷征聘不应，因居家受乡里小人诬陷，便"携妻子泛江湖，隐居衡山之阳，登高岭，绝人迹，为小屋居之，采药服食"[2]。就既可以说是游迹山水之境憧憬长生之域，也可以说是身涉长生之域心游山水之境。

这样的隐逸与道教游仙正相契合，所谓"山林之中非有道也，而为道者必入山林，诚欲远彼腥膻，而即此清净也"。唯有"遐栖幽遁"的清净，"遏欲视之目，遣损明之色，杜思音之耳，远乱听之声，涤除玄览，守雌抱一，专气致柔，镇以恬素"，才能"全天理"，即获得自在完足的生命。[3]因为从神仙修炼的角度看，长生之要首在善养人所禀赋的自然元气，而养气自然最好是到远离尘嚣的山林中去，即使佐以灵丹妙药，也宜在那里采集烧炼。且仙人大多于山中遐栖幽遁，人入山修炼，或有更多机会得遇仙人点化。正因为如此，千寻谷底，

---

[1] 范晔：《后汉书·逸民传论》："自兹以降，风流弥繁，长往之轨未殊，而感致之数匪一。或隐居以求其志，或曲避以全其道，或静己以镇其躁，或去危以图其安，或垢俗以动其概，或疵物以激其清。然观其甘心畎亩之中，憔悴江海之上，岂必亲鱼鸟乐林草哉，亦云介性所至而已。故蒙耻之宾，屡黜不去其国；蹈海之节，千乘莫移其情。适使矫易去就，则不能相为矣。"

[2]《宋书·刘凝之传》。

[3] 见《抱朴子·明本》和《至理》。

万仞青峰，才成为游仙者乐不思蜀的仙境。

既服膺道家哲学，以为人生信条；又信奉道教仙学，以为生命寄托，由此隐逸的同时追求长生，修道的间隙兼得遁栖山水，两者联袂而进，在很长一段时间成为士人理想的生活方式。郭璞的《游仙诗》就把两者结合在一起，第一首开头即高揭“山林隐遁栖”之大旨，通过与“京华游侠窟”相对待的描写，表达了对“临源挹清波，陵冈掇丹荑”这样的闲放生活的向往。第三首更对此作了精心的描绘：

> 翡翠戏兰苕，容色更相鲜。绿萝结高林，蒙笼盖一山。中有冥寂士，静啸抚清弦。放情凌霄外，嚼蕊挹飞泉。赤松临上游，驾鸿乘紫烟。左挹浮丘袖，右拍洪崖肩。借问蜉蝣辈，宁知龟鹤年。

隐逸的环境是如此的美好，杂英满树，绿林遍山，上有白云缭绕的奇峰异峦，下有碧水潺流的清泉澄溪，仿佛造物主特别的偏爱，将天地灵秀之气全聚集于此，人游其中，更陶醉在与造化的冥合中，自然有飘然欲仙之感。本来，从庄子开始，中国的士人就一直有一种“山水情结”，以逍遥林泉为人生的归宿，以山水清音为审美的极致，诗中的“冥寂士”就是这样一个已达此境界的理想化形象，他身隐于深山幽林，心游于天庭云霄，抚琴长啸，餐英饮泉，集中体现了隐逸与修道相融合的士人趣味。

现实中，如出身南阳士族的刘驎之“少尚质素，虚退寡欲，不修仪操”，“好游山泽，志存遁逸”，尝深入衡山采药，留连忘返。[1] 东晋太尉陶侃孙陶淡，虽家累千金，却“好导养之术，谓仙道可祈”，年

[1]《晋书·隐逸传》。

轻时“便服食绝谷”，终身不娶，结庐长沙临湘山中，仅养一只白鹿作伴，遇亲友探访，辄移渡涧水以避之，听说州里欲举为秀才，更转隐入埤山（在今湖南汨罗），“终身不返，莫知所终”[1]。同为南阳士族的宗测，“少静退，不乐人间”，南齐骠骑将军、豫章王萧嶷欲征为参军不就，又修书请之，答以“性同鳞羽，爱止山壑，眷恋松筠，轻迷人路。纵宕岩流，有若狂者，忽不知老至，而今鬓已白，岂容课虚责有限鱼慕鸟哉”。以后朝廷下诏征为太子舍人，他干脆携《老》、《庄》隐入庐山。江州刺史、鱼复侯萧子响派人致厚礼，他说自己“寻山采药，远来至此，量腹而进松术，度形而衣薜萝，淡然已足，岂容当此横施”，竟婉言谢绝。[2] 这些人抛弃了功名禄利，隐居山林，兼事修炼，是现实中的“冥寂士”，人有谓“神仙亦只隐士耳”[3]。的确，在古代，神仙在很大程度上就是被仙化了的隐士，而隐士则是未被仙化的神仙，两者在很多时候可以相互转换，似少有根本性的区别。

至于出身道教世家的士人于此更是身体力行。如会稽孔道徽“少厉高行，能世其家风，隐居南山，终生不窥都邑”[4]。钱唐杜京产隐于山中，“少恬静，闭意荣宦，颇涉文义，专修黄、老”，后“郡召主簿，州辟从事，称疾去。除奉朝请，不就”。永明年间，孔稚圭、沈约等人联名举荐，称其“洁静为心，谦虚成性，通和发于天挺，敏达表于自然，学遍玄儒，博通史子，流连文艺，沉吟道奥”，又“茸宇穷岩，乘芝幽涧，耦耕自足，薪歌有余”，“虽古之志士，何以加之”，“宜释巾幽谷，结组登朝”，但他以“庄生持钓，岂为白璧所回”，辞

[1]《晋书·隐逸传》。
[2]《南史·隐逸传》。
[3] 刘鉴泉：《道教征略》上，《图书集刊》1948 年第 7 期。
[4] 见《南史·隐逸传》。

疾不就。[1] 葛洪其实也来自士族，出身东吴世家，祖父葛系做过吏部尚书、大鸿胪、辅吴将军，父葛悌入晋后也官至邵陵太守。他“性寡欲”，“不好荣利”，久隐在山，最后在罗浮山潜心于炼丹服食，刺文邓岳表补东官太守，辞不就。“在山积年，优游闲养，著述不辍”，直到寿终正寝。乡人称他为抱朴之士，他因以自号。此两字可以说最简洁地概括了他隐逸生涯的全部要义：“朴”就是本，守本而不随世变，得以超脱；就是真，任真而率性肆志，得以逍遥；就是元，归元而合同自然，得以永年。传葛洪是坐着若睡而死的，“颜色如生，体亦柔软，举尸入棺，甚轻，如空衣，世以为尸解得仙”[2]。显然，他就是一位被仙化的隐士。

再如陶弘景也出身于道教世家，祖上做过晋朝的散骑常侍、尚书，祖、父两代均深解术药。[3] 十岁时读葛洪《神仙传》，便有游仙之想，曾对人说：“仰青云，睹白日，不觉为远矣”，情思非常悠远。作为士人，他读书破万卷，“一事不知，以为深耻”，也做过奉朝请之类的官，但“虽在朱门，闭影不交外物”。后干脆上表，脱朝服挂神武门，辞禄归隐于茅山修炼，自号“华阳陶隐居”，往来书信均署以“隐居”二字。在其生活中，隐逸与修道的融合被表现得淋漓尽致的体现。他师从道士孙游岳，受符图经法后开始“遍历名山，寻访仙药”。在山中专心炼制一种“飞丹”，据说其“色如霜雪”，有“服之体轻”的神效。又善辟谷导引，四十余年修炼不止。于道门学问更浸淫日深，大有心得。他曾对弟子说：

---

[1]《南齐书·高逸传》。

[2]《晋书·葛洪传》。

[3] 陶翊：《华阳先生本起录》，引自陈寅恪：《天师道与滨海地域之关系》，《金明馆丛稿初编》，上海古籍出版社1980年版，第31页。

吾见朱门广厦，虽识其华乐，而无欲往之心。望高岩，瞰大泽，知此难立止，自恒欲就之。且永明中求禄，得辄差舛；若不尔，岂得为今日之事。岂唯身有仙相，亦缘势使之然。

这段话明确告诉人，他之游仙是缘于不慕荣华的淡泊之性，出自向往自然的悠远之情。作为求禄的对立面，游仙使他摆脱了仕宦的苦恼，获得了在高岩大泽间悠游的自由。他把自己比作散放在水草间的牛，而不愿做另一种带着金笼头、虽有富贵之态却被人牵着缰绳随意使唤的牛。这着实令人想起宁愿做头小猪，游戏于污水之中自得其乐的庄子。

在《答谢中书书》中，“性爱山水”的陶弘景还向友人描绘了一个迷人的山林世界：缥缈入云的青峰，清澈见底的流水，峋嶙的石壁与苍翠的竹林，它们时而笼罩于晓雾，时而沐浴于夕阳，而猿鸟啼鸣，游鱼腾跃，又使这个静谧的世界充满生机。这是美的世界，又是净化凡间的仙都。所以他在山中寻访仙药，每次经过林木幽茂、溪水清流的涧谷，就会禁不住吟咏起来。还特别爱听松风，在庭院中遍植松树，“每闻其响，欣以为乐”。[1] 总之在钟情自然的过程中，获得了对仙道的体悟。他尝有诗：“山中何所有？岭上多白云。只可自怡悦，不堪持赠君。”[2] 白云悠悠既象征着他对仙界的向往，也传达了他存志隐逸的素心。这样的游仙始终不脱山水之乐，难怪后来士人要将两者并提，称“遣除万虑，任情独往”的山水之游为“至乐事也，比之游仙焉”[3]。

[1] 均见《南史·陶弘景传》。

[2]《诏问山中何所有赋诗以答》，《先秦汉魏晋南北朝诗·梁诗》卷一五。

[3] 曹学：《洪崖游稿序》，施蛰存编：《晚明二十家小品》卷一〇。

到道教鼎盛的唐朝，陶弘景隐逸修道的茅山已是宫观林立，仙乐唱彻，许多道士和信者云集山中，兼以每年“有数千人洁诚洗念，来朝此山”[1]，不复再有原来的清静。不光茅山，凡为道教的洞天福地，大多遍造宫观，金阙玉台间烟雾缭绕，几成高岩中的广厦，闭门修道所有的散放逸趣至此大大减损。一些教中名流相继被请进京城，加官封号，更掩抑了它高上的清誉。唐代社会繁荣，热闹的时代引导人豪迈地追求现世功业，尽情享受生活的快乐。士人受此影响，游仙时遂很少取避迹深山的方式，而更多走服食的捷径。如初唐卢照邻因染风疾去官，为长生到处访仙求药，乃至亲炼金丹，后因服食三四年不见效，以为药质不好，遂乞于洛阳名流朝士。[2]盛唐李颀尝隐居长嵩山、少室山一带的东川别业，也好炼丹修道，王维赠其诗称：“闻君饵丹砂，甚有好颜色。不知从今去，几时生羽翼”，并以“悲哉世上人，甘此膻腥食”做对比，对其服饵之举甚为赞许。[3]

“安史之乱”使唐王朝由强盛急转直下，后藩镇割据、宦官跋扈与朋党倾轧，致晚唐国事日非。面对艰危的时局，帝王服食求仙以逃避现实，士人也有恍如梦醒的无奈和失落。在此无奈和失落情绪支配下，许多人不得不重新折回宁静淡泊的仙界，再行游仙以销愁。当然，要着重指出的是，随着中毒身死之事与日俱增，服食丹药的流弊愈益为人认识，司马承祯及吴筠等开始强调清心寡欲、守静去躁，并标举收心离境、遗形坐忘的修炼方法，道教服食主流自此被内丹理论所垄断。司马承祯和吴筠都是茅山派道士，该派鼻祖陶弘景在《养性延命录》中已经提出“游心虚静，息虑无为”的长生主张。他们所张

[1]　柳识：《茅山白鹤庙记》,《全唐文》卷三七七。

[2]　见其《与洛阳名流朝士乞药直书》,《全唐文》卷一六六。

[3]　《赠李颀》,《王摩诘全集笺注》卷二。

扬的神仙理论，实际上是对这一主张的继承和发展。因此从某种意义上可以说，经由初唐以来士人对丹药的迷恋，陶氏隐逸山林式的游仙至此再度成为神仙追求的主流。

内丹术奠基人钟离权在所传《灵宝毕法》自序中，就声言自己如何于唐末五代动乱中“寄迹江湖岩谷，退而识性留心，唯在清静希夷”。钦服钟、吕内修思想的施肩吾隐居洪州西山（今江西新建西）学仙，世称“华阳真人”，在给友人的信中也说自己“栖心玄门，养性林壑”[1]。施为中唐元和十年（815年）进士，要做钟、吕传人至少得活到一百多岁，如此高寿想来是长期山林隐修的结果，故张籍《送施肩吾东归》称“知君本是烟霞客，被荐因来城阙间。世业偏临七里濑，仙游多在四明间。早闻诗句传人遍，新得科名到处闲。惆怅灞亭相送去，云中琪树不同攀。”总之，生值多事之秋，这种寄情林壑超脱尘世的游仙生活，令士人重新找到了人生的支柱，而与游仙相伴生的隐逸传统，也在他们身上多少得到了恢复。

光大这种传统的是生活于五代宋初的陈抟。史载陈抟从小聪明，长大后“读经史百家之言，一见成诵，悉无遗忘，颇以诗名”。因怀藏锦绣，原想走“学而优则仕”的道路，不料进士落榜，从此一改往志，声称“吾向所学，足以记姓名而已。吾将弃此，游泰山之巅，长松之下，与安期、黄石辈论出世法，合不死药，安能与世俗辈脂韦汩没、出入生死轮回间哉？”以后果真尽弃家业，仅携一石铛出走，纵情散放于山水间。自称曾遇孙君仿、獐皮处士两位高人，告以王子乔、阴长生等古代仙真修炼的武当山九室岩可以隐居，便往依之，“服气辟谷历二十余年”。后移隐华山云台观，“渴饮溪头之水，饱吟

[1]《与徐凝书》，《全唐文》卷七三九。又，《南昌府志》卷六三将其列于“仙释”。

松下之风”，又高吟“华山高处是吾宫，出即凌空跨晓风。台榭不将金锁闭，来时自有白云封”，颇有陶弘景遗风。由于声名鹊起，上达朝廷，周世宗、宋太宗先后邀其入宫，一个讨教黄白之术，一个遣大臣求问玄默修养之道，并都以封官相挽留。他劝说当“以致治为念”，黄白神仙之术与吐纳养生之理并无益于天下，坚辞不受官职。[1]

陈抟还“好读《易》，手不释卷。常自号‘扶摇子’，著《指玄篇》八十一章，言道养及还丹之事”，又从麻衣道者得《易》学真传，为其《正易心法》四十二章作注，以《河图》、《洛书》之诀发《易》道之秘[2]，以为“学易者，当于羲皇心地中驰骋，无于周孔语言下拘挛”。再从吕洞宾处得《无极图》，阐发其中精义并勒石于华山，此即宋儒津津乐道的《太极图》。清人朱彝尊认为此图由河上公经魏伯阳传下，“在道家未尝不诩为千圣不传之秘”，实际上就是“方士修炼之术”。陈抟的阐说已不可考见，依朱氏的解释：

> 为圆者四，位五行其中，自下极上，初一曰玄牝之门；次二曰炼精化气，炼气化神；次三五行定位，曰五气朝元；次四阴阳配合，曰取坎填离；最上曰炼神还虚，复归无极，故谓之《无极图》。[3]

显而易见，它描绘的是人内修养炼的程序：首先进入虚静状态，集意念于下丹田；待体内真机萌动精气饱满后，将五脏之气内炼凝结于中

[1] 见《宋史·隐逸传》。又见《历世真仙体道通鉴》卷四七《陈抟传》。

[2] 见南宋释志磐《佛祖统记》卷四四。又据北宋僧文莹《湘山野录》载，陈抟也曾对人称“吾师麻衣道者”。卿希泰因此说他“可能是一个外僧内道的双重人物”，见其所著《中国道教思想史纲》第2卷，四川人民出版社1985年版，第705页。

[3]《太极图授受考》，《曝书亭集》卷五八。

丹田，成为真阳之气；再配以阳火阴符急运缓引，使肾气从属阴的下丹田上升到属阳的上丹田，以为还精补脑[1]；最后趋至神旺，炼神还虚，归于无极。陈抟还作有《阴真君还丹歌注》，认为人体肾脏有“日月之精”，“虚无之气”，内丹修炼使“上元气结成宝，下元气入昆仑泥丸注为珠，可照三千大千世界”，即进入“真仙”世界。两相参照，朱氏的解释是可信的。《无极图》的精华揭示了炼气修养的秘法，成为以后内丹学的核心思想。

要特别指出的是，在闭门修道中，陈抟也像陶弘景一样，表现出一个富有修养的士人特有的本色。史书称他在山中“每寝处，多百余日不起”，这其实是一种高深的“睡功”，仙学称“蛰龙法”、“胎息法”。他曾对弟子讲述睡功的奥秘，说世人“饱食逸居，汲汲唯患衣食之不丰，饥而食，倦而卧，鼾声闻于四远，一夕辄数觉者，名利声色汩其神识，酒醴膏膻昏其性志”。而“至人之睡”则是：

> 留藏金息，饮纳玉液，金门牢而不可开，土户闭而不可启，苍龙守乎青宫，素虎伏于西室，真气运转于丹池，神水循环乎五内。呼甲丁以直其时，召百灵以卫其室。然后吾神出于九宫，恣游青碧，履虚若履实，升上若就下，冉冉与祥风遨游，飘飘共闲云出没。[2]

这真称得上是一篇“睡中游仙赋”。其所描绘的实际上是一种借睡眠炼

[1] 内丹修炼欲使人从后天返回先天的纯阳之体，坎为肾，离为心，心肾相交，消阴炼阳。从八卦来说，犹如将坎卦当中一阳爻抽出，填在离卦当中一阴爻的位置上，即变成纯阳的乾卦，故曰“取坎填离”。

[2]《历世真仙体道通鉴》卷四七《陈抟传》。

养的内丹修炼法，在似睡非睡中凝神聚气，使之相抱自运于体内，达到致虚极守静笃的境界。如前所说，宋太宗曾诏请入宫，他历四次都不奉诏。第一次答诏诗中就有“三峰只乞睡千年”之句。另一首诗又说：“至人本无梦，其梦乃游仙。真人亦无睡，睡则浮云烟。炉里长存药，壶中别有天。欲知睡梦里，人间第一玄。”[1] 以至授他睡功的吕洞宾也佩服其精妙，称其“非欲长睡不醒也，意在隐于睡，并资修炼丹养，非真睡也；唯非得姤复契睡诀者，不足以语此”，并誉为“真得睡仙三昧者”[2]，这是很能体察他人生态度的评价。陈抟又曾作《对御歌》：

> 臣爱睡，臣爱睡，不卧毡，不盖被。片石枕头，蓑衣铺地。震雷掣电鬼神惊，臣当其时正鼾睡。闲思张良，闷想范蠡，说甚孟德，休言刘备，三四君子，只是争些闲气。争如臣，向青山顶头，白云堆里，展开眉头，解放肚皮，但一觉睡。管甚玉兔东升，红轮西坠。

显然，他不仅仅是一个“睡仙”，高卧青山，神游白云，遗落世事，潇洒尘外。睡既使他的修道功夫炉火纯青，也使他的个体生命达到了一个很高的境界。《历世真仙体道通鉴》说他仰卧而睡，呼吸“出入无息，面色红莹”，活了一百一十八岁[3]，最后在石室中安然长眠，“逮七日，容色不变，其肢体尚温，有五色云蔽其谷口，弥月不散”。他的睡功与《无极图》一样也流溉后世，诸如“华山十二睡法”、“玄门五龙蟠体睡功诀”、“张三丰睡丹诀”、“先天道派睡功诀”、“抱龙眠

---

[1] 《历世真仙体道通鉴》卷四七《陈抟传》。

[2] 《华山搜隐记》。

[3] 《太华希夷志》同此。又，庞觉《希夷先生传》以为其生于唐德宗（780—804）年间，则享年近二百岁，可备参看。

睡功法”及大、小“搭桥卧功法”等，都从中演变而来。他的人生态度与生活哲学，更给士人以深巨的影响。

入宋以后，随整个社会由唐代的激越闳放转向深沉内敛，士大夫文人的精神面貌开始变得幽淡起来，普遍喜好恬淡清静的生活情趣。由于这种生活情趣日渐成熟和定型，隐逸山林式的修道也越来越成为士人游仙的主要模式。如江直木隐居庐山修道，家徒四壁，唯药鼎而已。[1]种放隐居终南山东明峰，“每日空山清寂，聊以养和”，为修辟谷之术，在峰顶建一室，“尽日望云危坐”；又常“负琴携壶，溯长溪，坐磐石，采山药以助饮，往往终日”[2]。陈抟弟子、也精通《易》学的余杭人陆维之则隐居大涤山石室，人称“陆石室”。他长诗，每作必令高宗击节称赏，尝掩卷叹为“布衣入翰林可也”，欲召出仕，“辞疾不出”，只有感叹“山林隐士必不求名，强之出山乃大劳苦。”死后友人作《水调歌头》词悼念，中称“若要安心地，须是远名场。几年来，开林麓，建山房。安眠饱馆清坐，无事可思量。洗尽人间忧患，看尽仙家风月，和气满清场。一笑尘埃外，云水远相忘”[3]，可知也是一个雅怀清静修道游仙的高士。

此外，《宋史·隐逸传》中许多精通《易》学的士人，其隐逸山林也都迹近游仙。如“尤善考《易》”的王樵，居梓桐山，有道号曰“赘世翁”。“著《周易指要》”的代渊，“巾褐山水间”，临死还“召术士择日”。他们或优游山水以寻找精神寄托，或假《易》学修养推崇生生大道，大自然本身的生机流畅与真力弥满，激发了他们在大化流转中追求个体生命的超越道路。当然，其间也有一些士人没有遁栖

[1] 见江少虞：《宋朝事实类苑》卷四一。

[2]《宋史·种放传》。

[3] 邓牧：《洞霄图志》卷五“陆石室先生”。

山林，而是在家中闭修。如“尤长《易》、《太玄》”的章詧就隐居乡里，“尊生养气”；同里范百禄辟谷二十余年，常相与探讨《易》学及修炼之道。但要说专意道学游仙者，仍以遁栖山林为多。

明清时，随道教的衰变，游仙日趋世俗化和伦理化，同时也日益粗俗化，具体表现为道观神庙遍布城乡，斋醮符咒成为主流。此外，养生歌诀更加口语化[1]，养生图像日渐视觉化[2]，养生的功法也随之不断趋于简单化，并与物质性的居室建置、家具游具更多地结合在一起。[3] 士人虽仍闭门修道，但不一定隐逸山林。如公安三袁之一的袁宗道“抱奇病，病几死，有道人教以数息静坐之法有效，始闭门鼻观，弃去文字障，遍阅养生家言。”[4] 而同样是《隐逸传》，《明史》所载士人大多更未在隐逸中游仙，即使追求长生也选择其他的方式，如杨引就以《论语》中《乡党》一篇示人，称“吾教自有养生术，安事偃仰吐纳为”。他“节饮食，时动息，讫老视听不衰”，虽养生有方，但要说生命修炼已达到极境则不能。少有的例外可能是孙一元，“尝栖太白之巅，故号太白山人”，但此人来历不明，“踪迹奇谲”，“所至赋诗，谈神仙”，人有问其籍贯，则声称“我秦人也”，近似江湖术士，虽闯荡南北一生，终究难说修过什么道。如此隐逸的不修道，修道的不游仙，意味着士人理想的生活模式多少已成明日黄花。

个体生命的安妥

隐逸山林的游仙客观上已表现出一种高蹈脱俗的风韵，而且作为

[1] 见胡文焕：《类修要诀自序》，上海古籍出版社 1989 年版，第 1 页。
[2] 见周履靖：《赤凤髓》，上海古籍出版社 1989 年版，第 156 页。
[3] 见高濂：《遵生八笺》，巴蜀书社 1988 年版，第 249、304 页。
[4]《石浦先生传》，《珂雪斋集》卷一七。

游仙的主体，那些士人大多具有上好的修养和定力，加以淡泊的性格，所以耐得住绝谷深山的冷清和闭门修道的寂寞。但还须看到，另有一些士人不能离开现实，又不愿屈从现实，结果走一条既置身尘世不离人间，又笑傲世俗保持自我的人生道路，便成了他们共同的选择。由于这种选择的特异性，使得他们在精神气度上而不是在处世方式上焕发出一种特殊的人格美，故可视为别一种仙风道骨。这种游仙固然蕴含着对世俗的反抗，对传统的否定，但更体现为对生命意义的具体安顿和切实思索，它冷静、著实，无所回避，也不苟合，充满了安祥自信的风范，具有隽永真久的特殊的魅力。

在现实中张扬自我，首先要冲破社会的制约，而社会约束的强弱又与政治的隆污有关，因此在不同的时代，以此为追求目标而展开的游仙活动必然会表现出不同的形态。

一般说来，在政治昏暗的时代，自由没有容身之地，游仙者若想以消极的方式反抗世俗展现自我，难免招杀身之祸。因此那些识见高远的士人常掩饰自己求道游仙的现实指向，将它引向非现实特别是非政治的层面，并使之成为对一种个体存在的诗性发泄与审美安顿。这是一种游仙。在政治昌明的时代，为政者有一定的自信，尚知宽容，并容忍多元，此时，游仙作为追求自我实现的活动才比较有可能表现得充分完满。这又是一种游仙。而当浊世平常，政治尚算有序，社会比较安定，士人优游其间，不乏驰骋才力的余地，但专制统治实际上不可能给人更多自由思想的空间，此时游仙就表现为一种介于消极与积极之间的纵放与任诞。这也是一种游仙。

先看第一种形态的游仙。士人游仙自魏晋进入高潮。如前所说，这是一个政治黑暗、社会动荡的时代。士人或服食游仙，或遁世隐逸，多是受到现实的反激。当济世之志化为嫉俗之心，玩世不恭孤傲任诞就成了人之常态。但就大多数人而言，以游仙为生活方式固然包蕴有对现实政治的不满，但比之嵇康这样的直率激烈，它向内生长，显得内倾得多。简言之，它不以外在的冲决与突进取胜，而体现为精神气度上的通脱与超迈。[1]

名士阮籍的游仙就如此。他“本有济世志”，鉴于当时“天下多故，名士少有全者”，才“不与世事，遂酣饮为常”，甚至有违“男女大防”也不顾。[2]在当日政治情势下，不守男女大防比起不知君臣之节来，是很容易得到原谅的。他“性至孝”，但值母亲过世，蒸一肥豚饮酒二斗，吃完后放声哀哭至于吐血，也可作如此看。礼法之士对此疾之若仇，何曾就当面指责他居丧饮酒食肉是“恣情任性，败俗之人也”，当“流之海外，以正风教”，可他以为“礼岂为我设邪”，故中书令裴楷来吊，见他正醉酒“披发坐床，箕踞不哭”，旁若无人，说他是“不崇礼制”的“方外之人”[3]。

与汉末士人的“饮美酒”相比，阮籍追求的正是一种忽忘形骸的境界。他任步兵校尉时常与刘伶入厨中纵酒，一醉方休，仿佛神放于天地间，浑忘了自身的存在，正是为抵近这种境界。如此在酣醉中追求，清醒中也追求，游仙自难免成为他最主要的个体实现的方式。在所作八十二首《咏怀诗》中，这样的游仙追求可谓触处可见，有的整篇就是一首游仙诗，如第四十一首云：

[1] 汤用彤认为：“受世界之束缚乃在于心，心若能放任，自无世界之累。故嵇阮以为人有形神两方面，而神可以超然，所以逍遥即神游也。”见其所著《魏晋玄学论稿》，上海古籍出版社2005年版，第140页。从精神追求层面讨论固不错，然落实到实际行动，则嵇、阮二人显然存在分别，后者更能超越世间之累而放任神游，殆无疑问。

[2]《晋书·阮籍传》。

[3]《世说新语·任诞》。

> 天网弥四野，六翮掩不舒。随波纷纶客，泛泛若浮凫。生命无期度，朝夕有不虞。列仙停修龄，养志在冲虚。飘飖云日间，邈与世路殊。荣名非己宝，声色焉足娱。采药无旋返，神仙志不符。逼此良可惑，令我久踌躇。

“六翮”的意象，使人想起嵇康笔下的鸾鸟。阮籍深感黑暗的现实犹如一张密网，人不过是网中一只不得展翅的飞鸟。想到人生百年尽在这种与世俯仰的苟且中度过，确乎太惨痛，但不这样又如何！所以他在诗中屡屡感叹年命短暂，所谓“朝为媚少年，夕暮成丑老。自非王子晋，谁能常美好”，并认为只有游仙才能超越生命中的进退失据，“远游可长生”，“升遐去殷忧”。然而又不像嵇康那样，真的去采药服食，诗中也很少写及采服之事，更多的只是追慕游仙者“逍遥游荒裔”的气性和风韵，相信“谁言万事难，逍遥可终生”。

阮籍生活中如何游仙，史书几无记载。仅《世说新语·栖逸》所载一则轶事留下些许线索：“阮步兵啸，闻数百步。苏门山中，忽有真人，樵伐者咸共传说。阮籍往观，见其人拥膝岩侧，籍登岭就之，箕踞相对。籍商略终古，上陈黄、农玄寂之道，下考三代盛德之美，以问之，仡然不应。复叙有为之教、栖神导气之术以观之，彼犹如前，凝瞩不转。籍因对之长啸。良久，乃笑曰：‘可更作。’籍复啸。意尽，退，还半岭许，闻上嘀然有声，如数部鼓吹，林谷传响。顾看，乃向人啸也。”由此一事，可见他确是好尚游仙的，不过他之好尚游仙，注重的是行气而非服食，长啸嘹亮应与长期食气炼气有关。真人在这方面术高一筹，故啸声特别悠扬。在这啸声相和中，他们或许彼此有了沟通，情感上得到了一种深刻的共鸣。

他还写过一篇《大人先生传》，据东晋戴逵的《竹林七贤论》，人物原型就取自苏门真人，而“所言皆胸怀间本趣，大意谓先生与己不异也”[1]。“大人先生”作为真人的化身，“逍遥浮世，与道俱成；变化散聚，不常其形。天地制域于内，而浮明开达于外”，只追求“异方奇域”的玄远，“不以世之非怪而易其务也”，可以说就是他心目中的神仙。他在这个人物身上寄寓自己的神仙理想：傲立尘表的孤怀，飘游方外的风韵，以致生活中也常有出人意表的奇行，如“率意独驾，不由路径，车迹所穷，辄恸哭而反”；或在山林间尽情长啸，一舒胸中放旷之气。或以为，浪游长啸与任性纵酒一样，都能使他“当其得意，忽忘形骸”，不把礼法之士的“非怪”放在眼里，但另一方面，他却能“口不臧否人物”，从不“非怪”礼法之士，他摆脱权力拘钳的方式是特别的，或称非政治的，故虽与嵇康一样特立独行，却能被目为“方外之士”，得以“乱世足自存”[2]。

第二种形态出现于唐王朝前半期。这是中国历史上最为繁盛的时期，政治比较昌明，社会相对安定，思想多元带来的环境宽松，给时人追求多种人生提供了可能。这又是道教兴盛的时代，在皇室带动下，士人群起优游，既炼丹服食以期长生永年，更漫游天下希慕高蹈世外。风气所致，人人竞以入道游仙为高尚，以致一时间显宦荣禄也为之逊色。如储光羲推尚老子和浮丘子，怀虚无，好独善，于道士、炼师们的游仙说颇知悉之。当其游茅山后，就大发“王廷有轩冕，此日方知轻”的感慨[3]，并对“逍遥在云汉，可以来相寻”的仙人高境不胜向往企慕之至。[4]神仙成了当时士人理想的生活方式和人格范型，

[1] 见《世说新语·栖逸》注引。
[2] 苏轼：《阮籍啸台》，《苏轼诗集》卷二。
[3]《游茅山》五首之二，《全唐诗》卷一三六。
[4]《升天行贻卢六健》，同上卷一三七。

一边思慕成就，一边从道游仙，春风得意时不失为清高脱俗，仕途失意时又得以凌云傲俗。

在这方面堪为典范的是李白。纵观其一生，对游仙信仰之虔诚，追求之热烈，态度之认真，在唐代士人中可谓翘楚。这种虔诚的信仰可能来自少年时生活环境的影响。四川是道教发源地之一，不仅传诵人口的仙人多[1]，与道教有关的活动也非常活跃。李白从小生活在锦州彰明（今四川江油），其西南紫云山就是道教胜地，山上有座传被神仙从他处移来的崇仙观[2]，规模之大，令人想见其当时香火之盛。在不远的绵竹，武则天时出过一位很有名的道教学者王玄览，“四方人士，钦挹风猷，贵胜追寻，谈经问道”[3]。比他大一辈的陈子昂少年时生活在不远的射洪，尝称“余家世好服食”[4]，自己也“早爱赤松游”[5]，此皆蜀地道风熏染所致。李白生活在这种环境中，耳濡目染，从小就企慕神仙，向往仙游，正如他后来诗中回忆，“家本紫云山，道风未沦落”，“十五游神仙，仙游未曾歇”[6]。

其父可能因行侠触犯权贵，避仇隐姓埋名，藏身于荒僻的大巴山

---

[1] 晋谯秀《蜀记》言其地有“蜀中八仙”，至明代《历代神仙道鉴》仍有“岷山七圣”、“青城五隐”之说。又，《列仙传》卷上载：“（葛由）好刻木羊卖之，一旦骑羊而入西蜀，蜀中王侯贵人追之上绥山。绥山在峨嵋山西南，高无极也，随之者不复还，俱得仙道。故里谚曰：‘得绥山一桃，虽不得仙，亦足以豪。’山下立祠数十处云。”故李白《登峨嵋山》有“倘逢骑羊子，携手凌白日”之句。

[2] 见魏了翁：《紫云山崇仙观记》，《鹤山集》卷三八。

[3] 王太霄：《玄珠录序》，《全唐文》卷九二三。

[4]《观荆玉篇序》，《陈子昂集》卷一。

[5]《答洛阳主人》，《陈子昂集》卷二。

[6] 见《题嵩山逸人元丹丘山居》，《李太白全集》卷二五；《感兴》八首之五，《李太白全集》卷二四。又，其《上安州裴长史书》自称“五岁诵六甲，十五观百家”。此“六甲”即道教术数类典籍，《神仙传》卷六尝记左慈学道术，“尤明六甲”，《道藏》中亦有《上清琼宫灵飞六甲左右上符》。

区。[1]由此豪情侠气熏染，他“结发未识事，所交尽豪雄”，“十五好剑术，遍干诸侯”[2]，从小就好气任侠，尤钦佩鲁仲连既能“意轻千金赠，顾向平原笑”，又能“却秦振英声，后世仰末照”，称“吾亦澹荡人，拂衣可同调”[3]。故《新唐书》谓其“喜纵横术，击剑为任侠”，友人崔宗之《赠李十二白》也说他好谈帝王之术，“清论既抵掌，玄谈又绝倒。分明楚汉事，历历王霸道”。而之所以学纵横术的目的，诚如他自己所说，就是为“试涉王霸略，将期轩冕荣”[4]。

因此从少年时代起，既“游神仙”，又“好剑术”，仙侠并游[5]，构成了李白一生的追求。请看他的夫子自道：

> 仆尝弄之以绿绮，卧之以碧云，嗽之以琼液，饵之以金砂。既而童颜益春，真气愈茂，将欲倚剑天外，挂弓扶桑，浮四海，横八荒，出宇宙之寥廓，登云天之渺茫。俄而李公仰天长吁，谓其友人曰：吾未可去也。吾与尔，达则兼济天下，穷则独善一身，安能餐君紫霞，荫君青松，乘君鸾鹤，驾君虬龙，一朝飞腾，为方丈、蓬莱之人耳？此则未可也。乃相与卷其丹书，匣其瑶瑟，申管、晏之谈，谋帝王之术。奋其智能，愿为辅弼，使寰

---

[1] 参见安旗：《李白纵横探》，陕西人民出版社 1981 年版，第 11—13 页。

[2] 见《赠从兄襄阳少府皓》，《李太白全集》卷九；《与韩荆州书》，《李太白全集》卷二六。

[3]《古风》第十首，《李太白全集》卷二。

[4]《经乱离后天恩流夜郎忆旧游书怀赠江夏韦太守良宰》，《李太白全集》卷一〇。

[5] 李白《上安州裴长史书》自谓在蜀中与东严子隐于岷山之阳“养高忘机”。《唐诗纪事》卷一八引《彰明逸事》又谓其“隐居戴天大匡山，往来旁郡，依潼江赵征君蕤”，赵蕤“任侠有气”，“善为纵横学”，郁贤皓《李白蜀中事迹考》引杨慎之说，认为岷山之阳即指绵州境内的戴天大匡山，《升庵全集》卷三《李太白诗题辞》称东严子当即赵蕤这一说法值得参考。见其所著《李白与唐代文史考论》，南京师范大学出版社 2007 年版，第 6 页。

区大定，海县清一。事君之道成，荣亲之义毕，然后与陶朱、留侯浮五湖，戏沧州，不足为难矣。[1]

在他看来，人生一世，神仙长生不是全部，故不能将心志仅仅寄托在个体生命的超越上，他要在济苍生安社稷中充实自己，在浮五湖戏沧州中高蹈人生。不过说归说，他对游仙一事终究是热衷的，只是不同于一班虔诚的道徒，有一己独特的追求而已。这一点，可从他对游仙一事的具体甄别中看得很清楚。

李白一生常以大鹏自比，尝作《大鹏赋》，序称"昔于江陵，见天台司马子微，谓余有仙风道骨，可与神游八极之表，因著大鹏遇希有鸟赋以自广。"本有感于司马承祯的奖饰，意在游仙，但"发天机于漆园"，借用庄子《逍遥游》展开，实在是另有寓意的。他认为游仙有两种，一黄鹄式，"耻苍梧之玄凤，耀彩质与锦章，既服御于灵仙，久驯扰于池隍"，然终因"拘挛而守常"，不能"旷荡而纵适"，如此恬不知耻地自以为荣，显得俗不可耐。一大鹏式，"参玄根以比寿，饮元气以充肠，戏旸谷而徘徊，凭炎洲而抑扬"。他崇尚后者，把司马承祯比作"希有鸟"，当其邀大鹏作"跨蹑地络，周旋天纲"之游时，大鹏"欣然相随"，与之"块视三山，杯观五湖"，"任公见之而罢钓，有穷不敢以弯弧"，足以让人想见其卓荦不羁的性格与高上远大的志向。尤其大鹏"激三千以崛起，向九万而迅征"的怒飞，更是他"常欲一鸣惊人，一飞冲天"[2]的精神写照。他不屑状如黄鹄，投入科举一途，按部就班地升迁，仰人鼻息地做事，而要像大

[1]《代寿山答孟少府移文书》，《李太白全集》卷二六。

[2] 范传正：《唐左拾遗翰林学士李公新墓碑并序》，《全唐文》卷六一四。

鹏一样在天地间搏击高翔，博君王青睐，取卿拜相，待不世功成即拂衣而去，“摇曳沧洲旁”[1]。因此直到临终，仍会高歌“大鹏飞兮振八裔，中天摧兮力不济。余风激兮万世，游扶桑兮挂左袂。”[2]

因此尽管其游仙是认真的，“五岳寻仙不辞远，一生好入名山游”，“愿游名山去，学道飞丹砂”[3]。游天台山，有“云垂大鹏翻”之感；游庐山，欲“漱琼液”、“洗尘颜”；游泰山，“清斋三千日，裂素写道经”；游焦山，则盼望仙人“举手来相招”[4]。最突出的是在嵩山，有“投分三十载，荣枯同所欢”的挚友元丹丘[5]，“提携访神仙，从此炼金药”[6]，并“闻风有寄，洒翰遥赠”，以示对所访焦炼师“潜光隐嵩岳，炼魄栖云幄”的向慕。[7] 又一起到随州（今湖北随县）从紫阳先生学仙，后者是司马承祯再传弟子，一个“道与古仙合，心将元化并”的高人。李白希望得其真传，“终愿惠金液，提携凌太清”，由其后来说“予与紫阳神交，饱餐素论，十得其九”可知，他还真得到了紫阳的指点。[8] 到了晚年，他干脆授道箓入了道门。依规定，受道者须先洁斋，背剪双手，两个七天七夜环坛站而行，口诵忏

[1]《玉真公主别馆苦雨赠卫尉张卿二首》之二，《李太白全集》卷九。

[2]《临路歌》，应为《临终歌》，《李太白全集》卷八。

[3]《庐山谣寄卢侍御虚舟》，《李太白全集》卷一四；《落日忆山中》，《李太白全集》卷二三。

[4]《天台晓望》、《望庐山瀑布二首》之一，《游泰山六首》之四、《焦山望松寥山》，分别见《李太白全集》卷二一、二一、二〇、二一。

[5]《秋日炼药院镊白发赠元六兄林宗》，《李太白全集》卷一〇，詹锳认为元林宗当即元丹丘，见其所著《李白诗文系年》，人民文学出版社 1984 年版，第 77 页。

[6]《题嵩山逸人元丹丘山居》，《李太白全集》卷二五。

[7]《赠嵩山焦炼师并序》，《李太白全集》卷九。

[8] 见《冬夜于随州紫阳先生餐霞楼送烟子元演隐仙城山序》、《题随州紫阳先生壁》及《汉东紫阳先生碑铭》，分别见《李太白全集》卷二七、二五、三十。司马承祯为上清派第十一代宗师，尝与李白等合称“仙宗十友”，故其所受道教影响甚深，乃至作诗之法要亦出上清一派。见李小荣：《取象与存思：李白诗歌与上清派关系略探》，《福建师范大学学报》2007 年第 2 期。

辞，同时受《五千文箓》、《三洞箓》、《洞玄箓》和《上清箓》等，如此繁缛的仪式他都一一承受，并在以后变得越发认真，竟要“东归蓬莱，仍羽人驾丹丘”[1]，又至“仙药满囊，道书盈箧”[2]。至于平居以炼丹服食为事，更属稀松平常，《草创大还赠柳官迪》一诗描写的就是他炼成大还丹的情形。直至流放夜郎途中，还想到此前游历过的秋浦（今安徽贵池西），称其地最适合炼丹，希望“三载夜郎还，于兹炼金骨”[3]。但要特别指出的是，在游仙同时，他心中从未或忘“何时腾风云，搏击申所能”[4]。他漫游大江南北，以游仙结识名流，以任侠广交豪雄，以才学干谒州郡长官，借以扩大声誉。初至终南山，与玄宗妹、司马承祯女弟子玉真公主交游[5]，并在那里结识玄宗宠婿张垍，希望得其引荐。游至襄阳，听说荆州长史韩朝宗好奖拔后进，遂作《与韩荆州书》，剖白平生志向，希望得到赏识。当天宝元年(742年)获诏入京，更高唱着“仰天大笑出门去，我辈岂是蓬蒿人”[6]，以后召见、赐食和封翰林的礼遇着实让他扬眉吐气了一番，但玄宗只把他当做御用文人，实无意于用其“奋其智能，愿为辅弼”，而他以一介布衣的身份平交王侯，又从不作寒酸求乞之态，相反，如苏东坡《李太白碑阴记》所说，“戏万乘若僚友，视俦列如草芥”，结果迭遭群小谗谤，卒被赐金放还。当其时，他昂首辞别，“攀龙忽堕天”后

[1] 李冰阳:《草堂集序》,《全唐文》卷四三七。

[2] 独孤及:《送李白之曹南序》,《全唐文》卷三八八。

[3]《忆秋浦桃花旧游时窜夜郎》,《李太白全集》卷二三。

[4]《赠新平少年》,《李太白全集》卷九。

[5] 她曾受玄宗之命到王屋山司马承祯处修斋，杜光庭《天坛王屋山圣迹记》谓其“好道，师司马天师”，有别馆在终南山，《李太白全集》卷九《玉真公主别馆苦雨赠卫尉张卿二首》题注引《古楼观紫云衍庆集》曰：“今楼观南山之麓有玉真公主祠堂存焉。俗传其地曰邸宫，以为主家别馆之遗址也。”

[6]《南陵别儿童入京》,《李太白全集》卷一五。

又飘然游仙去了，“还家守清真，孤洁励秋蝉。炼丹费火石，采药穷山川”[1]。

纵观李白一生，尽管也说过“仙人殊恍惚，未若醉中真”[2]，“贤圣既已饮，何必求神仙”[3]，但游仙确实赋予了他超凡脱俗的仙气，故贺知章读了《蜀道难》，叹为“谪仙”[4]；杜甫称他醉傲帝王是“酒中仙”；裴敬形容其诗“格高旨远，若在天上物外，神仙会集，云行鹤驾，想见飘然之状”[5]，连司马承祯也赏识他的仙风道骨，以致后世有许多关于他成仙的传说。有一则异闻称元和初年，有人从北海来，看见李白和一道士在高山上谈笑风生，不久道士跨一赤龙腾云而去，李白纵身赶上与之一起东走。[6]而《广列仙传》更将其认定为神仙。这当然是天方夜谭，但“永随长风去，天外恣飘扬”[7]，游仙使他潇洒出尘的风采更具魅力更召人仰慕却是事实。如魏颢《李翰林集序》就谈到自己曾前往江东寻访，从天台山一直追到广陵，才得以一睹其“风流蕴藉”。后人羡慕他光彩夺目的飘逸风度，其实也就是这种个体生命得以自由舒张的自在状态。而宋人所谓“抑身不用，郁郁不得志，而思高举远引耶？”[8]某种意义上不能不说未尽搔着痒处。

第三种形态在北宋社会常可见到。其时，整个国家机器运行正常，文官体系高度成熟，君主号为与士大夫共治天下，以致“权归人

[1]《留别广陵诸公》，《李太白全集》卷一五。
[2]《拟古》其三，《李太白全集》卷二四。
[3]《月下独酌》其二，《李太白全集》卷二三。
[4] 见孟棨：《本事诗·高逸第三》。
[5]《翰林学士李公墓碑》，《全唐文》卷七六四。
[6] 见《龙城录》，旧题柳宗元撰，据《四库全书总目提要》及余嘉锡《辨证》，实系宋人所作。
[7]《古风》之四一，《李太白全集》卷二。
[8] 葛立方：《韵语阳秋》卷一一。

主，政出中书”[1]，“凡制敕所出，必自宰相”[2]。不过尽管如此，不和谐的声音仍时有所闻。而频繁的外患使王权蒙羞，不得不收缩内敛以强化集权。在这种时代背景下，士人不再显现出外向进取的朝气，而多返回内心，压下骚动的心灵，经营一份恬静不失雅逸的生活，即使游仙，也多不是为张扬傲然出世、摆落尘俗的个性，而往往体现为对现实漩涡中人自我圆足的内在世界的探索与冥思。

在这方面，苏轼不失为一个典型的例子。苏轼与李白一样，有倜傥的风采与飘逸的仙气。但由于所处时代不同，其游仙的表现形态就有差异。苏轼幼时也在蜀中度过，当地浓厚的道教氛围同样给他以影响，据其《志林》说，入小学时就曾以道士张易简为师，同窗陈太初后来就是尸解升天的。苏辙回忆蜀中生活，称其常翩然独游，“逍遥泉石之上，撷林卉，拾涧实，酌水而饮之，见者以为仙也”[3]，可用为佐证。出仕后，仍常与道士相往来，对当时流行的内丹炼气之术尤为倾心，曾作《赠陈守道》、《辨道歌》、《问养生》、《养生说》、《续养生论》、《书养生偈》、《寄子由三法》、《上张安道养生诀》、《海上道人传以神守气诀》、《龙虎铅汞说》等诗文，大谈修道体会，又向人请教道术，求授道方，并应邀书写道经，故黄庭坚《题东坡书道术后》说他“好道术，闻辄行之”，叶梦得《避署录话》卷上也说“苏子瞻亦喜言神仙”，有海上道人更称他为“真蓬莱、瀛洲、方丈谪仙人

---

[1]《宋史·洪咨夔传》。

[2]《资治通鉴长编》卷一八“太平兴国二年四月”下引李守锷语。又，范浚《范香溪先生文集》卷一一《任相》谓：“天子以万机之得失，百官之进退，社稷之安危，生民之休戚，近而号令之臧否，远而蛮夷之叛服，大而阴阳之愆和，小而钱谷之衍耗，凡百官有其事，事有其名，一皆委任而责成于宰相。故宰相于天下事无所不统，不以一职名官。”而侯延庆《退斋笔录》、盛如梓《庶斋老学丛谈》卷二也都曾对其人实掌有副署权有所记录。

[3]《武昌九曲亭记》，《栾城集》卷二四。

也”[1]。李白受到司马承祯的赞赏，他则得到了道人神守气诀的传授。

苏轼也曾有过宏大的志向，欲以“笔头千字，胸中万卷”，“致君尧舜”[2]。仁宗读了他兄弟俩的制策，识其才学，庆幸“朕今日为子孙得两宰相矣”[3]。然因朝廷党争，异论相搅的分化政策引得士大夫热衷相互攻讦，每使人有朝不保夕之感。苏轼于此可谓首当其冲，由于所持政治立场的关系，受到接二连三的打击，一贬再贬，最后被流放到海南的儋州。他曾说自己“眼看世事力难任，贪恋君恩退未能”[4]，是因内心仍幻想通过功名追求实现自我价值。故神宗读其“又恐琼楼玉宇，高处不胜寒”词，有“苏轼终是爱君”之叹。[5]但另一方面，他又实在担心朝中的争斗激烈，所以只得留在地方上“起舞弄清影”，过一种悠闲的自放生活。当然，这期间朝政仍时时入他的思虑，让他进退两难，在仕与隐的矛盾挣扎中，终于做不到像李白那样的傲然离去，高蹈尘表。

游仙就成了他解脱挣扎痛苦的方式，所谓“功名如幻何足计，学道有涯真可喜”[6]。当其贬谪黄州，在天庆观养炼多日，就写过《龙虎铅汞说》以讨论内丹修炼法。其时与方士论内外丹有得，更高兴地说：“白乐天作庐山草堂，盖亦烧丹也。丹欲成而炉鼎败，明日忠州除书到，乃知世间事不两立也。仆有此志久矣，而终无成，亦以世间事未败故也。今日真败矣。”[7]在他看来，游仙与游宦既不可兼得，那么游宦的失败正可从游仙的成功中得到补偿。他游山玩水，与道士们交往，可

[1]《题跋》，王文诰《苏轼诗集》卷四四《海上道人传以神守气诀》题注引。

[2]《沁园春·赴密州》，《东坡乐府笺》卷一。

[3]《宋史·苏轼传》。

[4]《初到杭州寄子由二绝》之一，《苏轼诗集》卷七。

[5] 见《苏长公外记》。

[6]《送沈逵赴广南》，《苏轼诗集》卷二四。

[7] 朱弁：《曲洧旧闻》卷五；又见《东坡志林》卷一，唯文稍异。

以说都是在游仙。如游赤壁写下前后两篇《赤壁赋》，同游者中就有道士杨世昌[1]，后一次他还梦见“羽衣蹁跹”的道士，问他“赤壁之游乐乎？”可知是确实真切地感受到了仙游的快乐。当然，神仙不可骤得，现实中羽化登仙式的快乐也不易得。后人说他在赋中“痛陈胸前一片空阔了悟”[2]，其实对于功名利禄并没有真正参透勘破，但因游仙，他领略到一种超然的境界，助他在特定的情境中暂时摆脱了苦闷和烦恼。

故这超然就是苏轼游仙的特色，尽管它情非得已，出自无奈。他曾写过一篇《超然台记》，称世人“游于物之内”，故“可乐者常少，可悲者常多”。自己“无所往而不乐者，盖游于物之外也”。游于物外就是指摆脱心为物役的束缚，获得精神的释放与自由。所以他学阮籍“高情遗万物，不与世俗论”[3]，在生活中“放意肆志”；更追慕李白的谪仙风采，夜著羽衣，置酒黄楼，等客人泛舟归来，相视而笑，“以为李太白死，世间无此乐三百余年矣。”[4]即使与道士往来论道，以诗相酬，如《寄邓道士》所谓“遥知独酌罢，醉卧松下石”，也只是表达对其人超然风范的心仪，而不意味着真的沉迷其中。所以对饵药至“皆生胎发，然率为痈疽之患”非常戒惕[5]，只是炼砂养火，观其变，“聊以怡神遣日”而已。[6]而对喝茶、服松脂、海南菊以及盘足、叩齿、闭息每多实验，迭有会心，神仙术被他归结为是祛除躁急、阴险和贪欲的养生妙法。又称“余问养生于吴子，得二言焉：曰和，曰安……安则物之感我者轻，和则我之应物者顺。外轻内顺，而

[1] 见苏轼《手泽》及李日华《紫桃轩杂缀》。
[2] 金圣叹：《天下才子必读书》卷一五。
[3]《阮籍啸台》，《苏轼诗集》卷二。
[4] 见《百步洪诗序》，《苏轼诗集》卷七；《王定国诗集叙》，《苏轼文集》卷一〇。
[5]《与章致平》之一，《苏轼文集》卷五五。
[6]《与王定国》之八，《苏轼文集》卷五二。

生理备矣。"[1]是重视心性的修炼更甚于道术的崇拜。他自己不善饮酒，却特别喜欢请人喝酒，看人举杯徐饮慢酌，"胸中为之浩浩焉，落落焉，酣适之味，乃过于客"[2]。有一次夜饮东坡雪堂，回到临皋亭已是夜深，静听江涛声涌，他感慨万千，写了一首《临江仙·夜归临皋》词中有"小舟从此逝，江海寄余生"之句，第二天人们纷传他"夜作此辞，挂冠服江边，拏舟长啸去矣。郡守徐君猷闻之，惊且惧，以为州失罪人，急命驾往谒，则子瞻鼻鼾如雷，犹未兴也"[3]。这就是醉卧的超然，自觉放弃执著的彻悟。在他看来，自己既已心游物外，无往不乐，是不必刻意遁隐江海的。当中秋之夜，歌者唱"明月几时有"词，他为之起舞，感叹"此便是神仙矣！"[4]即已十足展现了他游仙的宗趣。尽管到最后他也不能算充分实现了自我，但精神气质上有随缘自适、遗世超脱的特征，故被人称为"坡仙"。

明清时士人游仙少了，他们之超绝俗流、张扬自我，更多是通过追求雅逸的生活情趣来实现的。且因身处专制社会后期，皇权的钳制和政治上的高压使其人格变得日益文弱，故通常不再像阮籍那样纵情任诞，也不像李白那样傲世独立，而如苏轼之多才多艺，优游于诗文翰墨间，生活富有情趣，人生常得清欢，最是投合他们的口味，因此成为其人追求的参照。

当然，朝政纷乱政治动荡之际，为出处矛盾所困，时人也有向学道游仙一途求寄托的。如明初自刘基、高启以下，许多士人皆好老氏清净，有的欲作道士而未遂，至于与道士交往和作游仙诗的就更多

[1]《问养生》,《苏轼文集》卷六四。
[2]《书东皋子传后》,《东坡后集》卷九。
[3] 叶梦得:《避暑录话》卷上。
[4] 蔡絛:《铁围山丛谈》卷三。

了。以后如王锡爵因张居正掌权，不纳己见，遂一意事奉仙道，不再理会政事。其友人、主持诗坛二十年的著名文学家王世贞与他同一怀抱，索性拜锡爵女昙阳大师为师。[1]著名文人屠隆与之交好，也曾互相劝勉，一心修炼。王世贞尝作《彩毫记》、《修文记》、《昙花记》，崇道之心溢于言表。不过，当其学道游仙之时，人世的一切并未彻底忘却，苏轼的旷达诚非人人可学，故于慎行说他们“标玄同之趣以文贵生之诀，而生未必养也。皈寂灭之宗以愬无生之法，而生未必忘也。或世名已歇，托淡泊以依栖。或荣进无阶，借清静以表异。故有示辟谷之迹，而不能绝念于刀锥。修离欲之基，而未必息心于绂冕”[2]。然因理学为好货好色风尚斥退，仕途失意的文人士大夫转而隐居求志，或与道士交往，或研习道籍，注意四时调摄，起居安乐，饮馔服食，延年却病，学道游仙还是一定程度流行于士林。而道教自身的转向，也使得这种流行并不违碍其常识。至于有的士人则干脆沉浸在肉欲享受中，好饮酒御女，士人雅集与友朋通信，不以谈房中术、求房中药为耻。如王稚登晚年生子，就令袁宏道艳羡不已，致书请授秘术；袁中道也好此道，尝作诗“见我嫣然笑，赠我一玉厢。启之得异书，乃是素女方。此方多奇异，返老能强阳”[3]。董其昌更“居乡豪横，老而渔色，招致方士，专讲房术”[4]。至于朱长春好慕仙道，削籍归里后修真炼形，尝用梯子登上叠加在一起的十多重几案，张臂反腿学鸟飞状，以为登真度世可立致，结果摔成重伤，差点死掉[5]，则可谓鄙陋之极，堕入游仙末流无疑了。

---

[1] 见王世贞：《嘉靖以来首辅传》卷八。

[2] 于慎行：《谷山笔麈》卷一七。

[3]《咏怀》其三，《珂雪斋集》卷二。

[4] 邓之诚：《骨董琐记》卷四“董思白为人”。

[5] 钱谦益：《列朝诗集小传》丁集。

第五章

道教徒的沉迷

学道游仙最投入的人群自然数道教徒。如果把他们与帝王、士人作一比较的话，帝王在游仙中注入的通常是欲望，追求永恒的权力和享受；士人在游仙中更多注入的是理想，追求对社会现实的疏离和个体生命的超越；道教徒在游仙中注入的则是绝对的虔信与遵从，以求得长生不死和羽化登仙的最终实现，这决定了他们的游仙活动相对而言是一种比较纯粹的宗教行为。

前面说过，道教的核心信仰源自古老的宗教观念，为这种信仰服务的仪式与方法又多从原始巫术演化而来，故实践这些仪式与方法的道教徒身上不免带有巫师狂迷的基因。在狂热地掀煽游仙热潮，向帝王兜售不死之药，向士人传授修炼之术同时，他们自己更沉迷于这个虚幻的世界，一方面调动传统文化的各方面积累，将神仙学说和游仙理论扩张成无所不包的庞大体系，以寄托自己膨胀的信仰；另一方面通过对各种方术的神秘体验，将生理或心理上的收效验证成超神入化的境界，从而得到修炼精进的陶醉。因此他们的游仙可称作是这种宗教沉迷的实践形态。

洞天福地话访仙

道教徒的前身是秦汉间方士，故其游仙最早也可上溯到那些方士的活动。相关情况，通过《史记·封禅书》可以见到一些。只是因司马迁意在“究天人之际，通古今之变，成一家之言”，叙述重点多在朝廷政治而不在奇谈异术，间或记方士的事迹，也只为揭露帝王的沉迷，而备载其如何向后者兜售其术。当然，这并不能导出这样一个结论，似乎方士们仅仅是为帝王而非自己竭尽蛊惑煽动之能事的，事实是，依当时的神仙观念，再揆之以人皆乐生的情理，既然神仙可以升遐与天地同在，人可以通过一定的法术修炼成仙，那么通晓其术的方士是最不愿轻易错过任何长生的机会的。在这方面，传说中方仙道人因修形解销化术而尽成仙人，已透露了些许消息。

尽管后人无法知道这类游仙的详情，但从仅有的史料记载，可窥见其遗留给后世道教徒游仙模式的大致轮廓。具体地说，有所谓访仙与修仙两途。访仙首先要有仙可访，这就意味着凡构成神仙信仰的诸要素，如仙人、仙境和仙药的存在是必须的先决条件。故此，方士们最先构造了一个初具规模的神仙系统：有玉宇琼楼、流金泻银的仙境，有高蹈霞外、丰姿绰约的仙人，还有灵芝琼草、金液玉丹之类的仙药。最典型的就是所谓海外三岛十洲，乘船出海，到那些仙境去寻访仙人祈求仙药，可以说构成了后世道教徒游仙的基本雏形；而随着入海的方士一去不还，许多方士还争相跟进，这些人也就构成了后世道教徒沉迷仙道的先驱。

但这种海外仙境毕竟虚无缥缈，作为神仙信仰的象征，只具有彼岸的意味，方士们知道，要真正让人践行这种信仰，还必须将其在尘世中落实下来。换言之，需要将仙境移植到现实中来。此前论述神仙观念的起源，已指出仙与山的密切关系。升天成仙在以后演变成入山成仙，就是神仙思想现世化的一种表现。以此为基础，方士们再进一步由入山成仙衍化出仙人居山，从而很稳实地将仙境落实到了尘世，带入了人间。深山人迹罕至，幽谷云雾缭绕，在人们心目中本就具有一定的神秘性，将其改造成人间仙境是最容易也最适宜不过了。并且，这种将海外仙境移植到尘世中的山谷，因有神仙观念的历史承传及人对自然环境的切身感受，对方士们来说也最不费力，最足以取信于人。

这番移植具体通过怎样的途径完成，由于史料缺乏，今人不得而知。只知道后世流传的成仙故事许多都离不开山，如《列仙传》说王子乔本是周灵王太子，后由道士浮丘公接上嵩山，隐修三十余年后成仙，乘白鹤驻于山岭。《神仙传》说赤松子本是牧童，也由道士带至金华山石室，修炼四十余年，服松脂、茯苓，活到五百岁。上述神仙传记多成书于魏晋六朝，但那种故事模式源自更早，从中可以推测方士是借着仙话的编织创造了人间仙境的。而在向人指出切实的访仙之路的同时，他们也使自己的宗教热情最终得以有所投托。

最先成为人们神往的仙山大概要算五岳。基于古老的五行思想和山神崇拜，早在上古三代，中国人就有“望于山川，遍于群神”的祭祀制度，天子巡狩五岳修五礼[1]，是国家大事，一时重典。这种由原始宗教的自然崇拜演化而来的山川祭祀，赋予了五岳某种神秘的色彩，天子的巡狩更使之获得不同寻常的显赫地位。把仙境置于这些名山，称东岳泰山乃天帝之孙、群灵之府，西岳华山是黄庐子真人得道

[1]　“五岳”一词始见于《周礼·春官·大宗伯》：“以血祭祭社稷、五祀、五岳。”《礼记·王制》谓：“天子祭天下名山大川，五岳视三公，四渎视诸侯。诸侯祭名山大川之在其地者。”又见《尚书·舜典》及《史记·封禅书》注。

之所，南岳衡山是太处真人得道之所，北岳恒山是长桑公真人得道之所，中岳嵩山是寇谦之真人得道之所，可谓源渊有自，顺理成章。[1]故在道教形成的东汉后期，就出现了一些关于方士访仙五岳的记载。如王真称自己“周流登五岳名山，悉能行胎息胎食之方，嗽舌下泉咽之，不绝房室”。想来他之访仙，主要致力于修道之术的搜求，所以年近百岁，“视之面有光泽，似未五十者”。鲁女生“初饵胡麻及术，绝谷八十余年，日少壮，色如桃花，日能行三百里，走及麞鹿”，后至嵩山采药，遇一女子，自称“三天太上侍官”，授他《五岳真形图》。时陇西封君达，因常乘青牛而号“青牛道士”或“青牛师”，“初服黄连五十余年，入鸟举山，服水银百余年，还乡里，如二十许者”，听说鲁得了《五岳真形图》，连年请求授图，可见该图在求仙者心中的分量。这两个方士本都靠服饵得长寿，但未能成仙。从仙女授图“并告其施行”这点来看，该图所载当是一些入山访仙的方法。后鲁女生藉此“道成，一旦与知友故人别，云入华山。去后五十年，先相识者逢女生华山庙前，乘白鹿，从玉女三十人，并令谢其乡里亲故人也”。而封君达只好入玄丘山继续修道。[2]

道教创立后，其他名山作为道派发祥地也渐被神化，成了访仙的圣地，其间神化与哄抬的工作皆是这批虔诚的道教徒干的。就拿青城山来说，它是连峰接岫的岷山第一峰，又名天谷山，后山为鹤鸣

[1] 日人小川琢治据日本所藏17世纪版《五岳真形图》之《东岳真形图》，与实地考察用等高线绘制的泰山地形图对照，发现两者基本一致。其说为李约瑟《中国科学技术史》第五卷《地学》所采。见其所著《近世西洋交通以前の支那地圖に就て》，《地学杂志》1910年第258号。故道徒据以入山，或非尽出澹妄。

[2] 见《后汉书·方术列传下》及注引《汉武帝内传》。又，据葛洪《抱朴子》称“五岳真形图”是绘成五岳盘曲回转形状的图版，为神仙所佩，“凡修道之士栖隐山谷，须得五岳真形图佩之。其山中鬼魅精灵、虫虎妖怪，一切毒物，莫能近矣。”

山。据道书记载，道教创始人张道陵曾“入嵩高山石室，隐斋九年”，后“周流五岳”，游至鹤鸣山，结庐修道，传五斗米道。[1]从此这里就产生了有关教祖的仙话，说山中石鹤鸣则仙人出，张道陵居山即有鹤鸣，后果真白日飞升，羽化登仙。山中还另有天师池及其手植银杏树、降魔的掷笔槽、试剑石等遗迹，而常道观内的天师洞则是其修炼之处。由此整座青城山在日后被附会成仙人栖居的仙境，黄帝时“积火自烧，随烟上下”的宁封子就栖于此山北岩上，黄帝曾向他求问飞升之术，并筑坛拜为“五岳丈人”，后称“青城丈人”，晋造丈人观，据说即为其修炼之所，宋时更赐名为“会庆建福宫”。见过东海三为桑田的麻姑也曾在此隐居，山上因此有麻姑洞，仙人李阿世称“李八百”，更是常游此山。[2]所以，后世道教徒纷至沓来，到山中访仙学道。十六国时，蜀地道教领袖范长生就在山中“岩居穴处，求道养志”[3]，长生观相传就是他得道之处，观内古楠树即其亲手所植。唐孙思邈、杜光庭也曾在此隐居，后者修真处就在上清宫，那里还有他悠游的白云溪和读书台。此外，山上还建有大小宫观无数，较著者有朝阳洞、祖师殿、玉清宫。道教徒入得山中，真好像踏进洞府，访仙之想油然而生。其实这一切的始作俑者很可能是张道陵本人，是他怂恿门人故神其事的虚饰和浮夸。

魏晋后五斗米道从北方传入江南，由民间渗透到上层社会，由于能迎合士族需要而风靡一时。在这一道教史上相当重要的时期，南

[1]《三洞珠囊》卷五引《道学传》，又见《华阳国志·汉中志》及《后汉术·刘焉传》。

[2] 彭洵：《青城山记》卷下。又，易心莹：《青城指南》称：“按麻姑隐青城大面山。麻姑洞在今八卦台，即古压月山，又名成都山，晋建上皇观于上。仙人李阿常游于此。前有麻姑洞，高三丈，阔五尺，深邃无际。”

[3]《晋书·李雄传》。

方道教世家相对集中的丹阳、吴郡一带，原称句曲山、也包括良常山和地肺山的茅山，经道教徒的哄抬传扬也成为圣地。茅山的仙话也颇丰富，传西汉景帝时茅盈与弟茅固、茅衷修道成仙，号“三茅真君”，留治句曲山。《茅山志》记三人乘白鹤来治此山，以鹤集处分为大中小三茅峰，因改山名为三茅，简称茅山。后人在山顶建起九霄万福宫，也称顶宫，就是供祀“三茅真君”的。过了三百多年，女仙南岳魏夫人，即晋司徒魏舒之女魏华存与众仙真降临茅山，授弟子杨羲《上清真经》，杨羲用隶书写出，又传于和自己结为神明之交的护军长史许谧父子，形成道教中著名的上清派系，以后再经陶弘景的弘扬，演为茅山一派，世称“茅山宗”[1]。

因有神仙的治理与光降，茅山就此摇身一变成了仙境，前来访仙者络绎不绝，住在附近的道教世家更是捷足先登。上述许谧父子是丹阳郡句容县的名门士族，与同县同乡的葛洪世为姻亲，和同郡陶氏即陶弘景祖上也累世通婚，他们在茅山建起别墅，专心研经修炼，陶弘景《许长史旧馆坛碑》所谓“爰暨东晋，二许怀真。裁基浚井，栖道接神”，即是他们当日访仙的实际写照。许谧兄许迈与王羲之为方外之交，也常“往来于茅岭之洞室，放绝世务，以寻仙馆”[2]。大茅峰北抱朴峰，传说是葛洪修真的地方，有炼丹井。永明十年（492年）陶弘景挂官归隐，也选中这里为修道之所，尝谓“此山下是第八洞宫，

[1] 见陶弘景《真诰叙录·真经始末》。又《云笈七签》卷四《上清源流经目注序》谓：“汉孝平皇帝元始二年九月戊午，西城真人以《上清经》三一卷，于阳洛之山，授清虚真人小有天主王襄，襄以晋成帝之时，于汲郡修武县授紫虚元君南岳夫人魏华存，华存以咸和九年，岁在甲午，乘飚轮而上天，去世之日，以其经付其道脱，又传杨先生讳羲。羲生有殊分，通灵接真，乃晋简文皇帝之师也。杨君师事南岳魏天人，受《上清大洞真经》三一卷，至晋孝武帝太元十一年，岁在丙戌升仙。”

[2]《晋书·王羲之传》。

名金坛华阳之天”，故自号“华阳陶隐居”，并以山中曲林馆为“华阳下馆”。由其《茅山曲林馆铭》所描写的“层岭外峙，邃宫内映。仄穴旁通，萦泉远镜”可知，那里景致幽寂，确是游仙的胜处，所以历代来此访仙的道教徒，从唐吴筠、赵贵真、宋刘混康，一直到清郭长彬等不可胜数。唐以后随茅山派鼎盛，山中宫观日多，峰麓掩映间，逶迤达二百余处，较著者有万福宫、万寿宫（由曲林馆改建）与万宁宫，后者因藏有宋哲宗赐刘混康“九老仙都印”，又称“印宫”。

北方道教徒着力编派和神化的是终南山。终南山堪称道教史上影响深远的楼观派策源地，茅山地处建康附近，位置重要，终南山则距北方政治文化中心长安不远，对城中上层社会的信道求仙者很有吸引力。当然，这种吸引力还需要神仙传说的支撑。为此，楼观道士竭力仙化此山，说周朝时就有函谷关令尹喜在该山北麓“结草为楼，观星望气”，并随老子出关西去。《历世真仙体道通鉴》尝记其受《道德经》后，“乃于草楼清斋，屏绝人事，三年之内，修炼俱毕，心凝形释，无有饥渴，不畏寒暑。穷数达变之微，形一神万之旨，悉臻其妙。乃自著书九篇，号《关尹子》”，后世称为《文始真经》，其人因此被称为“文始先生无上真人”。周穆王追仰仙踪，西巡至此，重葺楼观。以后尹轨、杜冲等十余辈道士“仰道德为生化之源，宗神仙为立教之本”，纷纷前来，最后皆修炼成仙。因此楼观成了“天下道林张本之地，自文始上仙之后，登真之士，无世无之。阅诸仙史，不一而是”[1]。

魏晋时北方道教徒更多来此。有梁堪在山中幸遇太上老君遣降尹

[1] 见陈国符《道藏源流考·楼观考》所引《楼观先生本起内传》及元人朱象山《终南山说经台历代真仙碑记》，中华书局1985年版，第235—261页。

轨，授予炼气隐形法与水石还丹之术，便隐居此山，最后丹成，能飞行变化。还有王嘉原隐于东阳谷，凿崖穴居，弟子受业者数百人，亦皆穴处。后“弃其徒众，至长安，潜隐于终南山，结庵庐而止”，师事梁堪，因门人闻至，才又迁于倒兽山。[1]北魏道士尹通据称是尹轨后裔，当天下寇难纵横，通履艰危，冒险至终南山，师从王嘉再传弟子、传能役使万灵制御群邪的马俭，北魏太武帝好道，钦闻其名，遣使致香烛以建斋行道，于是四方效法，进山请谒者不绝，楼观派由此走向兴盛。隋唐鼎革之际，又与李唐皇室建立了特殊关系，故在整个唐代与上清派同受崇奉，终南山也因此成了京师王公贵戚修真的胜地，玄宗妹玉真公主就在山中立有别馆，道教徒更是涌往此山访仙隐真，唐人诗集中，因此常常可以读到访终南山某道士之类的诗作。后来钟离权在此得《灵宝经》悟道，又于长安酒肆巧遇落第士子吕洞宾，见其才堪造就，授予道术秘法。吕即携家入山，修成鹤发童颜，步履如飞，世人叹为神仙。钟、吕二人的事迹史籍记载极少，民间传说却夥，以至于最后被列入“八仙”，终南山受此沾溉，神光仙影尤胜于前。

以后，随道教传播地域的扩大和游仙风潮的炽盛，到隋唐时，一个由道教名山推衍出的仙境系统、即洞天福地遂被隆重推出。[2]据道经的说法，“神洲者，中国也，王者居之，为域中之大。其中人民修行正道，升而为仙真。上有十大洞天，三十六小洞天，七十二福地，并

[1]《晋书·王嘉传》。

[2] 洞天福地的观念形成于东晋前，其时《道迹经》、《真诰》均已提及“十大洞天”、“地中洞天三十六所”，前者并还引及《福地志》、《孔丘福地》等道书。又，《敷斋威仪经》也记有“二十四治、三十六靖庐、七十二福地、三百六十五名山”，后《崆峒问答》又称“五灾不染谓之福地”。然其始臻完整，端在唐时，不唯名色趋于整赡，而且列出了领治的仙人，如洞天由上仙统治，福地由真人统治等。

仙官治之。洞天之中有五山，亦谓之五岳，作中国之镇。”[1]其他多以名山为主，兼有山水。道教认为此中皆有仙人主治，众仙所居，道士来此修炼或请乞，可得道成仙。“洞天”意指山中有洞室可通上天，并贯通诸山。《紫阳真人内传》谓：“天无谓之空，山无谓之洞，人无谓之房也。山腹中空虚，是谓洞庭；人头中空虚，是谓洞房。是以真人处天处山处人，入无间，以黍米容蓬莱山，包括六合，天地不能载焉。”时五岳及名山皆有洞室，署名司马承祯《天地宫府图》对这一百十八个“洞天福地”作了具体介绍，这里仅举“十大洞天”为例以窥一斑：

> 第一王屋山洞，号小有清虚之洞天，西城王君治之。
> 第二委羽山洞，号大有空明之洞天，青童君治之。
> 第三西城山洞，号太玄惣真之洞天，上宰王君治之。
> 第四西玄山洞，号三元极真之洞天。
> 第五青城山洞，号宝仙九室之洞天，青城丈人治之。
> 第六赤城山洞，号上清玉平之洞天，玄洲仙伯治之。
> 第七罗浮山洞，号朱明辉真之洞天，青精先生治之。
> 第八句曲山洞，号金坛华阳之洞天，紫阳真人治之。
> 第九林屋山洞，号左神幽虚之洞天，北岳真人治之。
> 第十括苍山洞，号成德隐玄之洞天，北海公涓子治之。[2]

[1]《灵宝无量度人上经大法》卷四，《正统道藏》洞真部方法类。

[2] 其中句曲山及第三十二小洞天良常山和第一福地地肺山都指茅山，它在大洞天、小洞天、福地三者中均占一席，殊属绝无仅有，可见构造这一仙境系统的即使不是司马承祯，也是唐时正处鼎盛期的茅山道士所为。

这些洞天被说成处大地名山之间，是上天遣群仙统治之所，也是群仙居住的仙境。到洞天访仙自然有望得到仙人的点化，羽化登仙也可能从这里开始。就这样，从海外三岛十洲到世间洞天福地，道教徒承袭方士的遗教，终于完成了仙境的移植。再看五代道士杜光庭所编录的《洞天福地岳渎名山记》，将天上、海中与山里各种仙话集录一处，首仙山，次五岳，再次之以五镇海渎、精庐灵化，虽穷极神仙幻窅之言，而仍不脱俗世践履，更使仙境从虚无缥缈的天上彻底落实到了人间。作为信仰的归宿，它为人们敞开了大门，从而吸引更多的信众。而道教徒来此访仙，建神祠，设丹灶，反过来也益添其仙气，增其神秘。

从前面引文可以看到，列在三十六小洞天中的五岳，被道教徒赋予“作中国之镇”的崇高地位，许多著名道士都曾在那里留下访仙的踪迹。如泰山长春观据说是丘处机女弟子訾守慎修真之处，华山四仙庵相传存谭紫霄、马丹阳、刘海蟾、丘处机修炼之迹。衡山降真观是司马承祯曾经访仙的地方，九真观西面还有他的药岩。而张果在恒山的通元谷隐居修仙，潘师正则在嵩山的逍遥谷盘桓修道历二十余年。

宋元以后，南北教派归汇于正一、全真麾下，道教徒遂对两大道派的祖庭——龙虎山和终南山加以神化，添出不少教祖成仙的神话，从而使之成为游仙者趋之若鹜的胜地。自楼观派衰落，再经蒙金战火，终南山昔日的神光本已黯淡。后来因王重阳而使该山重新名声大噪。据《终南山重阳祖师仙迹记》、《青莲正宗记》等文记载，王重阳文武双全，因怀才不遇，隐修终南。后声称遇仙人授口诀，遂筑墓穴居，由此印证了内炼真诀[1]，三年后毁墓出迁刘蒋村，已是另一番气象。再

[1]《重阳全真集》卷三《换骨骰又》：“幼慕清闲，长年间，便登道岸。上高坡，细搜修炼。遇明师，授秘诀，分开片段。”

后传道山东、河南等地，先后收马钰、谭处端、刘处玄、丘处机等七位弟子，世称“北七真”，创全真教。不久率上述四人返陕传教，途中无病而逝。由于遗体被运回刘蒋村埋葬，该村由此成了全真教的“祖庵”，建起宫观，后改名为“重阳宫”。终南山就这样因王重阳的“道满于天下，名闻天下”[1]，重新热闹起来。以后规模日益扩大，殿堂楼阁五千余间，引来朝拜游仙的道士络绎不绝，极盛时竟达万人。

龙虎山在今江西贵溪县境内，本名云锦山，因山峰相连，如龙环虎抱，势不相让，又传张道陵在此炼龙虎大丹，有青龙与白虎出绕其上，故得名。山中有驻仙岩，是张道陵得仙人异书之地，另还有丹井、丹灶、飞升台等遗址。《汉天世师家》及《上清龙虎山图序》等史志记载，张道陵孙张鲁晚年曾嘱四子张盛，称龙虎山祖师玄坛在焉，其地天星照应，地气冲凝，神人所都，丹灶秘文藏诸岩洞，汝可以印剑经箓，往居其地，修炼累功，广宣吾化，永传于世。张盛遂移居此山，在张道陵所筑玄坛旧址建起传坛。至唐时，其炼丹修道的草堂遗址上又建起规模弘大的上清宫，成为天师道祖庭。元后天师道改称正一教，取正以驱邪、一以统万之意。[2]鼎盛时道徒在山中大兴土木，一时如正一观、乾元观、玉清观、冲玄观等处香火均极旺盛，加之山中风光绮丽，遂有“胜蓬莱”、“仙人城”之称，而山壁石刻如“仙踪缥缈”、“仙若环翠”、“半天仙迹”、“神仙可接”等，也足以增人仙梦，让人想见当日访仙者的盛况。[3]

---

[1] 金源琦：《终南山神仙重阳真人全真教祖碑》，李道谦《甘水仙源录》卷一。

[2] 张继宗：《崆峒问答》：“何谓正一？正者不邪，一者不杂。正一之心则万法归一，故曰正一。”

[3]《龙虎山志》卷三《艺文》：“龙虎山历魏晋唐宋，代有褒崇，若山川之胜，宫宇之丽，人物之繁，仙迹之异，道行之神，爵望之显，代之慕拟歆艳者，或美之于诗文，垂之金石，传递一千余载。”

另外还有一些名山，因了教徒附会的传说，也成了神秘的仙境，招引来很多的信众。如东临大海的崂山，相传有秦始皇曾来此登望蓬莱仙境，《史记》所载秦始皇数次巡临海边，似为其作了最好的注脚。以后道徒纷至沓来，自期或能运压秦皇，幸遇神仙。据《崂山纪闻》记载，唐李遐周、宋刘若拙、元丘处机、明孙紫阳等都先后到访，历代建造的宫观更是遍布全山，有“九宫八观七十二庵”之目，除最著名的太清宫外，还有建于宋朝的太平宫与神清宫。前者正殿上题有“海上宫殿”四字，足以让人联想起海上仙境；后者有长春洞，据说是丘处机修道处，其所刻写的“访道山”、“游仙仓”等字迹，也与潜修中道徒们的心思相合。

再如武当山，相传真武大帝在此修炼了四十多年，功德圆满后飞升成仙。道徒们以为非真武不足以当此，故称此山为武当山。到此山访仙的人也很多，据元刘道明《武当福地总真集》记载，晋谢允曾上武当石室修炼，几年后便悉得仙术之妙。南朝刘虬入山辟谷，不久也修炼成仙。唐末五代，吕洞宾游及此山。崇道的宋真宗因边境屡受辽金侵扰，特别尊奉四方神中主北方的真武，封其为“镇天佑圣真君”，真武信仰自此渐盛，武当香火也由此日盛一日。元明之际，张三丰来游，见山中五龙、南岩等宫观皆毁于兵火，遂与弟子“去荆榛，辟瓦砾，创草庐居之”，并预言“此山异日必大兴”[1]。他后来离开武当，到宝鸡金台观修炼，死而复活后以至虚至灵的功夫神游天下，明初复入此山。道徒因此四出传闻，离奇编派，使之俨然成了该山的活神仙。太祖听说后派人前往寻觅，未遇而还。[2] 成祖夺位后迁都北京，也求护佑于真武大帝，在

[1] 见《明史·张三丰传》。
[2] 见任自垣《敕建大岳太和山志》与何乔远《名山藏》。

京城建真武庙以示崇奉；又遣使往修宫观，费时七年成八宫二观，天柱峰顶太和宫尤为金碧辉煌。他还派胡濙历十年到处寻访张三丰[1]，数年不遇，遂将其结庐处会仙馆扩建为遇真宫，用紫铜铸造其像，后又移至元和观。[2]此后，武当成了访仙的胜地，宫观遍布七十二峰、三十六岩和二十四涧，道士云集，形成名动至今的武当派。

道教徒还对峨眉山、庐山和武夷山等予以神化。这些名山风光之美固然可拟仙境，矿藏与药草丰富也适合人学道游仙，故被当然视作仙人留驻的圣地。道教徒设想仙人在这里自在地生活，食翠芝朱英，住瑶堂瑰室，行更是无拘无束，间或林间石上对弈，月下梅边吹笛，坐听松风，目送飞鸿。所以其游洞天，访福地，自不会忘了来此追踪仙迹，以觊永寿之福。

如南朝著名天师道宗师陆静修少习儒业，成年后背妻别子，往云梦山隐居修道。以后不远千里造访异人，受秘诀后又漫游四方名山，曾南诣衡湘、九嶷，访南真魏华存遗迹，又西至峨嵋、西城，寻清虚真人王褒之高躅，最后爱匡阜之胜，筑精庐居于庐山，是为"简寂观"[3]，唐以前一直是庐山乃至南天师道最大的修炼场。隋朝道士卢太翼先是隐于白鹿山，数年后徙居林虑山茱萸涧，后因请业者每自远而至有碍清修，去至五台山，"与弟子数人庐于岩下，萧然绝世，以为神仙可致"[4]。五代时的郑遨初入嵩山为道士，闻华山中有五粒松，松脂入地千年化为仙药，遂往修道，朝廷征之不起，后被赐号"逍遥

[1] 见《明史・胡濙传》。

[2] 对明成祖此举，历来说法不一。有以为成祖怀疑建文帝隐身武当，故借此搜寻之。见王鏊《震泽纪闻》、陈建《皇明通纪法传录》和郑晓《今言》。但自永乐十五年（1417年）有疾多不能出，始多为致仙明矣。

[3] 见《三洞珠囊》卷八引《道学传》。

[4]《隋书・艺术传》。

子”[1]。明清时，尽管正一、全真两教的宗趣戒规有别，但好漫游名山的修仙方式则如出一辙。如平湖松麈山房道士郭长彬少小出家，游句曲与龙虎山，习得正一教五雷仙法后，又“访道名山，踪迹遍天下”[2]。龙门派第十四代传戒律师白复礼也是年轻时出家，先东游至两峪山，静坐数年未得收效，后云游至道华峰，又关内浴水观，最后“证虚无之妙道，究金丹之正理”，“闭关三载，羽化登仙”[3]。

在人间羽化登仙当然是道教徒的夸张，从某种意义上说，他们的游仙访仙不过是在追求自己的想象，同时也想象自己的追求而已，又仿佛践行一个永远无法摆脱的循环，让虚缈的想象驱使自己作执著的追求，再由执著的追求竟刺激出更加窈杳不着边际的虚缈想象。如此循环往复，如雪球越滚越大，随着想象的增加，追求也越来越炽烈，因为有信仰的支撑，要其从深陷中摆脱，几无可能。

齐梁时有道士邓郁，曾为梁武帝合过丹药，尝访仙至衡山，在峻岭上建两间小屋隐居修真，并断谷三十余年，日日唯以涧水送服云母屑。一日见神仙魏夫人带三十名“色艳桃李，质胜琼瑶”的仙女乘云降临，谓“君有仙份，所以故来，寻当相候”。几年后又有两只青鸟鼓翼鸣舞，移晷方去，即谓弟子：“求之甚劳，得之甚逸，近青鸟既来，期会至矣。”不久果然无病而终。当其死，山中香气馥郁。[4]但事实究竟如何？相传魏华存曾在衡山修道，山上黄庭观即因其所传《黄庭经》得名。她被上清派奉为始祖，在南朝道教徒心目中是一位度世的神仙，《黄庭经》提出的存想修炼也成为当时主要的修仙术。

---

[1]《新五代史·郑遨传》。
[2]《清稗类钞·方外类》。
[3]《太上律脉龙门正宗》。
[4]《南史·邓郁传》。

邓郁忽见魏夫人降临，显然是存想至极后产生的幻觉。他衡山访仙三十年，实际是痴迷地存想了三十年，最后把幻觉当做真实，在想象中寻到了归宿，或也算得偿所愿。

北魏道士寇谦之的例子更为典型。他早年就有绝俗之心、神仙之好，虽饵药无效仍坚持不懈。他的虔诚令神仙感动，于是派下一位谪仙成公兴赶来点化。成公兴带他游访华山、嵩山，指点洁斋服食隐真修炼之法，到由凡入仙的关键时刻，关照他人来送药便服之，务勿疑虑，但他见拿到的都是毒虫臭恶之物，还是惊而弃之。成公兴闻后感叹："先生未便得仙，政可为帝王师耳。"[1]剥落这则记载的玄幻色彩，可以发现道教徒编派的痕迹。尤其值得玩味的是，寇谦之求仙功亏一篑，表面看是因持信不坚，但他既以学道至诚感动神仙，当不至此。对毒虫臭恶的恐惧，与其说因信念软弱，不如说是因想像力的缺乏，他以一种现实的态度对待仙药，受蔽于表面的污秽而最终导致求仙受挫，多少说明仙教的乖违日常与脱离世情。当然，在道教徒看来，别人错过成仙的机会，并不等于自己也会以失败告终，所以这样的故事更加激发其求仙的热忱。再说，寇谦之也并没因一时受挫而灰心丧气，反"受志嵩岳，精专不懈"，以致精诚再次感动上仙，太上老君在仙人玉女簇拥下，乘云驾龙而降，授他天师之位，要他清整道教，除去伪法，又令仙官十二人传以服气导引口诀。经过多年修炼，他气盛体轻，颜色殊丽。以后又有武帝时得道的神仙带着赤松、王乔辈来嵩山赐劾召百神的《天中三真太文录》，命他辅佐北方泰平真君，同时授以销炼金丹、云英、八石、玉浆之法，与随同来的诸仙结为徒友。显然，这种令后世道教徒艳羡不已的幸遇，也多半出自修炼精专产生的幻觉。

[1]《魏书·释老志》。

以后，为了超登真仙，他把北魏太武帝奉为“神武应期”的“太平真君”，力劝其“当以兵定九州，后文先武”，又建议“应登受符书，以彰圣德”。即便临死，还期盼着“仙官来”。当晚口中气状如烟云，升至天半乃消；尸体引长三日后始稍缩，弟子都以为他尸解化仙了。

邓郁和寇谦之的死都被后来道教徒想象为美好的仙去，他们热衷于制造这类神话，又转而在其刺激下更沉迷于苦志参玄学道游仙，有的甚至为此差点掉了脑袋。《魏书·释老志》记载了一个名叫罗崇之的道士，自称曾在中条山受道学仙，常饵松脂，不食五谷。他效法寇谦之，从名山游仙到京城，尝谓太武帝中条山有一洞天与昆仑、蓬莱相通，入此洞天则仙人可致。太武帝令其试行之，哪知才行百多步便到了尽头，有司因其诬罔，欲治其罪，幸好太武帝宽容，才保全了性命，道教徒对洞天福地的沉迷于此可见一斑。后世像这样的人也多，如宋徽宗时林灵素与明世宗时的段朝用皆属此类。当然，大多数尚能忏真养性，山中终老，并安受“烟客”、“神仙”的尊称。[1]这自然是道士的本分，也或许是其修道的报偿。

养气炼丹与修仙法术

访仙多少有点外求奇遇的味道，而神仙信仰如同其他宗教，尤需

[1]《三洞奉道科诫》分道士为六种境界：“一、天真道士，二、神仙道士，三、山居道士，四、出家道士，五、在家道士，六、祭酒道士。”《道门通教必用集》卷一引《出家因缘经》称“道士，凡有七阶。天尊言：一者天真，谓体合自然，内外纯静。二者神仙，谓变化不测，超离凡界。三者幽逸，谓含光藏辉，不拘世累。四者山居，谓幽潜学道，仁智自安。五者出家，谓舍诸有爱，脱落嚣尘。六者在家，谓和光同尘，抱道怀德。七者祭酒，谓屈己尘凡，救度危苦。”较前者多出“幽逸”一阶，似较“出家”更显高蹈，离名山胜迹更近而离俗世一切更远。又，民间尚有“火居道士”和“游方道士”之称，前者指正一教有妻室不住宫观的道士，后者则泛指四出寻真问道者，其自多出家，好幽逸无疑。

内在修行。因此在道教徒的游仙模式中，占据核心地位的始终是修仙，这构成了道教特有的修为系统，而周历名山的访仙无法脱离这一系统独立存在。

根据道教的教义，神仙只度诚心向道之人，长期不懈的修仙是虔心向道的证明，有了这一前提，人才有可能感动神仙显灵，得到度化。而所谓度化，主要是指成仙秘诀的赐予，至于要真悟得道法精髓而证成仙身，拜师固然重要，道教认为若不受师，则道不降，但落实到最后，还得靠自己的修炼，且非如此不能坐望其效。历代道教徒和求仙游仙者对这一点深信不疑，并不折不扣地予以执行。如果说他们访仙是出自一种精神性的幻想，那么修仙则是具体而切实的践履。

道教修仙与一般宗教修行不同，后者着落在人的精神层面，追求的是灵魂的净化与升华；而前者则在神仙信仰支配下，以人的身体为对象，追求的是对肉体生命的超越。以人体自身为修炼对象，须建起这样一个基础，即对人自身的生理构造和机能有充分的认识。说到对自身构造和机能的了解，中国古代医学应该说已积累有一些直观的经验，但由于羼杂太多神秘的巫术成分，远没有形成科学的体系。而且就是到今天，人类对自身的认识还有许多空白，修仙能否完成对生命的超越，是一件尚待未来科学证明的事情。然而古代道教徒们出于虔信甚或迷狂，却对此坚信不疑，并引入一些具有直观疗效的医疗方法，将之改造成修仙的法术。

古代中国人的医疗方法不外二途：积极的与消极的，或内在的与外在的。前者依靠人体自身的养炼，通过增进体质达到祛病消疾的目的；后者借助药物来增强人体抵抗力，从而克病驱疾。修仙法术也因此分为两大类：内在的养气与外在的炼丹。依前所述，在中国人追求超越生命的历史上，这两类法术的萌芽早就产生。

养气观念源于远古宇宙生成论哲学，“气”一直被中国古人视为人的生命本原，所谓“夫人生于地，悬命于天，天地合气，命之曰人。”[1]人由天地阴阳二气交媾而生，二气失调则病，二气丧离则死，养气便是和合阴阳，由此获得生命力的补充，延年益寿，甚至长生不老。基于认知水平，这样的观念在古代得到人们普遍的认可，以后并产生许多匪夷所思的神奇记载。前引《庄子》、《楚辞》中的真人食气，以及战国玉佩上论述行气的铭文，都是最好的佐证。从逻辑上说，当一个人光靠自身养气无功，才会求助于药物等外力帮助，后来道教在论述两者关系时，引《上清洞真品》，称“人之生也，禀天地之元气，为神为形；受元一之气，为液为精。天气减耗，神将散也；地气减耗，形将病也；元气减耗，命将竭也……元神元气，不离身形，故能长生矣”又说“夫修无为入真道者，先须保道气于体中，息元气于脏内。然后辅之以药物，助之以百行，则能内愈万病，外安万神，内气归元，外邪自却，却灾害于外，神道德于内，内外相济，保守身命。”[2]正是透露出这样的思路。但事实上，最早的仙药并不是作为养气的辅助手段而出现的，它来自于一个更古老的源头——原始宗教神话，故很早就独立成为一种求仙术，《山海经》、《韩非子》中有不死药的传说，先秦方士汲汲于出海寻求仙药，均是其中的显例。

炼丹与养气这两类异源的方术，在两汉似乎还泾渭分明。执著神仙信仰的多沉迷仙药，如为武帝求仙的方士就醉心寻药，刘安手下的术士热衷烧炼，成帝时谷永上书批评仙道，也只举服食、金丹与变化等术而不及养气。而崇信黄老之学的则很少涉足服药，如曹参、汲

[1]《素问·宝命全形论》。
[2]《元气论》,《云笈七签》卷五六。

黯、任隗、樊瑞等人，史传都记载他们清静寡欲，这或与其人善行养气有关，因为养气正需排除杂念，专注守静。矫慎的例子更为典型，他“少好黄老，隐遁山谷，因穴为室，仰慕松、乔导引之术”[1]。汉以后史家大多受道仙合流的影响，将养气术与神仙相挂连。但纵是如此，仍可清楚地看到信奉黄老者大抵都重导引养气之术。

汉末道教酝酿形成过程中，养生与游仙活动开始融合，养气遂被纳入修仙法术。当时一大批方士就神仙信仰来说与道教徒已无二致，他们中许多人修仙时就行养气之术，如王真“行胎息胎食之法”，郝孟节“能结气不息”，郗俭“善辟谷”。还有的两者兼修，如鲁女生既“绝谷八十余年”，又“采药嵩高山”；甘始既“能行气导引”，又自言“尝与师于南海作金”。一代名医华佗尤“晓养性之术”，古代医道本就与养气、丹药之类的方术有密切的关联，精通医术者大多善道术，华佗因此很相信神仙之说，认为“古之仙者，为导引之事，熊颈鸱顾，引挽腰体，动诸关节，以求难老”，故创“五禽戏”以助导引养气。听人说山中仙人服食青黏有益精气，即据以制成“漆叶青黏散”，让人“久服去三虫，利五脏，轻体，使人头不白”，自己则“年且百岁而犹有壮容，时人以为仙”[2]。这里服食轻体使人想到羽化飞升，而用以养生的导引行气尤能达成仙化的目标。

后来道教徒追寻古仙踪迹，为求不老登仙，不管养气还是炼丹俱照单全收，再不严格判分。当然，由于两类法术在来源与展开方式上存在着差异，一内修而求诸己，一外炼而依于物，人们对它们的沉迷程度还是有所不同。

---

[1]《后汉书·矫慎传》。

[2]《后汉书·方术列传》，又见《三国志·方技传》及裴松之注。

养气，包括相关的辅助手段如导引、胎息、辟谷、守静等，最先只是古人强身健体的锻炼术，现代气功名目繁多，与之本质差同。气功的健身机制至今还未完全得到科学证实，因而带有一些神秘色彩。以今天的眼光看，它与中医、《易》学一样，固然都含带东方文化的神秘，但决非宗教的鬼魅。然而道教却把两者糅合在一起，在古代气功的哲学义理与医学原理中塞进神仙信仰，并为此编派出许多古仙导引辟谷的仙话，由此养气之效被吹嘘得玄之又玄，诸如只要“爱其形，保其神，贵其气，固其根”，便可“终不坏死，而得神仙，骨肉同飞，上登三清”[1]。从原本的强身健体到可以轻举飞升，从延年益寿到可以长生不死，直至贯通到登仙之上，成为一种修仙的法术。既是法术，其非理性成分的膨胀就变得不可避免。

养气首先需要静心，只要心静，无处不可养气。汉时黄老学者清静寡欲，大多在家安身养气，未闻一定得隐遁山林。唯矫慎“隐遁山谷，因穴为室”，史书谓其“仰慕松、乔导引之术”，后又说其死后被人在敦煌撞见，“故前世异之，或云神仙焉”，显然是出于后世道教的仙化，也透露了道教徒炼此术的目的及所规定的特点。既是修仙就得逼真，神仙常处远离人烟的深山幽谷，“餐六气而饮沆瀣兮，漱正阳而含朝霞”，因此他们干脆隐遁山林，离群索居，又断绝烟火，不吃五谷，此所谓“辟谷”；饮吸风露，饱餐天地元和之精，此所谓“食气”。如晋道士张忠隐于泰山，“其居依崇岩幽谷，凿地为窟室”，在山中“清虚服气，餐芝饵石，修导养之法”；王嘉“隐于东阳谷，凿崖穴居”，在谷中“不食五谷，不衣美丽，清虚服气，不与世人交游”。他们醉心于这种与世隔绝的修仙生活，长期辟谷食气，就是期

[1]《洞玄灵宝自然九天生神章经》卷一，《正统道藏》洞玄部本文类。

待有朝一日能轻身纵体，白日飞升。可惜这一天很难等来，张忠最终病卒于道中，而王嘉则死于姚苌之手。[1] 以后邓郁“断谷三十余载，唯以涧水服云母屑，日诵大洞经。”[2] 徐则“绝粒养性，所资唯松木而已，虽隆冬沍寒，不服棉絮。”[3] 照样心甚虔诚。

隋唐时虽炼丹术盛极一时，但辟谷服气也极流行，许多道教徒深信“深息以为寿”，在山中幽独地养气。如徐则“怀栖隐之操”，先后在缙云山与天台山“绝谷养性，所资唯松水而已”；宋玉泉、孔道茂和王远知等人“亦行辟谷，以松水自给”[4]。潘师正隐居嵩山二十余年，“但服松叶饮水而已”，当唐高宗召问“山中有何所须？”答以“所须松树清泉，山中不乏。”王希夷曾在嵩山从师学道四十年，“尽能传其闭气导养之术”，后隐居徂徕山，与刘玄博为栖遁之友，也“饵松柏叶及杂花散”[5]。或以为道教徒之所以钟情于此，与这种修仙较易使他们体验到一种超越尘俗的出世风范，由此更陶醉于成仙的幻觉中有很大的关系。其实，它与游仙所追求的长生目的也存在紧密的对应关系，除山涧泉水极富矿物质和微量元素外，松叶有溶解人体内老化物质，调整促进身体组织机能的功能已为现代医学所证明。

以上这些人可谓道教徒中的高士，但对大多数急于想成仙的道教徒来说，靠辟谷食气的内修实在太缓慢了，所以汉唐以降，迷恋炼丹术，企图借助金丹之力一步登天的人在在多有。只是在尝够了中毒之

[1] 见《晋书·隐逸传》与《艺术传》。
[2]《南史·隐逸传》。
[3]《北史·隐逸传》。
[4]《隋书·隐逸传》。
[5]《旧唐书·隐逸传》。

苦后，才重新发现养气术不假外物的价值，并尊其为内丹学而力加提倡，但这已是到五代宋初的时候了。

内丹学兴起之后，各派理论纷呈，南北二宋，东西两派，有主自身清修的，也有主阴阳双修的；有倡言先性后命的，也有人推尚先命后性。此外还有男丹、女丹之分，渐门、顿门之别，足证道教徒对养气说的浓厚兴趣。同时，如前已指出，这些理论还好转用外炼术语，并越转越玄，越说越神秘，遂将一种对金丹仙药的沉迷挟带进来，养气术至此成了可识可致的灵丹妙药。

仅以《宋史·方伎传》为例，所载道士几乎个个都善此术，如苏澄隐告太祖自己的养生之道“不过精思炼气尔”；丁少微“善服气”；贺兰栖真“善服气，不惮寒暑，往往不食，或时纵酒，游市廛间”；柴通玄“善辟谷长啸，唯饮酒”；甄栖真七十五岁遇异人授炼形养元之诀，“行之二三年，渐反童颜，攀高蹑危，轻若飞举”，死久形体如生，传为尸解仙去。时道教传播日益深广，许多道教徒散入民间，饮酒游市，已不再静心独处，也不再陶醉于松叶清泉间，唯对成仙仍然痴迷，甄栖真的奇遇，实际上反映出时人企图将生理上的神秘体验立刻证成神仙境界的轻躁心态。[1] 不过遗憾的是，他们最终得到的也只是一个死后成仙的虚幻安慰而已。

全真教崛起后，内丹学更加风靡，“全真”两字被视为是对内修精

[1] 一般来说，道教反对饮酒，《修真十书杂著》卷二二《劝道歌》中就有“乱性多因纵酒，损真慎勿伤茶”之说，南宋王庆升《三极至命筌蹄》论“修丹十戒”，第五戒即为禁酒，刘词《混俗颐生录》更对纵酒过度之害有详尽的论述。但酒为百药之长，其“养疾扶衰”之效也早为其所认识，故《中经》引韩融元长之语，谓“美物难将而易过，养性所宜慎之”，具体则力主宜缓喝暖喝，并勿空腹伤风，此苏轼《闻钱道士与越守穆父饮酒》诗有“龙根为脯玉为浆，下界寒醅亦漫尝。一纸鹅经逸少醉，他年鹏赋谪仙狂。金丹自足留衰鬓，苦泪何须点别肠。吴越旧邦遗泽在，定应符竹付诸郎”句。然狂饮滥醉，以形癫而拟真，在求仙末道中间见流行，终究可见宋以降风气之变化。

髓的概括，《正统道藏》太玄部收《晋真人语录》即谓："夫全真者，合天心之道也，神不走，气不散，精不漏，三者俱备，五行都聚，四象安和，为之全真也。"南宗五祖白玉蟾的再传弟子李道纯也说："所谓全真者，全其本真也。全精、全气、全神，方谓之全真。"[1]至于如何做到"全真"？邱处机说得简切，"吾宗惟贵见性，而水火配合其次也"[2]。王重阳大弟子马钰也指出："要道之妙，不过养气"，方法也很简便，不过"节饮食，绝思虑，静坐以调息，安寝以养气"，如此"清静无为，逍遥自在，不染不着"，"不出户庭而妙道得矣"[3]。这种无须遁入空山断绝烟火的修仙方法，一下子吸引众多道教徒沉迷于静坐调息，安寝养气，有的还清茶淡饭，昼夜苦修。不过要积行累功、功行两全殊属不易，尤其"绝思虑"一项看似容易，真正做起来并至于"灭情于虚，宁神于极"，实在比登天还难，有时妙道未得，反而弄得气血凝滞，骨瘦如柴。

有鉴于这种薄滋味以养气，去嗔怒以养性，又视酒为乱性之浆，肉为断命之物的清修太过辛苦，明清时有人提出了以阴阳双修补一己孤修的新说，认为"金丹之道，必资阴阳相合而成"，男女两性可当"大丹之药物"。其实这个主张在道教修仙史上并非新出，修仙术中本就有房中一派，汉魏时甘始、左慈之流都曾修过"容成御妇人法"。后寇谦之清整道教，为迎合礼法，才将"男女合气之术"视作"三张伪法"剔除出去。明后期朝野好货好色，肉欲横流，浮靡世风激荡下，道教徒重又拾起此术，并元代双修派传人陈致虚等的功法，将之纳入内丹功法，将阴阳相须、铅汞相合解释为男女精气的栽接贯通，所谓

[1]《中和集·全真活法》，见徐兆仁：《天元丹法》，中国人民大学出版社 1990 年版，第 45 页。
[2]《邱祖语录》，赵卫东辑校：《邱处机集》，齐鲁书社 2005 年版，第 153 页。
[3]《丹阳真人语录》，《正统道藏》太玄部。

“男女阴阳之道，顺之而生人，逆之而成丹”[1]，“内炼已者，将彼家之铅，养我家之汞也，使其相克相生也”[2]。尽管不能说尽出诬妄，但用来修仙终不着调。由此一端，也可见道教徒内功修仙的迷乱。

不过平心而论，养气是一种内求诸己的自身锻炼，说它能致仙固然是道教徒的幻设，但要说它能延年益寿却是确实的。故上面提到的那些道士大多得享高寿，如张忠“年在期颐”，徐则八十二岁，王远知一百二十六岁，潘师正九十八岁，王希夷受唐玄宗召见时已九十六岁，苏澄隐“百岁而卒”，丁少微“年百余岁，康强无疾”，贺兰栖真“自言百岁”，柴通玄也“年百余岁”。相比之下，外丹修炼者为游仙拿自己的生命作赌注，就显得不够理性。尽管制造仙药并不比寻觅它少一点虚妄，他们仍对此心存侥幸，甚至自信满满，是因为基于某些直观的经验，如自然界有些草木土石可合药以治病救命强身延寿；有些矿物质和金银铅汞历经沧桑却恒久如初。道教徒从这种直观经验中获得启发，并相信只要把矿石炼入药中，人服食后便可吸收药性，获得坚久的物性而长生永固。此《周易参同契》所谓“金性不败朽，故为万物宝。术士服食之，寿命得长久”。这种直观的类比推论，从中国人传统的思维习惯来看并不显得有多少荒谬，而且“七方”、“十剂”等医药方剂配伍学和矿物学的相关知识，也确实为其功效的实现提供了一定的可操作性。不过，这里有一个必需的前提常为其人忽略，即矿石“不败朽”的物性到底能否被人体吸收，又多大程度能为人体吸收，并进而转化为生命的属性。他们甚至忘记一个危险的事实，即有些矿石含有对人体有害的毒性，过量吸收必将事与愿违。

---

[1] 陆西星：《方壶外史》卷八《金丹就正篇》。

[2] 李涵虚：《道窍谈》第五章《养己炼己》。

隋唐时，长白山元阳子在《古文龙虎经》中提到“玄女演其序”[1]，称玄女是外丹鼻祖，在元始天尊之后就试行其事。作为黄帝之师金母元君的弟子，她在民间广受推崇，以至《水浒传》有“还道村受三卷天书宋公明遇九天玄女”的故事，《三遂平妖传》更有玄女以南山处女化身下凡指引袁公的情节。之所以广有影响，大概与她擅长丹术有关。对于其外丹术的效验，典籍阙载[2]，陶弘景只说她有“清神之法”，“欲体合真灵，护生者也”[3]。然《神仙传》所载魏伯阳故事却颇说明问题。故事说其尝与弟子三人入山炼丹，为考验弟子诚心，药成后先让狗试服，狗服之即死，他问弟子：“服之恐如犬，奈何？”自己并服一丹亦死。一虞姓弟子信其非凡人，随服之而死，另两弟子见此游移，以为“所贵丹者，求长生耳。既死，焉用此为”，于是弃丹出山为师求棺木。等他们一走，魏伯阳即起身领着虞姓弟子升仙了。行前托山中樵夫捎信给那两名弟子，使他们后悔不已。这则故事虽意在张扬灵异，却透露了一个消息，即炼丹从一开始就是一条会把人引向危险的僻径。尽管丹家意识到金砂含毒，但当时的烧炼技术根本无法将这些毒性去除，魏伯阳《周易参同契》谈用药说火候，就是未论及如何去毒之原因在此，所以炼成的丹药仍带有矿石的原毒，并不得已要让动物试服。

---

[1] 《古文龙虎经》又称《龙虎经》、《龙虎上经》或《金碧龙虎经》，被认为是先于《周易参同契》的最古老的丹经，近人陈国符等将其与《金丹金碧潜通诀》校读，始判其据此改易而冒名之，作者为隋唐人羊参微，作伪年代约当在唐五代间。羊另有《元阳子金液集》论金液还丹事，见《正统道藏》洞真部方法类。

[2] 玄女本是汉族神话中的女神，后经道教增奉为女仙，又称“九天玄女”。《云笈七签》卷一〇〇《轩辕本纪》谓黄帝尝“于玄女、素女受房中术”，故后世每有“玄素之道”一说，容成公与甘始均奉行之；明董斯张《广博物志》卷九《玄女兵法》谓“王母乃命一妇人，人首鸟身，谓帝曰：‘我九天玄女也。’授帝以三宫五意阴阳之略，太乙遁甲六壬步斗之术，阴符之机，灵宝五符五胜之文，遂克蚩尤于中冀。”均未及其擅丹道。

[3] 陶弘景：《养性延命录·杂诫忌禳灾祈善篇第三》。

现实中还有许多事例，如《魏书·释老志》就载有道士炼丹供御服，但皇帝多有忌惮，先“令死罪者试服之”，结果“多死无验”之事。从这个结果来看，魏伯阳很可能是服食自己炼制的丹药中毒而死的。只不过道教对于求长生反招速死这一点讳莫如深，所以才编派出仙去或尸解的神话以掩天下人耳目，其实，也是用以自欺。然在性命攸关的事情上，自欺无异于自杀。只是颇为吊诡的是，纵使“道士服之，从羲轩以来，万不存一，未有不死者”[1]，仍没有几个明明白白地见载于道籍。

魏伯阳的另两名弟子倒是比较清醒的，在炼丹服食的修仙方法与长生不死的成仙目的之间，悟到了一种不可调和的矛盾与紧张，但遗憾的是反而成为道教徒嘲讽和揶揄的对象。在道教徒的信仰中，修仙的结束意味着成仙的开始，死是生命由短暂升登永恒的特殊形式，既不足悲，也不足惧，由此自不承认有什么前车之覆后车之鉴，相反师父前仆，弟子后继，遂使丹道一派盛行天下。从魏伯阳到葛洪，其间不过一百多年，但丹经道卷已“以千记”[2]，炼丹者之多可想而知。因史料缺乏，后人无法对此作详细的论列，但仅从葛洪自述由左慈而葛玄而郑隐而自己那一脉师徒相承，已可见出其如何代有传人炉火不息。只是金丹去毒的问题远没得到解决，道教徒执迷不悟，最后都不免命丧炉火。相传二葛炼丹修仙，最后都尸解而去，大概结局与魏伯阳相同。

南北朝时期，丹道开始进入上层社会，这个问题才引起道教徒的重视。不过尽管如此，挡箭牌仍是现成的。如刘宋时，武当道士孙道

---

[1]《云笈七签》卷六四金丹诀部《辨金石药并去毒诀》。

[2]《抱朴子·金丹》。

胤为“服食修道，欲致长生”的梁州刺史刘亮合药，药成后因“未出火毒”，不敢呈献，但刘亮急不可待，第二天一早便取丹服下，当天暴死，世人但以为此即“道家所谓尸解者也”[1]，其实道士欺人，显然找个藉口用以塞责而已。而当其为帝王炼丹，怀一份凛惧之心，不得不谨慎小心，便少用此塞责，而显出一份被迫无奈的老实。如北魏道士韦文秀受诏至王屋山为太武帝烧炼金丹，结果“竟不能就”[2]。徐謇为孝文帝“合金丹，致延年之法，乃入居嵩高，采营其物，历岁无所成，遂罢”[3]。所谓不能成就和历无所成，皆因丹药易成而毒性难除，即道士们在“出火毒”一事上没有把握，因而不敢贸然进献御服而已。

至于道教徒自己则坚信服食金丹能白日飞升，他们不愿因无力去毒而望丹兴叹，因为承认这一点就意味着承认自己永远成不了仙，这是他们无法接受的。所以抱着侥幸心理，不惜以身试毒之事屡屡发生。如此狂热的信仰遮蔽了理智的清明，结果自然是“万不存一，未有不死者”。南朝著名道士顾欢就是其中之一，他隐于剡山修炼，“晚节服食，不与人通”。后“尸解仙化”，年仅六十四岁，连长寿都谈不上。[4]

成书于唐初的《黄帝九鼎神丹经诀》卷十九，保存了唐以前炼丹术中诸如“狐刚子伏水银法”、“杀丹阳铜毒法”、“杀铁铧精毒法”等多种“上圣杀丹毒法”。药王孙思邈更发明将炼丹用的雄黄置入油中浸润九天九夜的方法，以为用此可去药毒。尽管实践证明这些方法都

[1]《宋书·刘怀慎传》。
[2]《魏书·释老志》。
[3]《北史·艺术传下》。
[4]《南史·隐逸传》。

达不到去除败人五脏的阳毒的效果，但丹家摸索试验的努力有迹可寻。到唐代，大概屡试屡败的碰壁使道教徒对这种努力亦生厌倦或怀疑，很少再有人谈论五金八石的“去毒”、“伏火”问题，而是埋首于义理的探讨，幻想在烧炼无须去毒的金丹方面另找出路，于是一种向壁虚构的“自然还丹”说正式登场。它宣称丹砂经天火照耀四千三百二十年，就能成为上界仙人所服的仙药还丹，下界修仙者烧炉炼丹，只要“同于天火造化”，即以炉鼎为小宇宙仿行之，“月计三百六十时，年计气候四千三百二十时，合四千三百二十年，气候喻合，天符自然还丹”，服之便可像仙人一样长生不死。[1] 还有一种“用火直符”说，认为天火有四时、二十四气、七十二候变化，炼丹的火候只要符合这种变化，“用火不失斤两，节候有准，渐渐如蒸物，年月满足，自然成功”[2]，即根据各个节候的气温高低，通过加减燃料，控制炉温升降，炼出的金丹就能如天火造化而无毒性。这些是从炼的方面说的。

就丹的角度来看，道教以为关键的问题在于用药。以前最重黄金，次为丹砂，后发现黄金毒性很大须慎用，所以一些改进性的论说开始出笼。如唐代道教徒张隐居等以为五金八石可分为阴阳两类，“阳药有七，金二石五，黄金、白银、雄、雌、砒黄、曾青、石硫黄，皆属阳药也。阴药有七，金三石四，水银、黑铅、硝石、朴硝，皆属阴药也”。阳药中雄、雌分指雄黄与雌黄，阴药中所缺一金二石不知所指，今人仅想知其中一石恐系朱砂。[3] 他指出“阴阳之药，各禀其

[1] 《通幽诀》，《正统道藏》洞神部众术类。古以一天为 12 时辰，一年 360 天共 4320 时，故谓。

[2] 《还丹肘后诀》卷上，《正统道藏》洞神部众术类。

[3] 容志毅《张真人〈金石灵砂论〉外丹黄白考释》，《广西民族大学学报》（自然科学版）2007 年第 3 期。

性”，只要法天之道，阴阳配合，就可以通过相互作用化去毒性，如此“服之，所以有度世之期不死之理者也”[1]。而陈少微之辈则说金性太毒，不如代之以“外包八石，内含金精”的丹砂。它“含玄元澄正之真气”，为“万灵之主，造化之根，神明之本”[2]，服之当不会中毒。有的道教徒干脆舍弃传统的金砂，主张另用铅汞为至宝大药。他们将铅汞说成是日月之精，通于二十四气变化，不能与四黄八石杂炼以损其纯灵，“若大丹有石药之气入二物中，即有大毒”[3]，言下之意，纯以铅汞炼丹就可确保无虞。

在这些丹学义理的炫惑下，道教徒相信只要用药烧炼得当，丹药就无须去毒，因此为帝王炼丹就不再那么谨慎小心，丹成即献御服。可结果是，那些笃信长生的皇帝服后纷纷暴崩。御药尚且如此，其他可想而知。唐代铅汞派最为流行，如郭舟虚、柳泌、金竹坡等都属此派中人，见载于史籍的还有苏炼师、韦炼师诸人，他们都曾自诩铅汞无毒，但由韩愈为其兄孙婿李于写的《故太学博士李君墓志铭》可知，那纯然是胡吹大气。初李于从柳泌受丹法，“以铅满一鼎，按中为空，实以水银，盖封四际，烧为丹砂”，然服后“往往下血，比四年，病益急，乃死”。韩愈并曾目睹朝臣中有人因服汞“唾血十数年以毙”，有的“食泌药，五十死海上”，如此者凡七。凡胎肉身的道教徒，服了当然也多毒发而死。如以烧炼“神符白雪丹”出名的道士马自然，《续仙传》说最后是在杭州家中尸解的，依上所言，显然是服丹中毒而死。还有为唐高宗合还丹的刘道合，死后弟子也说是尸解，

[1] 张隐居：《张真人金石灵砂论·成金篇》，《广西民族大学学报》（自然科学版）2007年第3期。
[2] 陈少微：《大洞炼真宝经修伏灵砂妙诀》，《广西民族大学学报》（自然科学版）2007年第3期。
[3] 张元德：《丹论诀旨心鉴·序诀章第一》，《广西民族大学学报》（自然科学版）2007年第3期。

高宗听了不悦，埋怨他服了所合还丹自顾仙去。揆以实情，大概也是因偷服了进御的金丹而死。《还丹金液歌注》中还记载这样一件事：有两个道士契为兄弟，各将水银一斤，入阳城山中烧炼，三年水银伏火如红玻璃色，光彩可爱，呼为大丹。后各服二两，行履间须人扶持，不逾百日而死。此所谓“铅有大毒，善能杀人”。

唐末，因太多事实证明烧炼无毒之丹鲜有可能，热闹了几个世纪的炼丹术才开始式微，让位于新起的内修养气术。炼丹的道教徒少了，但要说再无人沉迷此道却也与事实不符。如在内丹学兴盛的宋代，仍有道士丁少微向宋太宗进献金丹，有王老志服丹而狂。何薳《春渚纪闻》卷十记载了一位改道入佛的无名氏，早年出家为道士时与“同侣三人共学丹灶，历年无成”，后约定分别游仙访道，十年后再相聚切磋。及至相聚，四人畅饮数日，“各出所得方诀参较之”，见其中一法简易，立即烧炼。几经试验，居然炼出真金。正当痛饮酒，庆贺“真仙秘术”到手，不意乐极生悲，炉中矿石液溅出的火将烂醉如泥的三人烧死，只有他稍微清醒，夺门而逃。以后“悔过祈天，且誓为僧及不复再作”。此卷记丹药事，多荒诞不经语，然这个故事所揭示的道理却颇剀切，足警人心。

但一直到清代，炼丹服食作为修仙术，还时见于野史笔乘。据《清稗类钞》“方外类”记载，有太仓道士张斗庵“得异人授大法并金丹道，悉心修炼”云云。可见假炼丹成仙尽管被证明是白日梦，但这个梦道教徒们一做就是千年，要清醒过来还真不太容易。

书符念咒的求仙秘诀

内养外炼还被道教徒改造成通神致仙的工具。在道教徒看来，游仙有赖信仰，还须感通上仙口授秘诀，下降接引。所谓“长生至道，仙圣相传，口诀授要，不载于文籍”，只有依所谓“斋功”[1]，“念定通神”，才能“招致乘风驾龙，仙官临顾，接而升腾”。而炼服养生只能保证“除病寿终，攘却毒气，瘟疫所不能中伤”。欲“毕一世之年，可兼谷养性，建功斋靖，解过除罪”。故“诸欲修学长生之人，好共寻诸诵诫建功，香火斋练，功成感彻之后，长生可克。”[2]

虔诚被道教徒看成是沟通神仙的桥梁，本身看不见摸不着，需要外化为具体的行为，这种行为形成系统就是所谓的斋醮科仪。它们既是被神仙用来衡量求仙者诚心的标准，也是求仙者感通神仙的工具，是他们起家和当家的本事。

这种行为系统就其根本性的上源而言，承继自原始宗教，所以大多带有浓厚的巫术色彩。巫是人类历史上最早与神打交道的人，在殷商卜文中，“巫”字像两手捧玉之形，状如事神，《说文》释曰：“女能事无形，以舞降神者也。”神把自己的法力赋予敬事自己的人，遂使巫有了通神的灵验，符咒驱鬼能治病，歌舞祈神能求雨，祭祀告灵能禳灾，成为上古社会最有权威的人物。以后随社会的进步，巫的地位下降，许多人流落民间，维持生活也成问题。当然，在人类还远不能战胜自然主宰自己的时代，巫风犹有遗存，并未湮没殆尽。以秦汉间的神仙信仰来说，它仍以一种虚妄的形式，寄托着古人战胜生命的顽强企图。那些寻觅仙药的方士“依于鬼神之事”，自诩有赴海外交通神仙的本领，实际即为巫的流裔。

因这样的关系，道教一开始就将神仙信仰与民间巫术结合起来。汉末社会板荡，战火频仍。人们对血雨腥风的生存环境心存厌弃，对

[1] 《云笈七签》卷三七《斋戒》：“斋者，齐也，齐整三业，外则不染尘垢，内则五脏清虚，降真致神，与道合真。”

[2] 寇谦之：《老君音诵戒经》、《正统道藏》洞神部戒律类。

朝不保夕的惨酷命运深感恐惧，凡此都促使了巫风的盛行，一时间召劾百鬼，或符水治病，或禁咒禳灾，自然给方士趁此大显身手提供了条件。如闽中人徐登“善为巫术”，东阳人赵炳“能为越方”，“时遭兵乱，疾疫大起，二人遇于乌伤溪水之上，遂结言约，共以其术疗病”，一个“禁溪水，水为不流”；一个“禁枯树，树即生荑”。费长房凭符“能医疗众病，鞭笞百鬼，及驱使社公”，寿光侯“能劾百鬼众魅”，人有为魅所病，即“为劾之，得大蛇数丈，死于门外”[1]，均见于史载。早期道教接过这些巫术，用以解难济困，争取教众，达到传播信仰的目的。故张角的太平道有法师“持九节杖为符祝，叫病人叩头思过，因以符水饮之”；张修的五斗米道也“加施静室，使病者处其中思过”，并有鬼吏“为病者请祷”[2]。

魏晋以后，为争取神仙信仰有更广泛的社会基础，尤其能更多获得上层社会的加持，道教把民间流行的粗俗巫术改造为求仙之术，以顺应其向官方宗教转变之需。如果选择葛洪作为一个点，将前后与他有关联的帛家道和灵宝派作一比较，很可以看到其间发展演变的轨迹。帛家道托名神仙帛和传教[3]，西晋时由北方传入南方，被称为“俗神祷”，即奉祀俗神，又常以煞生血食为祀，具体无外乎炼丹服气，尤不脱召劾厌胜。其主要经书《三皇内文》由九十二枚箓文符箓组成，经葛洪传至南朝。葛洪虽因师郑隐之言，对它颇重视，又将帛和列入《神仙传》，尊为“地仙”，但也指出那些符箓只是用于召神劾鬼、疗病去灾或除邪辟虎狼[4]，今天看来似受到太平道、五斗米道

[1]《后汉书·方术传下》。

[2]《三国志·张鲁传》注引《典略》。

[3] 郦道元《水经注》卷十五“瀍水条”有“瀍水西南有帛仲理墓，墓前有碑云：‘真人帛君之表’。”此帛君即帛和，字仲理，巴郡人，尝从桓帝时王远学道，在洛阳创“帛家道”。

[4] 见《抱朴子·遐览》。

影响，未脱民间信仰的特色。东晋末，葛洪族孙葛巢甫在家传《灵宝经》的基础上大造经书，由此形成灵宝派。[1]它尊崇元始天尊，敷衍出十方有度人不死之神，此外还有三界、五帝、三十二天帝、地府酆都等鬼神信仰，要人诵经礼忏，修持不断，形成较为整赡的道学体系。《灵宝经》中的道术及辟邪消灾之功在后来所造诸经中又有较大发展，如《元始五老赤书玉篇真文天书经》中五篇符咒文字，就被说成是由元始天尊所说、五帝掌录的“天文”，人按一定方法书写吞服，或佩于胸前肘后，或置于五方设坛祭祀，就能伏魔禳灾，甚至招致上天五帝诸真仙之气，使人著名仙籍，得成神仙。在《太上诸天灵书度命妙经》中，还有四首颂歌组成“度命章”，据说诵此便可招神侍卫，度命长生。

时有上清经系，更以书符念咒配合存思守一为修真要旨和炼养法则。其《上清大洞真经》认定，只要上述两者相配合，就能感通上皇真气祥烟降临，从泥丸宫、即脑室中入镇体内，安神固精，开生门，塞死户，使腑脏之神与外神合为一体，从而治病长存，甚至可致仙官前来接迎，俱升上清仙境。再如除“三尸”，只要念上咒语“日月君水，除我头尸”，“真人水，除我腹中尸”，“日月君水，除我足尸”，体内三尸就可灭尽，人随之削去死籍，上天与仙同游。由上可见，从治病禳灾到致仙降临，书符念咒已成了道教徒求仙的法宝。到了南朝，陆静修将早期道教斋醮法事的巫化痕迹袪除，改造并完善成一种足以展现教徒虔诚的纯粹的持守形式，如为了感通上仙，斋要洁净身心，醮要祈请神祇等等。并著斋戒仪范百余卷，惜乎今皆亡佚。在他

[1]《真诰叙录》：“葛巢甫造构《灵宝》，风教大行。”日人小林正美考证其造作的主要为《灵宝赤书五篇真文》及《灵宝赤书玉诀妙经》，见其所著《六朝道教史研究》，李庆译，四川人民出版社 2001 年版，第 168 页。

看来，斋醮仪式就是“寻真之门户”，“学道求神仙之人，祈福希庆祚之家，莫不由之”。他还身体力行，亲率众道士建“以苦节为功”的“涂炭斋”，以黄泥涂额，反手自缚，覆卧地上，连做三十六日。这种斋法艰苦，遇气候恶劣，“负戴霜露，足冰首泥，时值阴雨，衣裳沾濡，劲风振厉，严寒切肌”，更苦不堪言，但他强调只要信仰坚定，便“冻身切骨，不觉为寒；崎岖崄巇，不以为难”[1]。如此自我折磨，颇类其他宗教的苦行禁欲，反映出道教徒虔诚至于狂热的特殊心态，其痴醉沉迷是体现得非常充分的。

整顿一新的斋醮仪法，就此以一套繁琐的程序为书符念咒平添了庄严神秘的气氛。斋醮俗称“道场”，谓之“依科演教”，简称“科教”，也即民间所谓“法事”。其中“烧香行道，忏罪谢愆，则谓之斋；延真降圣，乞恩请福，则谓之醮”[2]。在斋醮仪式展开过程中，烟雾缭绕，灯火摇曳，缥缈的音乐伴随着焚香化符，上章念咒，再配之以步罡踏斗，且舞且唱，气氛神秘而诡异，很有一种足以摄人的特殊感染力。书符念咒广为流行，到隋唐时蔚为大观，并产生以下两个特点：

其一是功用更神秘化。首先符字被说成是“以道之精气，布之简墨，会物之精气”[3]。符文用篆体写成，因篆体有云缠烟绕之状，故被说成由道气演化而成，所谓“神符宝箓，其出自然”。道教于此还进一步说，在浑沌之初，因元始天尊“化灵应气”，太虚中“飞玄妙气”结成龙飞凤舞之章，是为太上神真灵文，九天众圣的法官，其中排列着众多天仙的名号，用以施法，有“从俗登真，永保生道”的

[1] 陆静修：《洞玄灵宝五感文》，《正统道藏》正一部。
[2] 留用光：《无上黄箓大斋立成仪》卷一六，《正统道藏》洞玄部威仪类。
[3]《云笈七签》卷七《符字》。

灵验[1]，所谓“金科玉律，云篆瑶章，先万法以垂文，具九流而拯世”[2]。再看五花八门的法箓，各有神异功能，尤能通达神仙。如三皇部法箓，唐人就以为可召制天地万灵百精之神，“道士佩之，化景飞空，出入自然，呼云降雨，役使鬼神，所愿立克，益寿延年，生死获庆，享福无穷矣”。灵宝部法箓到唐代更成了“一切诸神仙莫不佩奉而得长存”的秘宝，佩之可“道不离生，神将气化，和理于心，神道气一，变化自然，寿齐天地，炼景入真，没身不殆，永劫独存，功齐太虚，德冥自然”[3]。其中“老君六甲秘符”更为奇特，符文里附有含影图，只要依图将符书贴于患处，镇身治藏，则百病自除，长生可得。

上清派受到唐皇室尊奉，使该部法箓尤为流行，求仙的符文也特别多。如“太玄河图九星箓”符文中记载着长生不死之诀；诵咏“招灵致真摄魔箓”可声达玉帝，发天兵下界摄魔；吞服“上清灵飞六甲箓”可升入仙境；授受“豁落七元真箓”能威慑十方，通真达灵，修行九年即飞行上清仙境。承传最久、流布最远的是天师门下的“正一盟威法箓”，它的一些符文成了致仙的通行证。如“太上正一三元将军箓”中，三元将军指太上三元宫中的三气，也即水、火、神的元精，斋醮时佩戴此符存思三神，三将军就能显形示圣，所主之气降人身中，得益既久，便可成仙。还有吞服“太上正一赤官斩邪箓”能诛剪群魔，济度死厄，使人炼质升天。如此把书符念咒奉作升仙秘法，其能度命成仙、白日飞升的功能因此被人为地放大了。

其二是传授更严密化。首先是规定了严格的阶次。符箓既然有这

[1]《正一修真略仪》,《正统道藏》正一部。
[2] 杜光庭:《胡常侍修黄箓斋词》,《广成集》卷五。
[3] 张万福:《传授三洞经戒法箓略说》卷上,《广成集》卷五。

么大的神通，当然被视为道门至宝。得道者为了神其功，秘其术，非亲信弟子不肯轻易传授；即使传授也得经受心诚的考验，绝不致一步登天。因此道教将形形色色的符箓分成不同的品级，在传授上设置递进式阶梯，形成一整赡的系统，所谓“三洞科格，自正一至大洞，凡七等，箓有一百二十阶，科有二千四百，律有一千二百，戒有一千二百，仍以四辅真经以佐之。为从凡入圣之门，助国治身之业。”[1]各个等级的符箓依道功进阶迁授，不得越界超成。凡初学道者必先授正一盟威法箓，此为第一等。取得法位后才可进一步授三洞法箓，初授三皇箓，为洞神法师，此第二等。次授高玄箓，为第三等。再授升玄箓，为第四等。然后迁授灵宝法箓，其中又有初盟、中盟和大盟三个晋升阶段，得中盟箓为洞玄法师，即第五等。修完三盟，为第六等。最后步入洞真部，习上清法箓，成为得道的大洞法师，可飞升上清仙境。

而上述每一等级中又分出不同阶次，如正一法箓有二十四品，又有“气箓”与“治箓”之别，前者授受级别虽最低，不能取得法位，但也要依次修行，循序晋升，并有年限的规定。以初入道规定传授的“太上童子一将军箓”为例，“凡受更令，五年得进一将军”，然后四年升习“十将军箓”，三年再习“七十五将军箓”，二年又习“百五十将军箓”。“一年若志行庸愚无长进者，悉又倍年；三倍无功，不知建德，直置而已，都不合迁”[2]。符箓的品位阶次已够繁多，每个等级的传授还有复杂的程序，要遵守一定的仪规，如设坛、烧香、发炉、宣读盟文、师徒画券契，都须根据各级传授的《受道历》选择吉日，讲

[1] 孙夷中：《三洞修道仪》，《正统道藏》正一部。
[2]《正一法文太上外箓仪》，《正统道藏》正一部。

究受仙受灵的传法次序。如此等等，不一而足。程序的复杂营造出一种庄严的氛围，而等级繁多又给人登仙艰难、非心诚不足以成功的印象。道教徒沉浸其中，接受一次次符箓的传授，似过一道道考验的关口。正是这种似乎越来越切近的希望牢牢吸引住他们，促使其在漫长的求仙路上一生奔波，乐此不疲。

如道教炽盛的唐代，想攀缘书符念咒飞升成仙者众。那些出入朝廷的上清派名流本就擅长此道，如潘师正尽得其师王远知所授“道门隐诀及符箓”，与他同隐修道的刘道合也藉此为朝廷“作止雨之术，俄而霁朗”。而司马承祯又得潘之所传，被玄宗遣使迎入京都，“亲受法箓”，又令玉真公主及朝臣到其修仙的王屋山“修金箓斋”[1]。

以此术修仙的典型当为叶法善。《旧唐书·方伎传》记其出身于“自曾祖三代为道士”的家庭，“少传符箓，尤能厌劾鬼神”，而不信炼丹。时高宗广征术士合炼丹药，他上言称“金丹难就，徒费财物，有亏政理，请核其真伪”。又为显斋醮符咒之效，在洛阳凌空观设坛醮祭，一时观者如堵。人有突然自投火中，观者惊救，他却称“此皆魅病，为吾法所摄耳”，问之果如此，遂“悉为禁劾，其病乃愈”。朝野上下俱被慑服，虽有人不满其排挤佛法，但“以其术高，终莫之测”，皇帝也敬之如神，“尽礼问道”。他死后，睿宗还下诏称其术能“包括秘要，发挥灵符”。他的死当然也被说成是“体应中仙，名升上德”。不仅如此，道教徒还编出许多传说，说他是神仙下凡，曾在括苍白马山石室中得三神人授“正一三五之法”，故“符术神验”，能救人回生，冥助朝廷，至“二京受道箓者，文武中外男女弟子千余人”[2]。语虽荒诞，多少折射出时

[1]《旧唐书·隐逸传》。
[2]《太平广记》卷二六《神仙》二六，原注谓“出《集异记》及《仙传拾遗》。”

人迷信斋醮符咒的现实。再看笔乘所载，那些迹近巫士的道士，如《集异记》所载“能书符役鬼，幻化无端”的茅安道，《北梦琐言》所载“妙于三戒，尤精云气”的强绅，《玄怪录》所载“以妙术广大天下”的叶静能，神通广大如此，其实也都是出于道教徒的渲染。

唐朝人心喧腾，面上热闹的粗劣表演尚可博人若狂似醉，但宋代强盛不再，时人由往日的豪气开张变得冷静内敛，尤其那些好恩重理的士夫文人，多脱略外在声华，讲究尽心养性，对炼丹修仙已多有微词，书符念咒就更不入他们的青眼，如朱熹就指出：“老氏初只是清静无为。清静无为，却带得长生不死；后来却只说得长生不死一项；如今恰成个巫祝，专只理会厌禳祈祷。”[1] 内丹养炼起于这个时期，某种意义上就是对此术的调整。它尚清静，以性命双修表示对老子训教的复归，甚至还融入禅学的见心明性，渐渐获得士人的青睐，在社会上风行开来。在这种背景下，道教徒不得不作出调整，在正一、灵宝、上清这三大符箓旧法的基础上，别创“神霄雷法”、“天心正法”、“清微符法”等新法。这些新法有一共同特点就是迎合内丹学潮流，吸收内修之术，以真性的“灵光一点”为书符念咒的要诀。

“神霄雷法”在这方面表现得尤为突出，因而成为时人新宠。此法创于北宋道士王文卿，本用于祈雨禳晴[2]，它认为金木水火土五雷是由原始祖气化宰的五气激荡而生，五气在人而言就是五脏之气，故人若能内炼成丹，便能“以我元命之神，召彼虚无之神，以我本身之气，合彼虚无之气”；倘再配以“步罡诀目秘咒灵符”，即可“运雷霆于掌上，包天地于身中”，交通天地阴阳，求雨则雨，禳晴则晴，“感

[1]《朱子语类》卷一二五。

[2] 洪迈：《夷坚丙志》卷一四：“建昌王文卿既以道术著名，其徒郑道士得其五雷法，往来筠、抚诸州，为人请雨治祟，召呼雷霆，若响若答。”又见赵与时《宾退录》卷一。

应速如影响”[1]。而身中的元气也只有在真心的主宰下，才能与原始祖气合为一体，随意交感。所以修道者要修心见性，以求书符念咒时有“灵光一点”闪现。“咒诀符图少合真”，“符图咒诀费精神”，唯有此“玄关一窍”、“灵光一点”，才是“法行大道合先天”[2]。求到了这种先天妙道，也就得到了成仙的秘诀，是所谓“一点灵光便是符，时人妄费墨和朱。上士得之勤秘守，飞仙也只在工夫”[3]。

其他如“天心正法”强调符咒在于使内气以合外气，外神以符内神，“心与符一，符与心俱”，“以心会神，以神合无”[4]，“清微符法”认为“一点灵光，通天彻地，精神所寓，何者非符”，又以“法法皆心法，心通法亦通”为符法之本[5]，都有取于神霄法，并与之大同小异。还有一种以宣扬忠孝著称的“净明秘法”，以先天净明之心为书符念咒之要，认为求仙不必炼丹，也无须养气，只要“以忠孝为本，敬天崇道，济生度死为事”，正心修身，诚意作符，久而久之便可“非必长生而长生之性存，死而不昧，列于仙班”[6]。宋元符咒之术就是这样经过道教徒的精心改造，终于再次确立了统治地位。

这种新符法迎合士大夫和文人的口味，也迷惑了不少帝王。如前所述，鉴于唐朝诸帝服丹中毒的惨痛教训，后世帝王大多不敢重蹈覆辙，但又不肯放弃长生的梦想，见内丹养炼难以遂愿，遂更多求助斋醮符咒。宋朝太宗、真宗和徽宗都曾大行其事，一方面借以神化皇权，一方面也想尝尝成仙的滋味。徽宗甚至以为自己是神霄玉清王下

[1] 王文卿:《高上神霄玉枢斩勘五雷大法·序》,《道法会元》卷六一,《正统道藏》正一部。
[2] 张继先:《明真破妄章颂》,《正统道藏》洞神部谱颂类。
[3] 萨守坚:《内天罡诀法》,《道法会元》卷六七。
[4] 路时中:《无上玄元三天玉堂大法》卷一,《正统道藏》洞真部方法类。
[5]《清微元降大法》卷二五,《正统道藏》洞真部方法类。
[6] 胡化俗:《净明大道说》,《净明忠孝全书》卷二,《正统道藏》太平部。

凡。当然，这种热情投入的背后都有道教徒的怂恿蛊惑，他们有办法使皇帝对符箓一派信用不疑。如王九被太宗召赴阙，赐姓改名为“赵自然”，认作本家人；符箓派祖师爷张道陵子孙执掌龙虎山正一派，被真宗奉为道教正宗；上清茅山派二十五代宗师刘混康、正一派三十代天师张继先，还有王仔昔、林灵素等人先后被徽宗宠信，他们的投入一定程度迷惑了人主，使其顿生侥幸贪婪之心。如王九据说两次梦见神仙，一授其辟谷之法，以后唯食生果清泉；一教以道家符箓数百字，醒来写以示人，皆不能识，有此神助，故“颇精修养之术”。王仔昔干脆自己编派曾遇仙人许逊，“得《大洞》、《隐书》豁落七元之法”的故事。林灵素更大言不惭，学了一点“神霄雷法”，就编造起神霄玉清王的神话；为徽宗祈雨偶有小验，便“假帝诰、天书、云篆，务以欺世惑众”[1]。一般信众也每受其蛊惑，如为受神霄秘符，拜林灵素为师的人就多达二万。尽管其中不乏有奉皇帝命或附骥显贵的，但更多的人确实深信此术，为其便捷实用，似坦道捷径，行之易而成之速。正是他们的沉迷，构成了“神霄雷法”风行海内的社会基础。清人馀叟所辑《宋人小说类编》卷三“仙释类”尝录有一则故事，说一道教徒一心想做神仙，但既不外炼也不内养，只是从早到晚一个劲地朝一株枯树叩拜，口中不停念叨“乞长生”，如此二十八年无一日辍倦。一朝枯树开出紫花，甘津如蜜，他取来食之，就羽化仙去了。在这里，叩拜实际上可看作是一种斋醮之仪，念叨也可当作是符咒之术。它很形象地传达了斋醮符咒的普及化，以及道教徒为致仙每每拿来方便取用的真实情形。

吸收内修思想，讲究真性的义理，使符咒之术风雅了一回。不过

---

[1] 均见《宋史·方伎传》。

好景不长，明清时它的风雅外衣剥落，又露出了巫觋的本色。朱明起自民间，朱元璋对民间宗教迷信有一份特殊的感情。故甫登基就网罗各种神祇，岁时建斋设醮，遍加祭祀，自己身体力行，常祈祷斋戒，并形成皇室祖制。由于凡有事必斋醮祈祷，致内宫乌烟瘴气。直至崇祯亡国之际，还有正一教真人在万寿宫建禳妖护国清醮，伏坛俯奏"灾异妖孽，上帝已命北极佑圣真君馘斩收逐矣。国家绵久，万子万孙"[1]。当然，其势已不能与嘉靖时得宠的龙虎山上清宫道士邵元节，以及在万玉山受过符水诀、后被封为"神霄保国宣教高士"的陶仲文等人相比。后者为了讨得皇帝欢心，曾把此道推到了极致。至于与民间迷信合流的如蓝道行的扶鸾术、田玉的召鹤术，粗俗不堪，更是等而下之了。

清皇室有自己的宗教，对汉人道教信仰及民间迷信非但不感兴趣，而且还有提防，如顺治就尝敕命正一教"申饬教规，遵行正道，其附山本教族属，贤愚不同，悉听纠察，此外不得干预。尔尤宜法祖奉道，谨德修行，身立模范"，"务使异端方术不得惑乱愚民"[2]。只是为笼络汉人，才既利用又控制。道教徒因此有所收敛，即使个别得到宠信，也不敢多自炫言。如正一道士娄近垣曾被请入王府问养生术，仅以"王今锦衣玉食，即真神仙中人"慎对之。[3] 乾隆时，正一真人失去入京朝觐的资格，昔时统领符箓三山，至此完全流落民间。民间需要道教的无外设斋禳灾、建醮祈福、画符祛病和念咒驱邪诸事，所以符箓派道士无须再故示风雅，开始充为巫士。《清稗类钞》"方外类"所记载的道士，从郭长彬"游句曲、龙虎山，得五雷法"，金鼎曾、娄

[1] 计六奇:《明季北略》卷二三。
[2] 张元旭:《补天师世家》。
[3] 昭梿:《啸亭杂录》卷九。

近垣“同游龙虎山上清宫，受五雷正法”，到陆微“少受五雷正法，精符箓”，大抵都如此。祈雨禳晴，驱魔镇鬼，人不觉其粗鄙，反眩惑于“指挥风霆、策役神将”的幻术，传为“历著奇验”，“无不立应”，以为如此神验灵，应该就是神仙，其在世自“令人作天际真人想”，即使去世也是“拂袖白云”，“接轨长春”。同书还记载粤东有一商贾好学仙，招纳数十方士，见术有小验，信之益笃。一日有道士来访，敝衣破笠，神如孤鹤，与之交谈，言多玄远；试之以法，能“驱役鬼神，呼召风雨”，“握其符，十洲三岛可以梦游”。商贾与诸方士皆骇服，稽首称圣师，求其传道。道士择日设坛登座，发明“道之本旨，清静冲虚而已”。又称“章咒符箓，非也；炉火服饵，亦非也。尔所见种种，是皆章咒符箓事，去炉火服饵，尚隔几尘，况长生乎”，并指责那些方士“名曰道流，皆妖人耳”。众方士为其岸然道貌所慑，皆叩头称“下士沉迷，已知其罪，幸逢仙驾，是亦前缘，忍不一度脱乎？”道士遂开导其求仙非诸术所能致，必须“积功累德而后名列于仙籍，仙骨以生。仙骨既成，真灵自尔感通，仙缘乃凑”。又成仙在于自度，神仙并无度人之法，并索纸大书“内绝世缘，外积阴骘。无怪无奇，是真秘密”十六字。写完掷笔，声如霹雳，人瞬忽间不知去向。

那些方士显然是属于符箓派的“道流”，书符念咒乃其谋生的手段，而一般学道游仙者也需要这些道术为自己服务，并且迷信其灵验，将其当做致仙的法宝。这是当时符咒之术流入民间的真实情形。然而具有讽刺意味的是，靠耍些章咒符箓来求仙，连神仙都反感。这无疑告诫世人，章咒符箓只是妖人之术，非求仙之道。求仙的真诀全在求者自己的“真灵”，且欲求其得，唯有修身养性，积功累德。故事借神仙之口，在讽刺当时近巫似妖日益堕落的符咒之术的同时，似也表达了对风雅的“先天妙道”的怀恋。

第六章

游仙文化的意义探寻

对游仙文化的历史形成及发展，游仙活动的宗教形态及其之于社会各阶层人的影响已大致介绍如上。但要对这种历史形成及发展有更深入的认识，透过其神奇甚至怪诞的外相，开显其蕴含的对中国传统文化乃至东方文明的独特理解和表述，还有必要对这种游仙活动所体现出的文化内蕴作进一步的审视。

毫无疑问，以老庄为代表的道家哲学对道教产生过深刻影响，故近人蒙文通说："魏晋而后老庄诸书入道教，后之道徒莫不宗之，而为道教哲学精义之所在，又安可舍老庄而言道教。"[1] 法国人康德谟（Maxime Kaltenmak）进而指出，两者"来自同一种极古老的宗教的根源，两者关系极为密切……道教是道家思想的延续"[2]。对此，本书前已作过专门论述。这里将进一步指出，这种哲学所赋予道教和游仙文化最根本的东西，是对如何安顿人生的思考。当然，在以儒释道为主要文化资源的古代中国，儒家和佛教的理论主张及其概念命题也曾给

[1] 蒙文通：《古学甄微》，巴蜀书社 1987 年版，第 317 页。
[2] 康德谟：《中国文化新论》，台湾联经出版事业公司 1983 年版，第 193—194 页。

这种文化以发现自己，更深入地探索并完善自己的机会。而它同时也曾以自己特有的魅力，给前二者以鲜活的生命感动。正是在这种不同学说的双向通流中，游仙文化将自己独特的存在意义与价值明确地表达了出来，更进而经由宗教所独有的表现方式和超常传播力，直白无误地将其推展到了人的视觉前台。

也因此，游仙文化对东方文化乃至整个世界文化的贡献就再难为人忽视。当法国著名的汉学家，当代唯一独立探索道教历史及道术内部体系的权威亨利·马伯乐（Henni Maspero）称道教为“世界上最奇妙的宗教之一”的时候，他实际上已经看到了道教及游仙文化在解决人超越与永恒的精神渴望方面所具有的独特作用。

宗教作为实现人根本转变的手段，是人对终极的能动过程的深刻体验，它旨在将人从一般的存在烦恼中解放出来，从而体察到世俗的存在是对人纯洁生活的背离。在道教游仙文化那里，这样的终极关怀也顽强地存在着，只不过取了一条与东西方其他宗教都不相同的道路。它以自己灵性智慧而又不脱常理常情的理论告诉人，如果世俗世界是适合人生存的唯一地方，人可能要绝望的；但如果世俗世界不是一个适合人生存的地方，那么人将会感到更大的绝望。“起舞弄清影，何似在人间”，这天上人间原是一体，是一气运化，相摩相荡相互应合的结果。

生命追求的幻境折射

道教是一种渗透在中国人全部生活中的本土化宗教。诚如日人福永光司在驳斥津田左右吉以道教为思想浅薄、基本上不值得注意的观点时所说：“它是中国民族具有超时空的绝对的皈依宗教的感情、信仰和祈求，思维和思辨历史的博大积蓄，也是他们的传统的综合成果”[1]。基于道教信仰而发生的游仙活动，更是这个民族文化传统的生动体现。

毫无疑问，道教及游仙文化所蕴蓄着的文化成果取的虽是虚幻玄奥的宗教形式，其底里却反映着人们现实的生命诉求。最基本的首先表现为对人自身力量的保养和张大，以及在这种保养中对人韧强的意志毅力的确认与肯定。

与佛教讲“不生”、“无生”不同，道教游仙文化十分重视人的生命存在，以生为道之别体，所谓“仙道贵生，无量度人”。早在老子那里，人的地位就被作为重要的问题提了出来。《老子》第二十五章称：“道大，天大，地大，人亦大。域中有四大，而人居其一焉。”第十三章又说：“故贵以身为天下，若可寄天下；爱以身为天下，若可托天下。”道教承此教，并结合先秦两汉“重人贵身”的传统思想，明确标举重命养躯、乐生恶死为基本教旨，指出“一切万物，人最可贵”，“人是有生最灵者也”，“夫人者，乃天地之神统也。灭者，名为断绝天地神统，有可伤败于天地之体，其为害甚深”[2]。它还将《老子》“公乃王，王能天”改成“公乃生，生能天”，指出：“人本生时乃名神也，乃与天地分权分体分形分神分精分气分事分业分居。故为三处，一气为天，一气为地，一气为人，余气散备万物，是故尊天重地贵人也”[3]。进而说：“天地无人则不立”，“天地无人，譬如人腹中无神，形则不立……故天地人三才成德，为万物之宗”[4]。“于万物之中，惟人最贵，惟人是万物之首也”[5]。既然人为最可贵，得天地之神

[1] 福永光司：《道教的天神降临授诫》，《思想》，1973年。
[2] 王明：《太平经合校》，中华书局1960年版，第80页。
[3] 王明：《太平经合校》，中华书局1960年版，第726页。
[4]《三天内解经》卷上，《正统道藏》正一部。
[5]《太上长文大洞灵宝幽玄上品妙经·万物造化章第三》，《正统道藏》太玄部。

统，“人之生也……与天地合其体，与道德齐其生，大矣贵矣”，自然要“善保之焉”[1]。所以，“夫寿命，天之重宝也”。“丧者为贼，生者为贵”。“凡天下人死亡，非小事也，壹死，终古不得复见天地日月也，脉骨成涂土。死命，重事也。人居天地之间，人人得壹生，不得重生也”[2]，“人各有志，各自有所念，各有所成，其计不同。各有所见，各有所出生，各自欲有所得，各知其所，心乃了然。是曹之事，要当重生，生为第一，余者自计所为”[3]。总之“万物以人为贵，人以生为宝”[4]。甚至“天者，大贪寿常生也，仙人亦贪寿，亦贪生，贪生者不敢为非，各为身计之”。故“死王乃不如生鼠，故圣人教化使民慈心于众生，生可贵也”[5]。“既得其寿，则富贵利达，致君泽民，光前振后，凡所以掀揭宇宙者，皆可为也”[6]。

由此，道教明确提出：“文书亿卷，中有能增人寿，益人命，安人身者，真文也，其余非也”[7]。葛洪《抱朴子·勤求》说：“生之于我，利亦大焉。论其贵贱，虽爵为帝王，不足以此法比焉；论其轻重，虽富有天下，不足以此术易焉”，直将生作为绝对的追求，地位凌越于政治道德与社会伦序之上。《至理》又说：“知长生之可得，仙人之无种耳”。《黄庭经》所谓“仙人道士非有神，积精累气乃成真”同此。以后陶弘景《养性延命录》称“禀气含灵，惟人为灵”，“人所贵者，盖贵于身”，虽未分人等，取意与葛氏并无分别。正是由于

[1]《云笈七签》卷二九《禀生受命部一·禀受章》引《真文经》。
[2] 王明：《太平经合校》，中华书局1960年版，第22、309、298页。
[3] 王明：《太平经合校》，中华书局1960年版，第613页。
[4] 陆静修：《洞玄灵宝斋说光烛戒罚灯祝愿仪》，《正统道藏》洞玄部威仪类。
[5]《三天内解经》卷上，《正统道藏》正一部。
[6] 李鹏飞：《三元延寿参赞书》卷三一《人说》，《正统道藏》洞神部方法类。
[7] 王明：《太平经合校》，中华书局1960年版，第446页。

道乃主生，道绝则万物不生，“人最善者，莫若常欲乐生，汲汲若渴，乃后可也”[1]，所以《三破论》称其教“妙在精思得一，而无死入圣”[2]。游仙活动正是在求长生久视，让上述教旨得以最大程度的实现。

在这种追求过程中，道教对个体生命力量的张大可谓淋漓尽致。它将年命的决定权划归给人自己，认为修道“近在我心，不离己身，抱一毋舍，可以长存”[3]。早期道教经典《老子西升经》中就有“我命在我，不属天地”的说法，唐道士李荣解释道：“天地无私，任物自化，寿之长短，岂使之哉，但由人行。有善有恶，故命有穷通。若能存之以道，纳之以气，气续者命不绝，道在则寿自长，故云不属天地”[4]。葛洪《抱朴子·内编》引《龟甲文》，也有“我命在我不由天”之说。《太平经》对此有更斩截的表述：

> 人命近在汝身，何为叩心仰呼天乎？有身不自清，当清谁乎？有身不自爱，当爱谁乎？有身不自成，当成谁乎？有身不自念，当念谁乎？有身不自责，当责谁乎？

历代学道游仙者禀此教，多有强调“天法象我，我法象天，我命在我，不在于天”[5]，“养神在心，不死由我”，“乃命在

[1] 王明：《太平经合校》，中华书局1960年版，第80页。

[2] 刘勰：《灭惑论》引，《弘明集》卷八。

[3] 魏伯阳：《周易参同契·自叙启后章》。

[4] 陈景元：《西升经集注》卷五，《正统道藏》洞神部玉诀类。

[5] 佚名：《真气还元铭》，强名子注谓：“言人性命生死由人自己。人若能知自然之道，运动元和之气，外吞二景，内服五芽，动制百灵，静安五藏，则寒温饥渴不能侵，五兵白刃不能近，死生在手，变化由心，地不能埋，天不能煞，此之为我命在我也。”《正统道藏》洞真部方法类。

我”[1]，乃至结合传统儒学衰微后哲学向心性论方向趋进，及以后理学和禅宗心性论影响下人的主体意识的日渐被突出，纷纷归趋于道教，借这种理论张大自己的生命存在，在道教义理中发现或寄托自己多方面的人生愿望。不仅要求长生久视，更要求以这长生久视之身有所作为。并且到后来，基于仙真事迹疑信杂出而仙真真迹从来难觅的事实，他们的游仙活动从很大程度上说已不是真的在求羽化飞升，与天地同寿，而更多地演变成通过对个体生命的养炼，求得一己理想实现的积极实践。

前文曾对曹操的游仙有过描述，也提出过批评。这里要补充提出的是，当他感叹“厥生初，造化之陶物，莫不有终期”时[2]，不全是为了权欲，当然更不尽是为色欲。纵观他的一生，他之游仙在很大程度上说正与汉末以来人的自我意识的觉醒，以及由此带来的感伤思潮的冲荡有关。汉末战乱频仍，人命朝不保夕，“百姓死亡，暴骨如莽”。这种触目可见的惨状每每让人在悲伤愁惨的同时，更激发出对生命的无限眷恋，由此许多人不免投身道教，希望在学道游仙中求得身心的弥复和滋养。这一点在曹操当然也不例外。

但曹操之游仙还不尽于此，他是一个志向远大的人，凭着雄才大略，逐步建立起政治经济上的优势，基本平定了黄河流域。以后沿江南而下，旨在统一，不想赤壁一战功败垂成。尽管他并未就此灰心丧气，但由此开始，基于年过半百，切念岁月无多确是有的。所以，继在江东方面采取防御措施，回头重点经略关中至汉中一线，在荡平关战事不利久攻不下之时，会作《秋胡行》诗二首，重言“天地何长

[1] 赵大信：《谷神赋》，《正统道藏》洞真部方法类。
[2]《精列》，《先秦汉魏晋南北朝诗·魏诗》卷一。

久，人道居之短”，并发出“愿登泰华山，神人共远游”的感叹。曹操集中游仙诗占去四分之一，大抵皆成于晚年。此诗可考知作于建安二十年(215年)，时曹操六十岁。当仗打得最为艰苦的时候，他在诗中引入仙人“三老公”，让其自赞“道深有可得，名山历观行，遨游八极，枕石漱流饮泉。沉吟不决，遂上升天”，实在是因心力交瘁，深感“壮盛智愚，殊不再来。爱时进趣，将以惠谁”，由此羡慕仙道长生，所谓“世言伯阳，殊不知老。赤松王乔，亦云得道”，并渴望从昆仑游到蓬莱，“飘遥八极，与神人俱。思得神药，万岁为期”。也就是说，他之游仙不仅出于佚乐，而在寄托张大个体本质力量、求取理想实现的欲望。昔人朱嘉征《乐府广序》谓：“《秋胡行》……思治也。武帝有大一统之志，尔时三分之业已定，自苦年力不逮，是其遗恨。读‘去去不可追，长恨相牵攀’、‘爱时进取，将以惠谁’，寄托益远矣”，这样的论述是很得其本旨的。

由此，联想《千金方》所载其《与皇甫隆令》，所谓“闻卿年出百岁，而体力不衰，耳目聪明，颜色和悦，此盛事也。所服食施行导引，可得闻乎？若有可传，想可密示封内”，固然有关享乐，但决不仅止于享乐可知。他不但借游仙抒怀，还借求仙寓求贤之志，借求长生之术寓求治世之道之意。如《气出唱》之一所谓“愿得神之人……来赐神之药”，证诸其思用人才与立志成大业之素心，不难看出是贤人君子与治国嘉谋的象征。如此“不戚年往，忧世不治”，他借神仙描写和游仙活动，实际表达了自己执著顽强的生命意志。也正是由于将游仙用作张大个体生命意志之具，所以他才会既热衷求仙问道，在《陌上桑》中对“食芝英，饮醴泉，柱杖桂枝佩秋兰”不胜向往之至，又“性不信天命之事”，“痛哉世人，见欺神仙”，在《善哉行》中对此道表示深刻的怀疑，《步出夏门行》更高唱“老骥伏枥，志在千里。烈士暮年，壮心不已。盈缩之期，不但在天。养怡之福，可得永年”。

一般士人在这方面的表现也颇具典型意义。尽管有的人学道游仙是为了祛病禳灾，长生不死。如唐初卢照邻正值壮年，患幽忧之疾，遂随孙思邈居太白山，服饵为事。后转徙阳翟之具茨山，饵方士玄明膏，“紫书常日阅，丹药几年成”[1]。又“学道于东龙门山精舍，布衣藜羹，坚卧于一岩之曲”[2]。他生命后期对道术信奉日盛，早登仙籍的愿望日增，与他企图通过学道炼丹摆脱沉疴折磨的迫切程度适成正比。但基于所受传统文化的长久熏染，以及这种文化熏染下形成的人生哲学和生活情趣的影响，更多文人士大夫几乎是随意取用道教教义以自我张大自适情怀的，即多摒弃道教徒鄙俗凡近的斋醮科仪，而常会心于道教教义中的精义妙旨。这些精义妙旨说到底不是三清四御、五老真君，也不在含影藏形、守形无生的九变十二化与二十四生等等，甚至也不是存想万神、返本还原的玄妙法术。他们所取用的是一种由心不动、万尘不染、天心见而天理会的高上境界。在这种境界中，他们真切地感受到了自己本质力量的最终实现。

人的本质力量某种意义上就是人的心智，人的主观意志和创造力。士人之学道游仙特别重视这种心智和创造力的开显，假心澹而虚以集阳和之气，拒意躁而欲以杜绝阴气。由于心悲则阴集，志乐则阳散，故追求不悲不乐恬澹无为，让天地间元和之气弥满胸襟，成为他们的至高追求。这期间，或许佛家禅定和定息方法也被其揽入以为主体的滋养。他们认为有了清静安闲的心，则已有了道行的高深和道术的修养，所谓“修道即修心也，修心即修道也”[3]。如此放心于无有之

[1]《羁卧山中》,《全唐诗》卷四二。

[2]《与洛阳名流朝士乞药直书》,《全唐文》卷一六六。

[3] 杜光庭:《太上老君说常清静经注》,《正统道藏》洞神部玉诀类。

乡，养神于逍遥之境，究明欲为“流浪之相”，澄为“定水之相”，澄心遣欲，无心于物，则神自清，道与仙俱在其中，是根本无需像《玉钤经》所讲的那样，立三百善成地仙，立千二百善成上仙的。至于那些服食、导引等养生良方，不过是安适自己的具体手段而已。而因要严执丹道规范，并“恩爱牵缠”、“名利萦绊”等“九难”与“眷属阻道”、“业病缠身”等“十魔”都要消除，在他们看来所付出的代价似太大了一些。这就是“待我付官了婚嫁，桃源洞里觅仙兄”[1]之类表述，在历代文人士大夫那里不断出现的原因。

当然，从历代帝王到平民百姓，其游仙之重形而下术数的固然常见，如帝王求外丹服食，目的就在超越生死长享富贵，但深入下去，细细按察，也无往而不埋设有张大个体生命的初心。秦二世胡亥所谓：“夫人生居世间也，譬犹骋六骥过决隙也。吾既已临天下矣，欲悉耳目之所好，穷心志之所乐，以安宗庙而乐万姓，长有天下，终吾年寿。”[2]可视为其心态的某种实录。以后如汉武帝、唐太宗等人之渴望永登仙籍，热衷游仙，多少都是与他们为强盛的国力和强大的自信心所感，意欲借游仙张大个体生命意志，并使之永贯天地的追求有关。

游仙活动还以其自身特殊的形式，反映了古人渴望体养和欲望满足的深在的内心诉求。

与佛教以世间为苦，既有所谓“三苦”，又有名目不同的“八苦”[3]，“总之是一切身心之苦”[4]，因而被称为“死亡宗教”不同，道

[1] 张仲方：《赠毛仙翁》，《全唐诗》卷四六六。

[2]《史记·李斯列传》。

[3] 分别见《法华经·信解品》、《法苑珠林·八苦部》。

[4]《增一阿含经·四谛品》。

教并不热衷探讨这类命题。相反，由其重命贵身可知，它是贪恋有生，乐以安处在人间的。不过也有论者对此不以为然，今人冯友兰就曾说："道教中底人，常住山林，使其身体，得营养多而受损害少，长生不老虽不可能，而因此可以不速老，享大寿，是可能底。不过，这一种的生活，往好处说，固可以说是清静无为；往坏处说，亦未尝不可说是空虚无味。李白诗：'太白何苍苍，星辰上森列。去天三百里，邈尔与世绝。中有绿发翁，披发卧冰雪。不笑亦不语，冥栖在岩穴'，有这种生活这番议论底人，如只以求长生为目的，即令能得长生，其长生亦可说是半死。"[1]认为道教为求长生，每舍弃人间，如此学道游仙，并不足慕。

诚然，禀道家道常无为之教，道教游仙文化提倡以清静为务，每要求人师法天地，不得燥处，并把好色、好音声和好厚味等诸贪欲视作"凶害之根"，称"人但知贪宠有身，必欲好衣美食，广宫室，高台榭，积珍宝，则有为"，"求长生者，不劳精思求财以养身，不以无功劫君取禄以荣身，不食五味以恣，衣弊履穿，不与俗争"。"道人同知俗事、高官、重禄、好衣、美食、珍宝之味耳，皆不能尽长生。"[2]道教戒律如"老君一百八十诫"、"老君二十诫"、"《妙林经》二十七诫"等，也都要求人摒除俗欲。然而，仅凭这一些就以为学道游仙只是一种需要有极强意志力的艰苦工作，须"恬愉澹泊，涤除嗜欲，内视反听，尸居无心"，"除难求之思，遣害真之累，薄喜怒之邪，灭爱恶之端"[3]，因此并不足慕，不免有些片面。诚如冯氏本人将道教定性为是一种追求"功利境界"的宗教，既然这一宗教旨在求取功利的实现，

[1] 冯友兰：《新原人·死生》，《贞元六书》，华东师范大学出版社1996年版，第690页。
[2] 饶宗颐：《老子想尔注校证》，上海古籍出版社1991年版，第10—36页。
[3] 王明：《抱朴子内篇校释》，中华书局1985年版，第17、170页。

哪得如此清寂？并且，衡之历代史实，也不是这么回事。所以闻一多《神仙考》说：

> 神仙思想之产生，是人类几种基本欲望之无限度的生长，所以仙家如果有什么诫条，那只是一种手段，暂时节制，以便成仙后得到更大的满足。在原始人生观中，酒食、音乐、女色，可谓人生最高的三种享乐，其中酒食一项，在神仙本无大需要，只少许琼浆玉液，或露珠霞片便可解决。其余两项，则似乎是他们那无穷而闲散的岁月中唯一的课业。试看几篇描写仙人的文学作品，在他们那云游生活中，除了不重要的饮食外，实在只做了闻乐和求女两件具体的事。

当初，杜光庭诠释老子“祸莫大于不知足”，尝谓“夫罪之兴祸，皆起于身。身之生恶，由于心想。故身心口为三业焉。三业之中，共生十恶。十恶之内，贪罪愈深，故生死纷争，皆因贪致。贪者，心业之一也。”[1]是道教徒完全知道一切恶源自“心想”，所以种种诫条无非是要人拘束此“心想”。然要真正做到“内制贪源，外息贪取”谈何容易，学道求仙之发愿起念，本身就是一种贪，故比之冯氏的论述，闻一多对神仙思想之产生所作的说明，似更切中事理与情理之肯綮。再说道教长生久视思想是从先民的生命崇拜一直到方仙道那里承袭而来的，其中重要的一点就在葆有肉体生命能长享现世快乐。以后为张大教义，诱引更多信众，它在宣教守大浑之朴，立至精之中，以道为循清静无为的同时，更花大力气对学道游仙之乐趣作了浓墨重彩

[1] 杜光庭：《道德真经广圣义》，《正统道藏》洞神部玉诀类。

的铺排。因此在历代道教徒笔下，神仙生活有绝然超出人世的美好，“登虚蹑景，云舆霓盖，粲朝霞之沆瀣，吸玄黄之醇精，饮则玉醴金浆，食则翠芝朱英，居则瑶堂瑰室，行则逍遥太清”[1]。而诸如太上道君的太室琼台洞真之殿，“风鼓玄旌，回舞旄盖，玉树激音，琳枝自簌，众吹灵歌，凤鸣去泰，神妃合唱，麟舞鸾迈，天钧八响，九和百会”[2]，更决非人间可以企及，这些都不是李白所说的“冥栖在岩穴”一语可以概尽的。

与仙人衣食住行竭尽豪华，目之所接、耳之所闻与体之所养皆非人间所能得一样，道教于求色一途也享极春光。尽管历代道教典籍于此未作正面的夸饰，但诸多端倪仍透出其间消息，可见其心之所期。譬如，西王母在《山海经·西次三经》中尚是“其状如人，豹尾虎齿而善啸，蓬发戴胜”的怪物，所谓“司天之厉及五残”，郭璞注：“主知灾厉五刑残杀之气也”，可见为凶神和灾星。《大荒西经》又指其居“昆仑之丘”，“其下有弱水之渊环之，其外有炎火之山”，似又为一“穴处”之悍神。就是到汉时，承《穆天子传》的描写，虽已被仙话改造成掌管不死之药的吉神，并配合着东王公的出现，成为地位崇高的神仙[3]，洛阳卜千秋墓壁画似有其形象[4]，然也不过为一白头老妪，如司马相如《大人赋》所云，“吾乃今日睹西王母，皓然白首”。但至六朝道士所撰《汉武内传》中，居然完全变成了一个“修短得中，天姿掩蔼，容颜绝世”的三十多岁的美妇人，为天上女仙之首。其变化

[1]《抱朴子·对俗》。

[2] 王悬河：《三洞珠囊》，《正统道藏》太平部。

[3] 王浮：《神异记·中荒经》：“昆仑之山，……上有大鸟，名曰希有，南向，张左翼覆东王公，右翼覆西王母。……西王母岁登翼，上之东王公也。”

[4] 见李淞：《论汉代艺术中的西王母图像》，湖南教育出版社 2000 年版，第 40 页。

如此，颇耐人寻味，虽有诱人信从和亲近的考虑，但诱人信从与亲近偏从色貌处下笔入手，多少反映了其人的心态。

再如列子认为群有以至虚为宗，万品以终灭为验，故人生天地间当以享乐为根本追求。又尝说："生民之不得休息，为四事故。一为寿，二为名，三为位，四为货。"在他看来，为追求这四者，人可以不理会任何道德律令，更不用接受任何道德榜样的指引，所谓"十年亦死，百年亦死；仁圣亦死，凶愚亦死。生则尧舜，死则腐骨；生则桀纣，死则腐骨，腐骨一矣，孰知其异！且趣当生，奚遑死后"，由此提出"则人之生也奚为哉，奚乐哉？为美厚尔，为声色尔"，并对管仲所说"恣耳之所欲听，恣目之所欲视，恣鼻之所欲向，恣口之所欲言，恣体之所欲安，恣意之所欲行"云云极为赞同。[1] 对此，儒家竭尽痛诋批斥之能事，或避之惟恐不及。但在道教，并不以为如此立论有违教旨，反而将其尊为"冲虚真人"，作为四大真人之一与庄子、文子、庚桑子并列，其书则被尊为《冲虚至德真经》，列入道教典籍，这多少表明道教本身是不排斥女色享受的。或者说，因本来不排斥俗世的享受，自然也就不排斥女色的享受。

而更为明显的例证是道教房中一道的发达，它构成了世界宗教史的一大奇观。房中术的发达，在创设者或是重生旨趣的寄托和反映，在习从者而言，面对如此殷勤周至的设教，大多会生出难以抗拒乃或正合吾意的亲近感。具体地说，自黄帝论道养则资玄素二女，到《汉书·艺文志》"方技略"所记古代方技，"医经"、"经方"和"神仙"之外，有"房中"八家，再到《抱朴子·内篇》称"房中之法十余家，或以补救伤损，或以攻治旧病，或以采阴补阳，或以增

[1]《列子·杨朱》。

年延寿”，并晋至唐公私著录可知，如《玄女经》、《素女经》、《彭祖经》、《子都经》、《天门子经》、《容成经》等书在晋以前即已出现。以后《隋书·经籍志》所载，又有《彭祖养心经》、《玉房秘诀》、《房内秘要》等十种专书。更不要说元以后成书的《尹真人皇极阖辟证道仙经》，用五行八卦比附推演黄男玄女“夫妻一媾即复纯乾”，为男女交合大唱赞歌了。这类专书的迭出，是道教徒和学道游仙者在求色一途享极春光的最好证明。如此才有汉末甘始、东郭延、封君达年等方士“能行容成公御妇人术，或饮小便，或自倒悬，爱啬精气，不极视大言”[1]。如前所说，曹操就曾向他们请教过。阴阳不交在道教认为会导致壅门之病，幽闭怨旷，必多病不寿；而阴阳不绝，则可增人寿命。葛洪在谈及彭祖活了七百六十七岁仍不见老时，就说过这样的话：“男女相成，犹天地相生也”，“天地昼分而夜合，一岁三百六十夜而精气和合，故能生产万物而不穷。人能则天，可以长存”[2]。

当然，与力戒贪欲一样，道教及其游仙理论于此一道也曾作过一些专门的限定，如提出须节欲保精、房事有度，更有许多宜忌的讲究[3]，东晋时上清派强调精气神的修炼，重登斋入靖，存思诸神，更排斥此道。但问题是，谁能保证信从者或取用者会理会这种限定，并由此上溯《易经》所谓“男女媾精，万物化生”之教，去体悟其中的哲学蕴涵？功法中既有阴阳双修一法，以魏伯阳为师，尊《周易参同契》为祖经，在民间广有影响的吕洞宾、陈抟、张伯端等人皆精擅

[1]《后汉书·方术列传》。

[2]《神仙传》卷一。

[3] 见陶弘景：《养性延命录》下卷《御女损益篇第六》，《云笈七签》卷三二；李鹏飞：《三元参赞延寿书》卷一《欲有所忌》，《道藏》洞神部深字号544册。

之，以后又多有人强调药物须取诸同类彼体，则享乐的端门已经洞开，有人用以为巴结帝王权贵的媚方，也有人用以为提高一己欲望的法门，是很难再有什么东西可以阻止其于泛滥之前的。也正是在这里，佛教徒找到了攻击对手的把炳。北周甄鸾就曾从道士耽溺合气一事出发，论定道教不如佛教：

> 真人日永，男女至朔、望日，先斋三日，入私房，诣师所立功德，阴阳并进，日夜六时，此诸猥杂，不可闻说……臣年二十之时，好道术，就观学，先教臣黄书合气三五七九，男女交接之道，四目两舌正对，行道在于丹田。有行者，度厄延年，教夫易妇，父兄立前，不知羞耻，自称中气真术。今道士常行此法，以之求道，有所未详。[1]

所谓“黄书合气”即天师道以黄道、赤道代阴阳二气分指男女，讲究以三五七九之数行二十四气，然后引气从两足经两胫至关元穴，再夹脊上行至泥丸，复从泥丸下行至两足，最终致“黄赤合气”，实为有怀于淫气兼以行乎隐书者[2]，上清派已斥之为“色观”，而非“上道”，佛主色空，见其放佚失误在在多有，故释道安、法琳等对其以女子为丹灶，采阴补阳的纵欲之术每有猛烈的抨击。当然，为与道教争胜，其撕破面皮攻击或回敬道教徒的话不一定都能采信，但在揭出后者有“醮事设符”、“贪寿忌夭”等短处的同时，特别指出其还“好色御

[1]《笑道论·道士合气三十五》,《广弘明集》卷九。

[2]《洞真黄书》载《黄书》含《赤界三一经》一卷,《九符七符》一卷,《玄箓》一卷,《混成》一卷,《中章》三卷,《神箓》一卷，总八卷，又寇谦之《云中音诵新科之诫》载：“房中之教，诵黄赤经契，有百二十之法。”

女”[1]，应该说是击中要害的。

由于道教中既有此教义，历代学道游仙者借此行一己之欲就变得非常正常。至于像葛洪所谓“若委弃妻子，独处山泽，邈然断绝人理，块然与木石为邻，不足多也……求长生者，正惜今日之所欲耳，本不汲汲于升虚，以飞腾为胜于地上也。若幸可止家而不死者，亦何必求于速登天乎！”[2]言及学道游仙者可恋妻子，迷室家，乃或宋人王栐所谓“黄冠之教，始于汉张陵，故皆有妻孥，虽居宫观，而嫁娶生子与俗人不异”[3]，既是出于“为附人情”的考虑，但在观念上不排斥色欲也多少可以想见了。

如果说以上论述稍嫌抽象，那么不妨再结合古人具体的游仙活动作一考察。鲍照是南朝刘宋时最著名的文士，由于出身负锸下农，不为那个崇尚门第的时代所重，故年轻时虽献诗临川王得为王国侍郎，以后一直仕途坎坷，不过任太子博士、县令等低级官吏，最后为乱兵所杀，令人感叹。他本来人生欲望强烈，既想建功立业，又无忘纵意享乐。当晚年仕途无望，情怀孤寂之际，这种人生须行乐的渴念就被集中迸逼出来。他回忆当年在京城与贵族结交的奢华生活：“阳春孟春月，朝光散流霞。轻步逐芳风，言笑弄丹葩。晖晖朱颜酡，纷纷织女梭。满堂皆美人，目成对湘娥。虽谢侍君闲，明妆带绮罗。”[4]“忆昔少年时，驰逐好名晨。结友多贵门，出入富儿邻。绮罗艳华风，车马自扬尘。歌唱青齐女，弹筝燕赵人。好酒多芳气，肴味厌时新。今日每想念，此事邈无因。”对自己未趁着年少畅情适怀深感后悔，由

[1] 刘勰：《灭惑论》，《弘明集》卷八。

[2]《抱朴子·论仙》。

[3]《燕翼诒谋录》卷二。

[4]《代堂上歌引》，《先秦汉魏晋南北朝诗·宋诗》卷七。

此“寄语后生子，行乐当及春”[1]，“遇乐便作乐，莫使候朝光”[2]，“人生苦多欢乐少，意气敷腴在盛年”[3]。《代升天行》一诗更称：“穷途悔短计，晚志重长生。从师入远岳，结友事仙灵。”《代淮南二首》其一又称“淮南王，好长生，服食练气读仙经……紫房彩女弄明珰，鸾歌凤舞断君肠。”其他如《从登香炉峰诗》、《从庾中郎游园山石室诗》等诗，都直接地表达了对仙人和求仙游仙者的企羡。将这两者联系起来，可知其晚志所在与游仙的目的，正是想借不脱情色的享乐生活，来对自己惨淡的人生作一补偿，哪怕这补偿仅存在于幽远的回忆中。

唐代因国力强盛，物质丰饶，使人有能力在追求功业的同时享受生活，因此当时迷恋学道游仙者众。唐初大臣如杜伏威、李道古、李抱真等人皆因追求长生富贵服丹药而死。唐女诗人鱼玄机为道姑，喜与名士相往还，风月赏玩之佳句播于士林，还与风流公子相谑狎，故婢女绿翘说她“欲求三清长生之道，而未能忘解佩荐枕之欢”。她怀疑绿翘与其相昵之客有私，妒恨之下，将其讯笞至死，这可算是道教纵欲享乐的极端例子。[4]唐时道士地位特殊，玄宗曾下令道士、女冠隶宗正寺，即将其视同宗族，故这班人少有拘检。不仅如此，皇室嫔妃公主出家为道士的也很多，见诸传记的就有四十余人。[5]其时，尚有官僚士大夫家妻妾儿女出家为道士的，《庐山志》载“蔡寻真，侍郎蔡某女也。李腾空，宰相李林甫女也……学三洞法，以丹药、符箓救人疾苦”，故李白《送内寻庐山女道士李腾空》之二有“多君相门

[1]《代少年时至衰老行》,《先秦汉魏晋南北朝诗·宋诗》卷七。

[2]《代边居行》,《先秦汉魏晋南北朝诗·宋诗》卷七。

[3]《拟行路难》其五,《先秦汉魏晋南北朝诗·宋诗》卷七。

[4] 见皇甫枚:《三水小牍》。

[5] 见王溥:《唐会要》卷六、《新唐书·诸帝公主传》。又见龚自珍:《上清真人碑书后》,《龚自珍全集》第4辑，上海人民出版社1975年版，第298页。

女，学道爱神仙”之句。再加宫女放出，平民女子求道，仅长安一地道观就有三十所之多。其中，虽有像胡愔这样栖心淡泊，焦心研精的入道者，所著《黄庭外景图》一卷入载《新唐书·艺文志》，另《黄庭内景五脏六腑图》据《崇文总目》卷三十六所录，似亦为其所撰。然更多的人并不能安分，有鱼玄机、李冶之风流的正复不少。她们筑观在外，史即不言其丑。[1]相反，认为道士或学道游仙者之享乐是当然之事，不能课以俗礼，不值得大惊小怪。倒是王室觉得有的玩得太过出格，颇扰地方，不得不出为干涉。[2]如此再回视那个时代文人的创作，由刘禹锡、高骈、陈羽、顾况、韦渠牟、陈陶、皎然、司空图等人所写步虚词，李绅、于鹄、章孝标、李颀、刘威、张仲方、温庭筠等人所写道诗，还有初为道士，后一直追慕古仙子高情，志趣澹然，有凌云之骨的曹唐，先作《大游仙诗》50首，继而又作《小游仙诗》98首，名动一时、数冠一代的突出事例[3]，包括韦应物《王母歌》所谓“玉颜眇眇何处寻，世上茫茫人自死”，以及贾岛、贯休等人否定游仙的作品，可知上述为享乐而学道游仙确已成为一种时代风尚。

中唐诗人皇甫湜在所作《出世篇》中，将这一点表露得至为直白：

生当为大丈夫，断羁罗，出泥涂。四散号呶，俶扰无隅。埋

[1] 见王士祯：《居易录》卷八。

[2]《新唐书·诸帝公主传》载乾符四年，“以主（安康公主）在外颇扰人，诏与永兴、天长、宁国、兴唐四主还南内。”

[3] 见辛文房：《唐才子传》卷八。又孙光宪：《北梦琐言》卷五载：“唐进士曹唐《游仙诗》，才情缥缈，岳阳李远员外每吟其诗而思其人。一日曹往谒之，李倒屣而迎。曹生仪质充伟，李戏之曰：‘昔者未睹标仪，将谓可乘鸾鹤，此际拜见，安知壮水牛亦恐不胜载。’时人闻而笑之。”又同卷谓：“沈询侍郎精粹端美，神仙中人也。制除山北节旄，京城诵曹唐《游仙诗》云：‘玉诏新除沈侍郎，便分茅土领东方。不知今夜游何处，侍从皆骑白凤凰。’即风姿可知也。”曹其人其诗之倾动天下如此。

> 之深渊，飘然上浮。骑龙披青云，泛览游八区。经太山，绝大海，一长吁。西摩月镜，东弄日珠。上括天之门，直指帝所居。群仙来迎塞天衢，凤凰鸾鸟灿金舆。音声嘈嘈满太虚，旨饮食兮照庖厨。食之不饫饫不尽，使人不陋复不愚。旦旦狎玉皇，夜夜御天姝。当御者几人，百千为番，宛宛舒舒，忽不自知。支消体化膏落明，湛然无色茵席濡。俄而散漫，斐然虚无。翕然复抟，抟久而苏。精神如太阳，霍然照清都。四肢为琅玕，五脏为璠玙。颜如芙蓉，顶为醍醐。与天地相始终，浩漫为欢娱。下顾人间，溷粪蝇蛆。

生活中应该有的享乐这里边都有了，生活中不能有的享乐这里面也有了，人的欲望被夸张到了极点，以至与其说道教教义有此慷慨的赐予，不如说是他们假取道教以尽享自己的游仙之乐。

相比之下，李贺游仙的享乐意味则稍微幽眇要约一些。李贺好游仙，故诗中常用道教名目与典故，又常通过张大神仙和仙境的意象表达对时光易逝和人生空茫的感叹。论者指出他的这种好游仙，是与才高位卑、郁郁不得志的人生经历密切相关的。李贺有十分良好的自我感觉，作为宗室郑王李亮之后，时时不忘自己出身高贵，并在《金铜仙人辞汉歌序》、《仁和里杂叙皇甫湜》、《许公子郑姬歌》、《酒罢张大彻索赠诗》等诗文中多次提及。然因避父讳，不得与进士，只当了一个从九品的奉礼郎。加以体弱多病，未老先衰，使他对命运的拨弄和年命不足持有特别真切的认识，“思牵今夜肠应直，雨冷香魂吊书客”[1]之余，对仙道的体悟特别深刻，游仙的渴望也特别强烈。他在诗

[1]《秋来》,《全唐诗》卷三九〇。

中大量揽入神仙意象，很大程度上是用来寄托自己纵意享乐的生命欲望的。当其时，他是“下国饥儿”，过着“索米王门”的艰苦生活。[1] 他的瘦马敝屋是向族人借的，自己日夕出入，不过一距驴而已。元和七年(812 年)，友人沈亚之下第东归，他竟无钱资酒以劳，只能送之以诗。现实生活的困顿迫令他把自己认为该享受的一切都搬到了天上。《秦王饮酒》写宴饮尤其让人印象深刻：“龙头泻酒邀酒星，金槽琵琶夜枨枨。洞庭雨脚来吹笙，酒酣喝月使倒行。银云栉栉瑶殿明，宫门掌事报一更。花楼玉凤声娇狞，海绡红文香浅清，黄娥跌舞千年觥，仙人烛树蜡烟轻，青琴醉眼泪泓泓。”这种对歌舞乐曲和歌女、宫女姿态、声臭和服饰的描绘，都隐约透露着他现世享受的白日梦。

并且，伴随着月宫、云楼和王母宫等物象，李贺笔下的每一篇游仙诗都有仙女出入。因着自己的生理缺陷，骨薄面灰、巨鼻通眉和鬓茎稀少的寒俭与丑陋，他笔下的仙女大多面目娇好。《兰香神女庙》是一篇正面描写神女形貌的作品：“吹箫饮酒醉，结绶金丝裙。走天呵白鹿，游水鞭锦鳞。密发虚鬟飞，腻颊凝花匀。团鬓分蛛巢，秾眉笼小唇。弄蝶和轻妍，风光怯腰身。深帏金鸭冷，奁镜幽凤尘。”其中对密发、团鬓和浓眉的有意突出颇耐人玩味，在其他地方，他也有意突出她们的“垂雾妖鬟”[2]，“浓蛾叠柳香唇醉”[3]，“长眉凝绿几千年”[4]。昔《汉武内传》载西王母谓武帝“形慢神秽，虽当语元以至道，殆恐非仙才也”，可知古人认为一个人形貌丑陋是难有成仙希望的，以此推知，李贺似也少有登仙的可能，所以他在《贾公闾贵婿

[1]《勉爱行二首送小季之庐山》，《全唐诗》卷三九一。

[2]《神仙曲》，《全唐诗》卷三九四。

[3]《洛姝真珠》，《全唐诗》卷三九〇。

[4]《贝宫夫人》，《全唐诗》卷三九三。

曲》中感叹潘岳占尽美女，使天下再“无人死芳色”，在《荣华乐》中由衷羡慕后汉梁冀有“瑶姬凝醉卧芳席”为伴，游仙生涯乃或对仙道的喜好，实际成了他贫薄的现实生活的补偿。也因此，元人编《历世真仙体道通鉴》，会将其尊列为仙。

当然，在道教盛行游仙成风的年代，也可听到不尽一致的声音。如北魏寇谦之改革天师道时，就托太上老君传言，把房中术列为“三张伪法”之一，《老君音诵诫经》也有“妄传陵身所授黄赤房中之术，授人夫妻，淫风大行，损辱道教”之说，《老子想尔注》第九章注更有“道教人结精成神。今世间伪伎诈称道，托黄帝、玄女、龚子、容成之文相教，从女不施，思还精补脑，心神不一，失其所守，为揣悦不可长宝”的训教。文人士大夫于此深以为然，并照此推衍，对长生极乐之事有比较清醒的认识，特别是当他们冷静或失意的时候。如曹丕《芙蓉池作》就有句谓：“寿命非松乔，谁能得神仙。遨游快心意，保己终百年。”他以为人活百岁，如草木一秋，哪能有金石之固，故应及时行乐，然而神仙的快乐又是杳不可期的。类似的说法在唐代也被许多人提及。如唐太宗就认为“神仙事本虚妄，空有其名”，由秦皇汉武两人事可知“神仙不烦妄求”[1]，故对游仙致乐之说不以为然。其所作《帝京篇》第九首谓：“建章欢赏夕，二八尽妖妍。罗绮昭阳殿，芬芳玳瑁筵。珮移星正动，扇掩月初圆。无劳上悬圃，对此即神仙。”时徐彦伯、郑愔等人也有“即此神仙对琼圃，何烦辙迹向瑶池”[2]，“何如游帝宅，即此对仙家”[3]之句，看似皆以世俗享乐来否定仙界之乐，并由此导出神仙不足持、游仙不必为的结论。但要指出

[1]《旧唐书·太宗纪》。

[2]《苑中遇雪应制》，《全唐诗》卷七六。

[3]《奉和幸上官昭容院献诗四首》其一，《全唐诗》卷一〇六。

的是，他们极言帝王所享有的天下乐事，却仍免不了以神仙或仙界作参照，则其内心深自认同仙界之乐与游仙可致极乐是显而易见的。从这个意义上说，它正反证了仙界可乐的事实与世人求仙意在享乐的真实目的。

最后，作为专制统治与礼法社会中人们安适身心的手段，游仙还反映了人追求个性开张与精神自由的深层愿望。

就一般情形而言，宗教的关键不在神灵，而在人与神灵结成的特殊关系。而这种关系以何种面目出现，最终是由人自己来决定的。所以归根到底，宗教可以说是一种关于主体性的学说。主体的人通常有超越性的诉求——既超越现实，又超越自我，故不但有探索人生意义的强烈愿望，还有究问宇宙本原等终极问题的浓厚兴趣。宗教泯灭了人的自我意识和感觉，重构了人的理想人格和境界，通过转换人的具体性，它创造人更高的主体性，并以自己出世的追求和趋赴，与世俗的生活乃至文化构成互补。故从根本意义上说它又是自由的，否认除自己以外的任何权威的。

道教以老庄关于“道”的学说为基础，在一定程度上也以这种自由为追求目标。通过对“道”的信仰，学道游仙者明了了个人在社会乃或宇宙中的位置，并由此形成生活的意义。这种明了既是古人对自身的一种理解，也表征着他们对自由的理解。并且，有时这种理解相较于他们接受的许多道德规范来得更重要，更本质。诚如美国中国文化和宗教权威刘易斯·霍斯德（Lewis Hodous）所说：“道教所包含的政治思想远不像它所主张的追求宁静和善良的各种行为准则那样丰富，在道教神秘主义的宗教思想中所具有的，道教徒们努力要在一个动乱的时代中实现的那些政治思想是零散的和片面的，他们所要努力实现的社会是一个没有特殊的权力来限制他人的权利的绝对自由的社会。”[1] 所以，它创造的仙真皆有自由的特性。他们凌空蹈虚，行走自如，且在魏晋时形状已由“体身毛，臂变为翼，行于云”的“毛民”、“羽民”[2] 变回人形，而类似刘安《八公操》“知我好道公来下兮，公降与予生毛羽兮”，葛洪《抱朴子·对俗》“古之得仙者，或身生羽翼，变化飞行，失人之本”，或“更受异形，有似雀之为蛤，雉之为蜃，非人道也”之说，未必再会被人认同，但能自由自在往来上下的飞鸟意象，在道教那里并未真正退隐消遁，有时它们变身为仙人的座骑，仙人因以仍能假其乃或龙虎鹿鹤，“上能竦身于云霄，下能潜泳于川海”[3]，并获得“羽人”、“羽客”或“羽士”的美称。而就其质性和性情而言，更是绝对张扬自由，既无需考虑生老病死，也不必经历宦海风波，没有什么可以让他们为之兢兢业业地投入和付出的，以至声色享乐之余，云游成了他们无穷的闲散生涯中最重要的课业。

学道游仙之人从仙人这种安享自由中获得了修道问仙的动力。他们仰慕仙人能上天入地下海，如汉武帝时，“公孙卿侯神河南，见仙人迹侯氏城上，有物若雉，往来城上。天子亲缑氏城，视迹。”又加封栾大，“使使衣羽衣，夜立白茅上，五利将军亦衣羽衣，赠送白茅受印”[4]，汉乐府诗《折杨柳行》也有“服药四五日，身轻生羽翼”这样的句子。同时，他们又十分艳羡仙人的性情超举，不涉尘世烦扰，所以纷纷遁入名山，远离俗众，追求“太清乐处以逍遥”的自由生活。[5] 尽管因所奉经书不同，创教区域有别，门派丛出的道徒常聚

[1] 爱德华·J·贾吉：《世界十大宗教》，刘鹏辉译，吉林文史出版社 1991 年版，第 31 页。
[2] 王充：《论衡·无形》。
[3] 葛洪：《抱朴子·对俗》。
[4]《史记·孝武本纪》。又，《汉书·郊祀志上》：“五利将军亦衣羽衣”，颜注曰：“以鸟羽为衣，取其神仙飞翔之意也。”
[5]《太清乐》，《金箓斋三洞赞咏仪》卷上。

合修炼，修仙活动带有某种集体化的特点，但正所谓“夫学者各为其身，不为他人也，故当各自爱而自亲，学道积久，成神真也”[1]，许多人还是嗜好个人隐居清修，乐于散仙的生涯。如此“消闲一主人，怕客来恼聒”，享受不尽“为爱此清闲，万事都摆脱。夜夜曲江头，掬水弄明月”的清福。[2]

一般人服膺其教，也多有用此寄托梦想实现自由欲望的。这一点，几乎从道教产生之日起就是如此。如前所说，道教及教派的产生是与朝政废失、国家昏乱、人民流离失所相关联的。个人的生命和自由得不到保障，反激出人渴望超越的宗教热情。五斗米道和太平道之产生于东汉末年社会危机深重的时代，上清、灵宝派之出现在羸弱的东晋和十六国纷争时期，北方诸新道派与南方符箓派之出现在两宋民族矛盾空前尖锐时期，都证明了这一点。特别是在南北朝以前，尚未与儒家纲常伦理相磨合的早期道教中，反对社会不公，反抗以强凌弱，乃至要求上承墨家遗教，让人在“众贤共照，万物合生”的太平世界里实现个体自由与康宁，几乎是导致各个道派产生的唯一原因。此前太平道与五斗米道在汉中广有信众，以后帛家道、李家道兴起，东晋李脱弟子李弘及孙恩、卢循起义，都具有很强的崇尚自由平等的叛逆色彩。葛洪《抱朴子·道意》称汉以来“诸妖道百余种，皆煞生血食”；又称“曩者有张角、柳根、王歆、李申之徒，或称千岁，假托小术，坐在立亡，变形易貌，诳眩黎庶，纠合群愚，进不以延年益寿为务，退不以消灾治病为业，遂以招集奸党，称合逆乱”，这些人大多假道教号召民众，民众也乐得为其所用。这期间，人的一种平等

[1]《太平经钞》乙部卷之二，《正统道藏》太平部。

[2] 萧廷芝：《茅庐得意歌》，《修真十书金丹大成集》卷一二。

意识和自由根性，以宗教的形式，别出人间的天神之道的形式，得到了充分的体现。以后，随道教与专制政体日相调适，假其名集群起义的事情少了，但每当政治昏暗，民不聊生，它间或仍是人寄托自由平等理想的重要载体。而类似假学道游仙以祓除病灾，获致安康，不过是其间一小者耳。

对游仙可寄托人自由理想的道理，文人士大夫有更真切深入的体会。在他们看来，游仙实际上是这样一种行为，它通过改变人自身的存在，赋予人新的生活目标。通过学道修炼，人能将自己与人应该有的完美本质联系起来。有时候不用认真研习道义，仅一种心理和情感的认同，就可以让人体验到求道游仙实关涉人生活的品质和生存的真谛。他们在认识这个真谛的过程中最大程度地认识自己，从而在生命中的某个时刻，能确认并宣布自己是自由的，是摆脱了种种外在羁绊傲然独立的。

当然，要达到由认识自己而走向精神自由，人所须付出的代价是惨重的。如三国时曹植，早年有尚武任侠的豪气，发愿“长驱蹈匈奴，左顾陵鲜卑”[1]。然自建安二十二年(217 年)与兄争太子位失败后，在曹丕父子两代忌压下，成了圈牢中人，虽多次上表推戴效忠，祝“陛下长欢乐，永世合天符”[2]，仍不能获得信用，相反，因醉酒悖慢、劫胁使者，几获死罪。以后再判再释，旋升旋贬，连性命也变得岌岌可危。本来，他对游仙并不相信，所谓“先民谁不死，知命复何忧”[3]，在曹丕为太子后还做《辨道论》，称“自从家王与太子及余兄弟，咸以为调笑，不信之矣”，自此变故迭经，对仙道的看法有了改变，并开始以诗游仙。不过吟唱“授我仙药，神皇所造。教我

[1]《白马篇》，《先秦汉魏晋南北朝诗·魏诗》卷六。
[2]《孟冬篇》，《先秦汉魏晋南北朝诗·魏诗》卷六。
[3]《箜篌引》，《先秦汉魏晋南北朝诗·魏诗》卷六。

服食，还精补脑”的目的，尚在“寿同金石，永世难老”[1]。及至黄初四年(223年)后，情形又有新的变化。先是他因上表献诗，“愿蒙矢石，建旗东岳”[2]遭忌，待任城王曹彰被毒死，他觉得神仙长寿终究不可依恃，而自己的生命实际已朝不保夕。尽管曹睿上台后对他多有礼遇，但看管之严却有增而无减，甚至到了“婚媾不通，兄弟永绝，吉凶之问塞，庆吊之礼废”[3]的地步，他的行动自由被彻底剥夺了。这时他又开始写游仙诗，这些诗的主题因此由早先的求长寿，一变而为求自由，所谓“四海一何局，九州安所如。韩终与王乔，要我于天衢。万里不足步，轻举凌太虚”[4]，“将归谒东父，一举超流沙。鼓翼舞时风，长啸激清歌”[5]。原本，他尚有“雠高念皇家，远怀柔九州”[6]的深情，至此则高吟“中州非我家”，“昆仑本吾宅”[7]，“九州不足步，愿得凌云翔”[8]，并四方之游尚不足惬其心，乃兴作天上之游，是为“五游”。这种慕仙游仙之辞显然包含了他对现世政治的断弃，对权力中心的疏离，乃至对正统礼序的根本上的怀疑。他披上羽衣，乘飞龙，与仙期，“意欲奋六翮，排雾陵紫虚”[9]，“逍遥八纮外，游目历遐荒”[10]，并感到“齐年与天地，万乘安足多”[11]，“淡泊无为自然，乘蹻万里之外，去留随意所欲存，高高上际于众外，下下乃穷极地天”[12]，是真正开始超脱了现世的羁绊，走向精神的自由。论者以为

---

[1]《飞龙篇》，《先秦汉魏晋南北朝诗·魏诗》卷六。
[2]《责躬》，《先秦汉魏晋南北朝诗·魏诗》卷七。
[3]《求通亲亲表》，《全三国文》卷一五。
[4]《仙人篇》，《先秦汉魏晋南北朝诗·魏诗》卷六。
[5][7][11]《远游篇》，《先秦汉魏晋南北朝诗·魏诗》卷六。
[6]《鰕䱇篇》，《先秦汉魏晋南北朝诗·魏诗》卷六。
[8][10]《五游咏》，《先秦汉魏晋南北朝诗·魏诗》卷六。
[9]《游仙诗》，《先秦汉魏晋南北朝诗·魏诗》卷七。
[12]《桂之树行》，《先秦汉魏晋南北朝诗·魏诗》卷六。

这是一种“从传统的思想格局中突围而出，崇尚个人价值的实现，争取个性的自由发展”的举动，与“汉魏之际人性觉醒是联系在一起的”[1]。换言之，在曹植这里，游仙成了他争取个人自由意志实现的理想寄托。

前曾提及李白对游仙的热衷，倘从这个角度考察也极富典型意义。由于父母的期许和旁人的称赞，李白从来就自信自己是九天下凡的谪仙。自十五岁学道游仙起，总有“欲逐黄鹤飞，相呼向蓬阙”的宏愿。[2]以后不管人生理想实现与否，这一志向一直不灭。此范传正所谓“好神仙非慕其轻举，将以不可求之事求之，其意欲耗壮心，遣余年也”[3]。但这里要特别指出，他之热衷学道游仙不仅基于家世和环境的熏染，还因为游仙满足了他跳脱狂放、渴望自由的天性。也许是身上流着胡人的血，所以他可以放弃许多东西，出蜀后集中绝无思亲之句，更少念及兄弟姐妹；一生四娶，也未见有室家之顾，可称是一个对家庭不负责任、与家庭不相称的人。但当他吟出“吁咄哉！仆书室坐愁，亦已久矣。每思欲遐登蓬莱，极目四海，手弄白日，顶摩青穹。挥斥幽愤，不可得也”[4]，这“幽愤”显然不仅指仕途坎坷催生出的郁忿，还有对人个体存在和终极追求更深更远的切念。

有一个佐证是他对东方朔的推崇。东方朔是令他心折的少数几个人之一。在所作《玉壶吟》中他称“世人不识东方朔，大隐金门是谪仙”，《留别西河刘少府》称“谓我是方朔，人间落岁星”，更引其为

[1] 顾农：《从游侠到游仙——曹植创作中的两大热点》，《东北师范大学学报》1995年第3期。
[2]《感兴八首》其五，《李太白全集》卷二四。
[3]《唐左拾遗翰林学士李公新墓碑并序》，王琦注《李太白全集》卷三一，附录一。
[4]《暮春江夏送张祖监丞之东都序》，《全唐文》卷三四九。

同调。传说东方朔原是西王母邻小儿，为太上仙官，太上令到方丈使助三天司命收诸家。然他到后，但务山水游戏，了不共营合气，又擅弄雷电，激波扬风，被谪斥人间。褚少孙补《史记·滑稽列传》记其自谓“如朔等，所谓避世于朝廷间者也。古之人，乃避世于深山中”，又作歌曰：“陆沉于俗，避世金马门，宫殿中可以避世全身，何必深山之中，蒿庐之下。”其人形迹志向如此。李白极力推崇他，可知其所好游仙在很大程度上是建立在对仕途经济的清醒认识上的。也就是说，不论仕途坎坷还是得意，他都会怀远举之志，因为他向往的是精神的畅适和自由，并不会仅为功名而抛却这份自由。

因此，李白的求道游仙就有了凌驾于具体时地之上的超越色彩。这决定了在任何时候他都鄙夷权势，“安能摧眉折腰事权贵，使我不得开心颜”[1]，甚至“天子呼来不上船，自称臣是酒中仙”[2]，并在《襄阳歌》中高歌“清风朗月不用一钱买，玉山自倒非人推”。如此对仙道的热衷，再结合任侠的天性，使得他的游仙充满了舒展个体生命自由的色彩，侠风傲骨和仙风道骨在他身上已融合成一种张扬自我与自由的超迈气性。他在仙侠并游中找到并确认了真正的自我，从而也使游仙真正进入到超越俗世的自由境界。此所以在《草创大还赠柳官迪》中，他称自己“吾求仙弃俗”是在“一举上九天，相携同所适”。《山中问答》诗又说：“问余何意栖碧山，笑而不答心自闲。桃花流水窅然去，别有天地非人间。”他在山中摆脱了世俗的束缚，真正做到了与大自然相融无间。所以这首诗又题作《山中答俗人》。应该说，较之嵇康“哀哉世间人，何足久托身”，“俗人不可亲，松乔是可邻”

[1] 《梦游天姥吟留别》，《李太白全集》卷一五。
[2] 杜甫：《饮中八仙歌》，《全唐诗》卷二一六。

的吟唱[1]，他对游仙的热衷相对而言要更纯粹一些，因此也更契近游仙精神的内核。

当初，颜延之《五君咏》称嵇康“中散不偶世，自本餐霞人”，清人陈祚明《采菽堂古诗选》已指出，不是什么自来如此，盖“阮、嵇轻世肆志，所托不群，非欲真仙也，所愿长与俗人别耳”。这种不满现实中政治的黑暗和俗世中人性的苟且，要通过游仙别树一标格，与李白从来就认为自己是仙因而本该拥有仙的自由是不同的。从这个意义上说，李善注《文选》郭璞《游仙诗》七首，谓“凡游仙之篇，皆所以滓秽尘网，锱铢缨绂，餐霞倒景，饵玉玄都”，一直到清人厉鹗作游仙诗，称“事虽寄于游仙，情则等于感遇”[2]，虽大致有理，但于有些人之游仙非尽出于环境的挤迫，也并非出于欲望的享受，而仅基于天性中对自由的热爱这一点不甚了然，不能不说是一种片面之论。

总之，由曹操的山中之游，到曹植四方之游不足而作天上游，再经郭璞虽寄身山中，“逸翮思拂霄，迅足羡远游”[3]，“永谐帝乡侣，千龄共逍遥”[4]，到李白“一餐历万岁，何用还故乡。永随长风去，天外恣飘扬”[5]，“八极恣游憩，九垓长周旋”[6]，士人的游仙越往后越呈现出向更富有个性和人格自由方向趋进的面貌。当曹植以超迈的椽笔借诗游仙，有时不免用人境充作仙境，如将王宫的宴饮仙化，《五游咏》中提及的仙宫文昌殿，据《晋书·礼志》和左思《魏都赋》所载，其

[1]《五言诗三首》之三，《先秦汉魏晋南北朝诗·魏诗》卷九。

[2]《前后游仙百咏自序》，《樊榭山房文集》卷四。

[3]《游仙诗》之五，《先秦汉魏晋南北朝诗·晋诗》卷一一。

[4]《游仙诗》之十，《先秦汉魏晋南北朝诗·晋诗》卷一一。

[5]《古风》之四一，《李太白全集》卷二。

[6]《赠嵩山焦炼师》，《李太白全集》卷九。

实就是魏宫中用于宴饮的厅堂，而进仙药的仙人王乔、羡门，就是被其父罗致来的方士甘始、左慈之流；当郭璞挟注《山海经》、《穆天子传》引发的奇思异想，“放情陵霄外，嚼蕊挹飞泉”[1]，有时也未脱尽实有的山林样板，如庾仲雍《荆州记》所谓：“临沮有青溪山，山东有泉，泉侧有道士精舍，郭景纯尝作临沮县，故游仙诗嗟青溪之美”。李白则跳出实有之境的拘限，以高迈的想象，将游仙提升到一个更高的境界。以他的《古风》诗为例，“或欲把芙蓉而蹑太清，或欲挟两龙而凌倒景，或欲留玉舄而上蓬山，或欲折若木而游八极，或欲结交王子晋，或欲高挹卫叔卿，或欲借白鹿于赤松子，或欲餐金光于安期生”[2]，几乎再没有什么东西可以规范他和牢笼他了。

如果说，曹植也好，嵇康、郭璞也好，他们的求长生好游仙是基于人与社会的对立，继承的是屈原《远游》所开辟的“世俗迫阨而我轻举”的传统[3]，那么以李白为代表，更有些人的访道游仙是基于人与自然的同一，以及这种同一过程中自我的精神舒展和释放。当然，这自然不可能是全然独立于人的纯粹自然，这精神也不可能是完全独立于社会的纯粹精神，但比之前者，它们在着重点上的区别仍是不言而喻的。

取径于儒释文化的融通

本书开头即提出中国古代的文化精神问题，我们将之确指为一种面向实际的现世主义。联系广大的中原、江南地区普遍受暖温带控制，

[1] 《游仙诗》之三，《先秦汉魏晋南北朝诗·晋诗》卷一一。

[2] 葛立方：《韵语阳秋》卷一一。

[3] 黄子云：《野鸿诗的》云：“游仙诗本之《离骚》，盖灵均处秽乱之朝，蹈危疑之际，聊以乌有之词以寄兴焉耳。建安以下，竞相祖述，景纯、太白，亦恣意描摹。”可为参看。

半封闭的大河大陆型的地理环境造成的地势低平、水系众多使一家一户自给自足的农耕生活被普遍遵从，这种一道而同风的社会生产方式和宗族相保的社会组织形式，使古人很容易形成相同的思想和习俗，并由此产生共通的情感认同；而生产资料和生产过程、产品与消费过程的距离甚小甚或同一，将人牢牢束缚在土地上，又使人很容易安于现状，不善于向玄远的彼岸和上帝致思，这种判断大体可以成立。

与这种现世主义相对应，或者作为这种现世主义的代表，儒家学说占据传统文化的中心地位决非偶然。尽管，最早的儒家由古代的巫史祝卜分化而来，然它执持道德主义及六艺宗旨，助人君顺阴阳而成教化，最尚实际，最重礼俗，所以也最得统治者及一般臣民的好评。

道教则不同，它首重长生，道教经典凡有建言，每不离仙真与长生，要人越世情而慕轻举，略形骸而尚登仙。道风炽盛之时，上自帝王士大夫，下至普通百姓，纷纷弃亲毁家以从。上士可以游仙固不论，即中士、下士也各有游仙之法。乃至为了守道不失，纷纷摆脱尊长的邀拦，妻女的纠缠，甚或名利的牵绊。以顾念尊长与妻女为有碍修道成仙，不免有违人伦，属不孝；以名利为游仙的牵绊，也极可能导致浑忘家国事功，有弃君之嫌，是不忠，这些都是与儒家教义相违背的。

故自王充以来，批判神仙变化及方术，以道教为伪说的说法不断被人提及。如前所说，曹操父子一边好游仙长生，一边将方士斥为谎骗之徒，与桀纣殊世而齐恶，与奸人异代而同伪。南北朝以下，从范缜、樊逊到柳宗元、刘禹锡，再到宋元时的李觏、叶适、谢应芳，明清时的王廷相、黄宗羲、王夫之、洪亮吉等人，疾异端惑世，均对之予以严斥，或指出“凡鬼神事，眇茫荒惑无可准，明者所不道”[1]，或

[1] 柳宗元:《与韩愈论史官书》,《全唐文》卷五七四。

以为它会“倾危宗社”，“自秦汉以来，惑世尤甚”[1]。北宋李觏认为，三代既往，礼教不竞而人欲大胜，人之欲莫大于生，而道教流诵秘书，号称教人不死，正适合了人的“诈权”、“贪欲”之心，所谓“飞升若也由贪欲，紫府还应用权诈”[2]。他进而还从道教日盛使国家失去劳动力，坐逃徭役，弗给公上；百姓失去子嗣，无以救贫养亲，由此末作炽而农时违等角度，对道教作了全面的否定。由其所说“古者祀天神，祭地祇，享人鬼，它未闻也。今也释老用事，率吾民而事之，……民之为役者，无虑几百万。广占良田利宅，媺衣饱食，坐谈空虚以班曜愚俗”，以至“大山泽薮，跨据略尽”云云[3]，他颇慑于道教之势炽，对学道游仙极为反感。而王廷相更干脆从根本上对修道成仙之说作了否定，认为其“离父子君臣夫妇朋友之交际”与“饮食衣服居室之养”，“是生也为死之道”[4]。

对来自儒家等反对方的指斥道教是十分重视的。尽管它从不怀疑作为阴阳五行中至为精要之物的凝聚，道是自在而永恒的，人与之一体同构，以一身为天地，循阴阳变化及五行生克逆行修炼，可以与道同其长久。但为了让游仙获得自身存在的真理性和可信性，同时也为招引更多的俗众，它竭力弥缝道法体系中可能有的罅隙，以求自我圆足到不显破绽。[5]

对儒家天命观的吸收和利用是其中极为有效的一着。以孔子为创

---

[1] 谢应芳：《辨惑编》卷四“异端”。

[2] 《七言四韵诗·朽麻姑庙》，《李觏集》卷三六。

[3] 《富国策第二》，《李觏集》卷一六。

[4] 《慎言·五行篇》。

[5] 陈寅恪：《冯友兰中国哲学史下册审查报告》：“自晋至今，言中国之思想可以儒释道三教代表之……六朝以后之道教包罗至广，演变至繁，不似儒教偏重政治社会制度，故思想上尤易融贯吸收。然仍不忘其本来民族之地位。”见《陈寅恪史学论文选集》，上海古籍出版社 1992 年版，第 510 页。

始，儒家虽“敬天命而远之”，但并不否认天有主宰人事的最高意志，天决定四时万物的运行生长，还决定人的生死贵贱，所以“不知命，无以为君子也”[1]。孟子也有类似的表述，认为“天与贤则与贤”，“莫之为而为者，天也；莫之致而至者，命也”[2]。汉代董仲舒承殷周以来“天人并尊”的神学传统，提出“天人感应”与“天人合一”理论，认为“天地之符，阴阳之副，常设于身，身犹天也，数与之相参，故命与之相连也”，天地与人体阴阳五行相通，人身“小节三百六十六，副日数也；大节十二分，副月数也；内有五藏，副五行数也；外有四肢，副四时数也”[3]。哀、平后谶纬学兴，至东汉泛滥成灾。依照其人的说法，宇宙的生成无外乎有形生于无形，所谓“有太易，有太初，有太始，有太素也”，它们分别为“未见气”、“气之始”、“形之始”和“质之始”，四者“气形质具而未离”为“浑沦”，这“浑沦”又称易，易变而为一，一变而为七，七复而为九，然后复归为一。此一则元气形见，“清轻者上为天，浊重者下为地”[4]。这种说法与以“道”、“气”为宇宙创世论的观念是密切相关的。

道教巧妙利用这种论说作为自己游仙说的构成元素。它也敬天，在早期道教尚未形成以“三清”为最高天神的观念时，它便以“天君”为至高神，“神者，上与天同形合理，故天称神，能使神也”[5]，且这“天”还往往被等同于作为“万物之元首”和“大化之根”的“道”，所谓“天者，乃道之真，道之纲，道之信”，“道者，乃与皇天

[1]《论语·尧曰》。
[2]《孟子·万章上》。
[3]《春秋繁序·人副天数》。
[4]《易纬·乾凿度》卷上。
[5] 王明：《太平经合校》，中华书局1962年版，第221页。

同骨法血脉”。从后世上清派静思荐神以求长生成仙，到符箓派请神降鬼以求救厄拔难，都可以清楚地看到天神对一切变化、包括人的命运的主宰作用。它还承董氏之遗说，并其“人副天数”的理论也一同接受下来，提出“天人一体”，人是“天地之神统”，不仅形貌，即行为都法乎天。“人象天地纯耳，其余不能也”。天有九野，地有九州，人则有九窍；宇宙有五行，人则有五脏；天有日星昼夜，人则有一呼一吸，“一呼一吸而为一息，一息之间则分阴阳，呼而明为阳为昼，吸而晦为阴为夜，七窍之呼，七日也；七窍之吸，七夜也”[1]。由于人与自然正相对待，人世与自然也就有了对待关系。人君为父，象天属阳与日配，人臣为母，象地属阴与月连，人民则为子象和，如群星拱卫日月，此所谓“君臣民当应天法，三合相通，并力同心，共为一家也”[2]。

要之，天以四时为枝，地以五行为体，天枝主盛衰，地体主规矩，两者相配有固常之规，顺之吉而乱之迕，不可妄犯。人只要循着天的循环往复方式，同一往复循环，“承天顺地，合化阴阳”[3]，“神游守柔以自全，积德不止道致仙”，就能达到“乘云驾龙行天门，随天转易若循环”的神仙境界，从而“寿若西王母，比若四时周反始”[4]。这实际上规定了游仙活动是一种应象天地的拟似活动。通过这种规定，它使自己尽量与主流思想靠拢。结果是，由于对主流文化的主动顺应，它本身的神秘性和怪异性得到了很大程度的稀释和化解。

---

[1] 陈椿荣：《太上洞玄灵宝无量度人上品经法》卷一注引《灵宝内象丹旨》，《正统道藏》洞真部玉诀类。

[2] 王明：《太平经合校》，中华书局 1962 年版，第 150 页。

[3] 《云笈七签》卷二九《禀生受命部一》引《因缘经》。

[4] 王明：《太平经合校》，中华书局 1960 年版，第 725、62 页。

此外，它对汉代谶纬家的发明也有吸收。如把道分为“太元”、“混元”、“太初”和“太素”等复杂阶段，模仿《春秋纬》之神化孔子为天神黑帝之子，而称老子育于北玄玉国，天冈灵境，人鸟阁蓬莱山中，李谷之间，及至“周时复托神李母，剖左腋而生，生即皓然，号曰老子。老子之号，因玄而出，在天地之先，无衰老之期，故曰老子。”[1]又，《河图纪命符》尝说：

> 天地有司过之神，随人所犯轻重，以夺其算纪。恶事大者，夺纪，纪一年也；过小者，夺算，算一日也……又人身中有三尸，三尸之为物，实魂魄鬼神之属也。欲使人早死，此尸当得作鬼，自放纵游行，飨食人祭醊。每到六甲庚日辄上天白司命，道人罪过。过大者，夺人纪；小者，夺人算。故求仙之人，先去三尸。恬淡无欲，神静性明，积众善，乃服药有益，乃成仙。[2]

道教承之，因此也多论“三尸”及“守庚申”，以为人身上亦有三官六府、一百二十关节和三万六千神，后此三万六千神化为三尸之神，在庚申之日趁人熟睡，上天白人善恶。《云笈七签》并录有“庚申部”。

总之，道教承袭殷周以来一直到儒家的天命观念，加以宗教化的改造，再结合阴阳、五行、法、医、星、卜和易学，配合着对原始宗教、古代神话以及民间信奉的众神观念的吸取，如奉日宫太阳帝君，雷公电母大神、风伯雨师大神，五岳及诸山神、社稷土地神，并对古神话进行加工仙化，如昆仑神话中显赫的黄帝被其纳入仙系，自秦汉

---

[1]《云笈七签》卷一《道德部》引葛仙公《五千文经序》。
[2]《重修纬书集成》卷六，日本明德出版社 1978 年版，第 113—114 页。

以来的访仙论道，变而为且战且学仙，百余岁后得与神通，在鼎湖升天，再到《黄帝内传》西王母向其授道，成“玄圃真人轩辕黄帝”，位列仙班。黄帝是华夏民族的人文始祖，在汉文化圈有巨大的影响力和亲和力，称他“以天下既理，物用俱备，乃寻真访隐，问道求仙，冀获长生久视”[1]，最后历访诸山而道成，则其对历代帝王及平民的诱引之强烈可想而知。

与黄帝被列入仙班相类，传说中的古仙人如赤松子、彭祖、羡门高、正清乔、宋毋忌；古帝王如帝尧、文王；古圣人如孔子、墨子，也被纳入《真灵位业图》，得到道教大力的张扬。凡此种种都强化了它所主张的长生久视、白日飞升等说的权威地位。它既是有本有源的，为人所尽知；又有实际的榜样，且这些榜样为人人所仰慕，则其虚诞不实的一面自然就被淡化了许多。更何况做白日梦本是人的天性，理想之所以为理想也正是因其虚妄不切实情。面对道教教义始终不离人所习得的文化与传统的殷勤诱引，急切希望获得救赎的人们还有什么必要怀疑并拒绝呢？

特别是在一般人看来，既然天是存在的，神和仙也是存在的，“天上有常神圣要语，时下授人以言，用使神吏应气而往来也，人民得之，谓为神祝也”[2]，那么人当然只有保养从“天”、“道”那里禀受的灵魂，使潜在的神性不离肉体，才可以求得生命的长存。故尽管早期道教以为灵魂与肉体相互依存密不可分而主张肉体成仙，强调“精”、“气”为“生死之官”，但到唐以后，随着可以脱离肉体而存在的思想的出现，开始转以肉体为虚假不实，而主张灵魂可以成仙，即

[1] 王瓘：《广黄帝本行记》，《正统道藏》洞真部记传类。
[2] 王明：《太平经合校》，中华书局1960年版，第181页。

作为真己的灵魂可以脱离肉体飞升，内丹修炼中的“阳神出壳”法是如此，全真道追求“真性”解脱和“阳神”升天也是如此。一般道士据此设斋上章，以能沟通天人自居，由此斋醮符箓，星灯烟雾，伴随着仙乐传御民间。而宫观迭起，遍布宇内，更吸引无数俗众奉献虔诚。游仙就是这样因有天、神与道的佑助，得到了广大社会人群的感性印证。人君也同样为之吸引。当初有青鸟从西方来集殿上，东方朔以为“人君必洒扫迎西王母之暮降尊像”，武帝即言听计从。唐宋以降，不少算不得昏庸的帝王也这么崇信过。如此上下相煽，以不违传统的精微教义为精神基础，以脱死长生为世俗目标，遂使道教游仙成为弥漫天下的人的一般追求，既基于一种纯粹的信仰，更基于对一种生活观念和方式的认同。

当然，儒家毕竟更重人事，始终关注现世，所以更能标别其学派品格是对社会伦常与道德的坚持。孔子据六经设教，传立身之道，以求让每个人达到自我完善，并由一身正而进于一国正。又由治国之道的追求，达到对贤明政治的维持。它以认识论和道德观相统一的现世哲学为基础，赞同以仁为至善人格，礼为等级标别，中庸为行事原则。仁即爱人，“己所勿欲，勿施于人”[1]，礼主要指“制度品节”，为“天理之节文，人事之仪则也”[2]，“上好礼则，民易使也”[3]。中庸则要求“喜怒哀乐之未发，发而皆中节”，“中也者，天下之大本也”[4]。它强烈的理想主义色彩在这些充满现世意味的说教中表露得十分充分。

这种思想构成了古代中国人道德伦常的核心。就仁而言，恭、

[1]《论语·卫灵公》。

[2]《四书章句集注·论语集注》。

[3]《论语·宪问》。

[4]《礼记·中庸》。

宽、信、敏、慧，以及智、勇、忠、恕、孝、悌，均是它的具体表现。特别是忠、恕、孝、悌诸端被得到了极度的夸张，忠被规定是对君主忠，“为人君则怀，为人臣则忠”[1]，“君使臣以礼，臣事君以忠”[2]。孝被解释为顺，解释为对权威的服从，是百行之冠、众善之始和道德之本，所谓“人之行莫大于孝”[3]，“忠臣以事其君，孝子以事其亲，其本一也”[4]，“人臣孝，则事君忠”[5]。所以有论者以为孝是中国文化最突出的特点之一。[6]由于古代中国家国一体，伦理与政治整合带来的政治伦理化和伦理政治化的特殊规定，对这些人伦纲常和道德规范的尊奉，在很大程度上就成为关乎政治得失的大事，并进而成为一种在无形中迫人执行的习惯力量和纯然由人心维持并呵护的社会习俗。此所谓“有人伦，然后有风俗；有风俗，然后有政事；有政事，然后有国家。”[7]本来，习俗为人们在社会生活中逐渐形成并共同遵守，它在一定范围内调节人的行为水平，是道德规范的一种补充，对人有约束力，并无强制力，但在古代中国，由于其礼教意义和道德内涵的无限膨胀，早已不仅仅是它本身，而成为进入到人们内心、使人无须甄别和判断的自然选择。

道教与传统游仙文化对此也不排斥，相反还着意吸收。游仙传统在相当长的历史时期风行各个社会阶层，游仙文化及其精神基础——道教理论能吸引一大批受上述传统熏陶的人服膺与追求，正与此有

[1] 睡虎地秦墓竹简整理小组：《睡虎地秦墓竹简》，文物出版社 1978 年版，第 285 页。
[2]《论语·八佾》。
[3]《孝经·圣治》。
[4]《礼记·祭统》。
[5]《吕氏春秋·孝行》。
[6] 杨国枢：《中国人的蜕变》，台湾桂冠图书股份有限公司 1988 年版，第 31 页。
[7] 顾炎武：《华阴王氏宗祠记》，《亭林文集》卷五。

关。尤其是，它很注意以自己特有的方式，将以忠孝为核心的儒家伦理纳入到学道求仙活动中，并以道言、戒律和功过格的形式确立下来，使游仙成为一种不脱主流文化的人的自觉活动。

首先，它假神道设教，把上述以忠孝为核心的道德规范说成是神灵下达的旨意。《太平经》就假"天师"之口教人行上善，这上善无非是做一个忠臣，"旦夕忧念在君王"，因其为王命所生，乃"民臣之父母"[1]。它还将忠孝与作为根本信仰的"道"联为一体，提出"三纲六纪所以能长吉者，以其守道也，不失其治，故常吉"[2]，"道用时，臣忠子孝"，"家家慈孝"[3]。为了使这个观念深入人心，它还吸收佛教的果报理论，提出"承复"说，以为天地神明好人为善，赏善罚恶报应不爽，且延及子弟，流于后世。天地间长存司过之神，它机构严密，既统摄众精怪，也监察众生，行善者得善神佑护，行恶者必遭凶神惩处，所谓"子不孝，弟子不顺，臣不忠，罪皆不与之赦"[4]。如此"设身以赏善，设死以威恶"[5]，迫令人坚其善意，祛除恶念。一般信众囿于知识水平，自然很相信这套说教，不仅真信人身上有"三尸神"，每至庚申辄上天汇报己之善恶功过，另更有常住己家的灶君，每至月晦之夕上天告状，人有小过减其寿算，有大过则降殃夺命。

道教徒所奉执的戒律也体现了对忠孝的重视。"戒，解也，界也，止也，能解众恶之缚，能分善恶之界，防止诸恶也。律者，率也，直也，栗也，率计罪愆，直而不枉，使惧栗也。"[6] 道教戒律强调"凡

---

[1] 王明：《太平经合校》，中华书局 1960 年版，第 321 页。
[2] 王明：《太平经合校》，中华书局 1960 年版，第 27 页。
[3][5]《老子想尔注》。
[4] 王明：《太平经合校》，中华书局 1960 年版，第 406 页。
[6] 孟安排：《道教义枢》卷二《十二部义第七》，《正统道藏》太平部。

行持，以戒行为先”[1]，“戒有多种，人亦多品，人分上中下三品，上品之人，身先无犯，亦无所持；中品之人，心有上下，观境即复，以戒自制，不令放逸，如此之人，或受十戒，五戒，以自防护；下品之人，恶心万般，难可禁制。”[2]其中违反忠孝尤在严禁之列。如《玉清经本起品》所举十戒，第一戒便是“不得违戾父母、师长，反逆不孝”，第三戒是“不得反逆君主，谋害家国”，并于此戒下特别言及“此戒最重，何以故？是诸国王皆是应化推运，总统天下，一切人民之所机要，一旦无主，不得其死，以其义故，汝等当知。”道教戒律正式出现在南北朝，寇谦之在充实教义、完善组织的同时，引儒入道[3]，撰《云中音诵新科之诫》二十卷，“专以礼度为首”论教规教仪[4]，目的就是“欲令君仁臣忠，父慈子孝，夫信妇贞，兄敬弟顺，天下安静”，总之是“但当户户自相化以忠孝”[5]。以后不断发展，衍为一百八十戒、三百大戒，甚至一千二百戒，内容悉以忠孝为先。信道者执此而行，自然减少了许多来自社会一般伦理原则和礼俗的批判，乃至使人认为它不但与己无碍，还不惟无益。

而一般通俗的劝善书如《太上感应篇》、《文昌帝君阴骘文》等，因包含有“庶民文化的重要因素”[6]，在民间更为普及，其内容简直是

---

[1] 张宇初：《道门十规》，《正统道藏》正一部。

[2]《太上经戒·十戒》引《玉清经本起品》，《正统道藏》洞神部戒律类，又见《正统道藏》正一部。

[3]《魏书·崔浩传》：“天师寇谦之每与浩言，闻其论古兴亡之迹，常自夜达旦，竦意敛容，深美之，曰：‘斯人言也惠，皆可底行，亦当今之彝陶也。但人贵远贱近，不能深察之耳。’因谓浩曰：‘吾当兼修儒教，辅助太平真君，而学不稽古。为吾撰列政典，并论其大要’云云。”

[4] 春本季雄：《寇謙之の“專以礼度為首”について》，《中国学研究》1999年，第18号。

[5]《正一法文天师教戒科经》，《正统道藏》洞神部戒律类。

[6] 酒井忠夫：《中国善书研究》，刘岳兵等译，江苏人民出版社2010年版，第445页。

对儒家教化的一种辅助。如它劝人广行方便，大积阴德，举凡措衣周寒、舍食济饥与施药拯疾等事要常施行，如此诸恶不作，自然“百福骈臻，千祥云集”[1]。又宣称一个人倘若“心起于善，善虽未为，而吉神已随之”，反之“心起于恶，恶虽未为，而凶神已随之”[2]。故凡人须切记“勿谓暗室可欺，屋漏可窥，一动一静，神明鉴察，十目十手，理所必至”，且“报应昭昭，不爽毫发”[3]。倘若过积罪满，自无可能身与天通，福流子孙，使“灾消病减，祸患不侵，人物咸宁，吉星照临”[4]，相反，必殃及子孙。显然，对道德自律稍差的一般人众宣讲这样的道理，要比儒家仅在理论上张大君子人格要有效得多。

它还明确将成仙直接与传统伦理原则挂起钩来。《玉钤经中篇》说：“欲求仙者，要当以忠孝和顺仁信为本。若德行不修，而但务方术，皆不得长生也。”指出单靠导引、服气、内思，而不忠不孝，不仁不信，断不能获登仙界。葛洪《抱朴子·对俗》也说：“人欲地仙，当立三百善；欲天仙，立千二百善。若有千一百九十九善，而忽复中行一恶，则尽失前善，乃当复更起善数耳。”《太上洞玄灵宝消魔宝真安志智慧本愿大戒·礼经祝三首》引太极真人言：“学升仙之道，当立千二百善功，终不受报，立功三千，白日登天。”《太上灵宝净明洞神上品经·天官列次篇第二》则宣称：“或行符咒水，给药度危，是为下品。皆未若吾以孝弟而服气，事双亲，养一身，不尸解，即超真”，“倬倬孝弟，忠义不亏，虽无大药，亦可以悟法，名列巍巍……天人非难，人自难之。为仙之非难，则不危其身，不忤其亲，所以善

[1]《文昌帝君阴骘文》。
[2]《太上感应篇》。
[3]《关圣帝君觉世宝训》。
[4]《关圣帝君觉世真经》。

济于人。"《抱朴子·微旨》篇还从反面对此意作了申述，提出“反戾直正，虐害其下，欺罔其上，叛其所事，受恩不感，弄法受贿，纵曲枉直，废公为私，刑加无辜，破人之家”，以及“憎拒忠信，不顺上命，不敬所师，笑人作善”，皆是妨碍人成仙的罪过。

以后，金丹派南宗祖师张伯端的《悟真篇》也以“德行修逾八百，阳功积满二千”作为成仙的必要条件。全真教以《道德经》、《般若波罗蜜多心经》和《孝经》为主要经典，推崇“真功”、“真行”兼备的“真人”，这“真功”指识心见性，除情去欲的个人内修，“真行”即指忍耻含垢，苦己利人，积德行善，传道济世。正一教则特为孝子慈亲之设，讲究益人伦，厚风俗，在明代被明太祖称为能“不教而治”，“其功大矣哉”[1]。至于净明道以“净明忠孝”名其道。“何谓净，不染物；何谓明，不触物。不染不触，忠孝自得”[2]。“净明只是正心诚意，忠孝只是扶植纲常”，“本心以净明为要，行制贵在忠孝”。它以忠、孝、廉、谨、宽、裕、容、忍为“垂世八宝”，尤将“忠孝”尊为“大道之本”，认为倘能执此宗旨，“以忠孝为本，敬天崇道，济生度死为事”，则方寸净明，四美具备，神渐通灵，不用入山炼形和参禅问道而自然道成[3]，可视作是对传统伦理原则最直接的回应。

当然，对于儒家传统中的其他伦理原则，道教也是取开放态度的。这一点由前及寇谦之将儒家“五常”纳入道教伦理，及《正一法文天师教诫科经》所提二十五条不可做之事中有十六条关乎伦常讲求就可以看出。至于净明教的“垂世八宝”包罗广泛，也将这种开放态度体现得颇为清楚。其他如救人困，济人急，力作而食，无物而私等也都曾为其所吸收。儒家

---

[1]《大明玄教立成斋醮仪范》之《御制玄教斋醮仪文序》。
[2]《净明忠孝全书》卷三《玉真刘先生语录内集》。
[3]《净明忠孝全书》卷二《净明大道说》。

向往的是天下大同的理想世界，如《礼记·礼运》所称“大道之行也，天下为公，选贤与能，讲信修睦。故人不独亲其亲，不独子其子。使老有所终，壮有所用，幼有所长，鳏寡孤独废疾者皆有所养，男有分，女有归。货恶其弃于地也，不必藏于己。力恶其不出于身也，不必为己。是故谋闭而不兴，盗窃乱贼而不作，故外户而不闭，是谓大同”，这种理想世界在道教经典和游仙文化中也可见到。且看《太平经》的论述：

> 天地得以无病而喜，帝王得以自安而喜，贤者得以自达而喜；百姓得以自解不见冤，家富人足而喜；奴婢得其主不为非而喜；四时五行得顺利，民谨不犯之而喜；万二十物各得其处所，不见害而喜；鬼神见德君可为积善，亦复悦喜；恶气不复上蔽，日月三光亦喜；太上平气得来治，王者用事亦喜；恶气得一伏藏，不伏见使行诛伐亦喜；夷狄得安其处，不复数来为天战斗亦喜；军师使兵器得休止不用，士卒不战死亦喜；凡天地之间，若此喜者众多，不可胜记。

总之是天乐人生，地乐人养，政有大和，人无冤结。《正一法文天师教戒科经》也说：“道以冲和为德，以不知相克，是以天地合和，万物萌生，华英成熟。国家合和，天下太平，万姓安宁。室家合和，父慈子孝，天垂福庆。”尽管乱世也有长寿之人，但要使社会大多数人群有生的保障，感觉到做人的乐趣，则世道的清明太平确实是十分重要的基础条件。道教对世道太平的称颂有时仅从其能为人提供长寿保障这个角度置论，所谓世道太平则“人民莫不乐生为善”，“天地乃生凡财物可以养人者，各当随力聚之，取足而不穷”[1]。从而把视线

[1] 王明：《太平经合校》，中华书局1960年版，第243页。

投向每一个社会成员，关怀并照拂之，要求无限天地，养广大人群，使物质充足，人情稠渥，“齐同慈爱，异骨成亲，国安民丰，欣乐太平”[1]，这使学道游仙者觉得自己的求仙游仙不仅关乎个人的长寿福乐，还是世道清明社会安宁的表征。可以想象，这是怎样一幅让人感到欣悦和欢愉的盛世图景。

道教还把这种理想世界的图景搬到仙界天国，那里一切尚任自然，国无帅长，民无恶习。这似乎在告诉人，信奉道教虽有些费时费力，乃或还要抛别父母、妻儿与君主，入山求道，云游访仙，但这并不意味着其人漠视和藐视中国人的传统，它是以别一种方式践行或切近着这种传统。所谓天下一致百虑，殊途同归，正其义也。而其力主的长保自在肉身，享极人间快乐，既为庄敬自持、凄凄惶惶的儒家所不曾悬设，那人们把将两者结合在一起的道教游仙理论实践作为自己照奉的生活理想和修炼目标又有何不可呢？

更何况，作为关注现世的学说，儒家也并不像墨子及其门徒那样一味刻意地秉承奉从主义，牺牲个人。儒家讲“君子喻于义，小人喻于利”[2]，“君子谋道不谋食”[3]，是因“耕也，馁在其中矣；学也，禄在其中矣”[4]，足见其认为谋道正可以谋食。与此相应，它也重视肉体生命，讲“危邦不入，乱邦不居，天下有道则见，无道则隐”[5]，“是故知命者，不立乎岩墙之下”[6]，也可见对人自身的宝重。当然，其主张尽修身以道，顺受其道以生死，如尽其道，得正命而终，则死不足

[1]《元始无量度人上品妙经》,《正统道藏》洞真部玉诀类。
[2]《论语·里仁》。
[3]《论语·卫灵公》。
[4]《论语·卫灵公》。
[5]《论语·泰伯》。
[6]《孟子·尽心上》。

畏。这种对个体生命的执著和肯定，显然使学道游仙者在情理两方面的认知上，对儒家文化有了一种更深切的认同，同时也回应了道教本有的“发勇猛心，辨精进力”和“立其大志，勇猛精进”的教义。

可能也因为有这个因素在起作用，道教在推崇“真道”、“善德”与“殊方”，即那些能够体测天意、深悉阴阳的有道之士的同时，大多也很敬重儒者，称其为“圣人”、“贤儒”和“君子”，认为可用以辅世，使帝王成就好的政治。所谓“贤儒集策，天道毕也”[1]。天下贤儒尽其忠信之心，悉乐往辅其君，妖祥为其灭绝，人民为其行政，则帝王只要垂拱而治，根本不会有危亡之忧。同时，又佩服儒者不但明彻道理，还充满智慧，进而在《真灵位业图》中将孔子尊为天庭第三左位太极上真公，颜回为明晨侍郎，后为三天司真，七十二人受名元洲，门徒三千，不经北酆之门。

儒释道构成中国传统文化的思想基础，作为追求长生久视、重亲历实践而少精神性纯思的道教，为使自己的游仙活动更具吸引人众的魅力，对东汉以来传入中土的佛教教义也多有吸收。正如卫礼贤（Richaid Wilhelm）在《中国文明简史》一书所指出的那样：“在数个世纪的过程中，为使其自身能够更为安全可靠地确立起来，它总是从佛教那里不断借取新的成分，直到它发展成为和佛教具有同样势力的全民性宗教，并保持和与其相竞争的佛教平行发展。”[2]

学界通常认为，道教承此前方仙道、五斗米道和太平道，在东汉中后期初兴，佛教则差不多同时在明帝时传入中土。具体地说，道教的原始道派传播略早于佛教，但五斗道、太平道的盛行则与其在中土

[1] 王明：《太平经合校》，中华书局1960年版，第364页。

[2] 引自拉达克里希南：《关于道教的一般评价》，何兆武、柳卸林主编：《中国印象》，广西师范大学出版社2001年版，第392页。

流播时间大致相同。尽管基于传播时间早于佛教，且有特殊的产生背景和信仰经典、教团组织，道教的形成远不能说是受佛教的启示与刺激，游仙活动也与佛教并无直接的关系，但自其东汉时传入，后依附黄老之学发展壮大，并在东晋南北朝与道教分庭抗礼，道教及其游仙理论对它有所吸收也是确然的事实。

对此朱熹曾有论及，他称道教“有老庄书，却不知看，尽为释氏窃而用之，却去仿效释氏经教之属，譬如巨室子弟，所有珍宝悉为人所盗去，却去收拾人家破瓮破釜。”[1]以后龚自珍也说它“剿用佛书门面语”[2]，梁启超则说它“一面抄袭老子、庄子的教理，一面采佛教的形式及其皮毛，凑合起来”[3]，类似的贬抑并非没有一点道理，但多少有些偏激。因为道教特别是早期道教在教理、教义乃至教规方面确实比较粗糙，由于重实有的经验和方法，实践性而非信仰性的世俗色彩过浓，本身的义理确实不很精深，借用老庄话头所作的那些推阐也远谈不上精湛，因此给人总的印象比较粗鄙，朴素有余而神性的蛊惑力不足。以后，道教有意识地向佛教借取一些东西，正是为了改变这种现状，以使游仙活动免去妄诞不切常情的肤浅，有更丰富充实的精神性意蕴。

这里有两种情况，一是因其教义中本就阙如，故引进佛理以求丰富；一是其教义中原已有之，借佛教教义求得更精湛和深入。前者如一切事物皆生灭于心，修道学仙须“明心见性”之说，本为道教所无，乃是其顺应佛教“般若”、“唯识”及禅宗大义而新创设的。佛教提倡本无和性空，因“诸法本无”、“诸法皆空”，故对宇宙抱一种无著、无

[1]《朱子语类》卷一二五。

[2]《上清真人碑书后》，《龚自珍全集》第4辑，上海人民出版社1975年版，第298页。

[3] 梁启超：见《中国历史研究法》，东方出版社1996年版，第304页。

缚和无视的态度。这种“缘起性空”的理论自魏晋至唐十分风行，并影响及于道教。本来，道教以“道”为教义核心，大道无名，长养万物，故力主人须与“道”相依存。又重长生，注重肉体生命的安享快乐，所以常讲积德行善以求多福，而不太顾及内心的省察和反思。佛教万物和合而自性空的思想及心性之学的传入，开启了道教对宇宙本源的探究热情，使其游仙理论获得了摆脱妄诞与粗鄙的有效参照。唐以来，一些著名的道士如王玄览就吸收佛教中道缘起说，将道体界定为虽空而能应万物。又提出宇宙为心之幻变的思想，倡言“心生诸法生，心灭诸法灭”，以为“身中诸有既空，其空亦空，心有天游；空有俱空，心无所系”，“空见与有空，并在一心中，此心若也无，空有之见当何在”，“当知三世之中，三世皆空，三世者，一半已去，一半未来，中间无余方，故皆空也”，故“行者行道之时，当守于正心，无失于正性”[1]，从而使道学的形式更趋思辨化，更与重炼神的玄化质性相契合。察其所论“道体”、“道性”、“有无”、“真妄”、“动寂”和“心性”等概念范畴，许多来自佛教。道教对之虽有自己的解说，但终究未脱尽佛教的牢笼。晚唐钟离权一系的内丹学则走与禅宗相融合的发展路线，以“无念”为修习的基本原则，以“真空”为修禅之要门，尝称“若以绝念无想，是为真念，真念是为真空。真空一境，乃朝真迁化而出昏衢，超脱之渐也。开基创始，指日进功，则存想可用。况当为道日损，以入希夷之域，法自减省，全在内观者矣。”[2]吕洞宾更以两者融合为自己内丹说的基本特质，尝总结性命双修为内丹之纲宗，修性即指明信见性，修命则指炼化精气。北宋时，金丹派南宗五祖之

[1]《玄珠录》卷上，《正统道藏》太玄部。
[2]《钟吕传道集·论内观第十六》，《正统道藏》洞真部。

一的张伯端将儒家“穷理尽性”、佛教“顿悟圆通”引入道教的内养修炼，以为三界唯心妙理，万物非此非彼，竭力提倡三教归一，尝谓：

> 释氏以空寂为宗，若顿悟圆通，则直超彼岸，如有习漏未尽，则尚徇于有生；老氏以炼养为真，若得其要枢，则立跻圣位，如其未明本性，则犹滞于幻形；其次《周易》有穷理尽性至命之辞，《鲁语》有毋意、必、固、我之说，此又仲尼极臻乎性命之奥也。然其言之常略而不至于详者，何也？盖欲序正人伦，施仁义礼乐之教，故于无为之道未尝显言，但以命术寓诸易象，以性法混诸微言耳。至于庄子推穷物累逍遥之性，孟子善养浩然之气，皆切几之。[1]

但由他称自己写成《悟真篇》，又觉其中惟谈养命固形之术，而“与本源真觉之性有所未究，遂玩佛书及《传灯录》，至于祖师有击竹而悟者，乃形于歌颂诗曲杂言三十二首，也即《禅宗诗偈》，并将此作为《悟真篇》续篇，可知他曾出道入禅，是将禅宗“明性”一说推为至高境界的。[2]故他引此入内丹，用“明心见性”、“顿悟圆通”来解释与调和内丹派的“炼神返虚”，提出先以神仙命脉诱其修炼，次以诸佛妙用广其神通，终以真如觉性遣其幻妄，而归于究竟空寂之本源”。即先命后性，先从传统内丹法入手，循序炼化精、气、神至炼

[1]《紫阳真人悟真篇序》，《正统道藏》洞真部玉诀类。

[2] 张伯端晚年思想又有转变，由其弟子王叔邦所辑《玉清金笥青华秘文金宝内炼丹诀》可知，更重由神还心，存心养性，最后归根复命。而这命是其内丹修炼的终点，故呈现为禅道双融、以道为主的道教南宗哲学的基本特质。参见岑孝清《试论〈青华秘文〉的道教哲学思想》，《中国道教》2008 年第 3 期。

神返虚阶段，参究禅宗，了彻性源，此为南宗第一派。以后先性后命为北宗，即先除性去欲，摄心守志，求得明心见性，由此提倡出家、禁欲、苦行，同样也融摄了佛教之说。全真道更以“明心见性”为丹道根基，如前所说，它引入《般若心经》，与《道德经》、《孝经》同列为教徒必读之书，以此二百字与老子五千言相发挥，分疏主体之心与真体之心，称后者为“天心”，“天心者，妙圆之真心也，释氏所谓妙明真心。心本妙明，无染无著，清净之体，稍见杂著，即名之妄也。此心是太极之根，虚无之本，阴阳之祖，天地之心，故曰天心也。”[1]又证明人真性不离于心，真性即“清静”，即“性空”，要求收心降欲，使心定念寂，又“悟取无争为上士，常怀忍辱作仙人”[2]。这“无争”与“忍辱”均为佛教用语，尤其后者出之大乘佛教六波罗密中的“忍辱波罗密”。显然，大乘佛教中的“六度”修行方式也被其作为成仙的必要条件。由此先性后命，或以性兼命，“屏绝万物，表里清静”[3]，它认为才可以达到炼精化气、炼气化神、炼神返虚的境界。此外，它还援引禅宗的见性成佛说来宣扬由内省顿见真性、超出生死和阳神解脱，所谓“脱壳证真”，“神游八表”，并将“三界”、“禅定”之说纳入修持法中，佛教义理由此渗入道教各派教义，对历代学道游仙者、特别是文人士大夫的游仙活动产生了深刻的影响。

后者如行气，亦称食气、服气和炼气，为道教早期的修炼方术，指一种以呼吸吐纳为主，辅之以导引、按摩的养生内修方法。道教以为元气是阳物，主生，人与物皆禀此一元之气而生，“人在气中，气聚即

[1]《王篇灵文注》，白如祥辑校：《王重阳集》，齐鲁书社 2005 年版，第 303 页。
[2]《洞玄金玉集》，赵卫东辑校：《马钰集》，齐鲁书社 2005 年版，第 6 页。
[3] 马钰：《丹阳真人语录》，《正统道藏》太玄部。

生，气亡则死”[1]。且人有气而神，神乘气而行，“最尊最贵者莫过于人之气也”[2]。因此，继承古代方士行气方法，创为行气说。《太平经》即称：“人欲寿者，乃当爱气、尊神、重精”，“故上士修道，先当食气。”《抱朴子·释滞》也说：“欲求神仙，难当得其至要，至要者在于宝精行气。”即使以服药为本，也得兼以行气，可以收益速之效。

早期道教以呼吸外气、即所谓餐霞食气得吐纳术为主，是为外息法。自魏晋及于隋唐，并有服食自体元气的内气说。不过大多仍以鼻吸气口吐气，偃卧握固、漱口闭咽为方法，不脱形而下的笼统与粗陋。两晋南北朝以降，随佛教的大量传入，寇谦之、陶弘景和孙思邈等人发现不用一味排突人的官能欲求，靠清心寡欲的自我约束就可以使行气变得周彻圆满，故用禅观之法来诱导人意念入静，用“三业清静，六根解脱”来说明养生的根本要义，从而对学道游仙者产生了极大的吸引力。唐以后，作为内丹学初阶的行气法风行于社会[3]，其中司马承祯大胆突破上清派传统的修炼方法，引进佛教天台宗的止观修习法，用“止观”、“禅定”说配合儒家正心诚意理论来阐释服气修道原理，指出只要修我虚气，与道相守，则人人都可成仙。他并提出修道的七个步骤——“信敬”、“断缘”、“收心”、“简事”、“真观”、“泰定”和“得道”，是为“七阶次”。其要在让人心与实境相离，在守静去欲，体随道通，深信仙道可成的同时，达到与神合一的境界。

而具体操作方法又分为“五渐门”，即“离戒”、“安处”、“存想”、“坐忘”和“神解”，凡此七阶五门，概括起来为“简缘”、“无欲”和“静心”三戒。在所作《坐忘论》中，他以“易简”为第一

[1] 《摄生纂录·调气篇》，《正统道藏》洞玄部众衍类。
[2] 《云笈七签》卷五六《元气论》。
[3] 相关典籍见诸《新唐书·艺文志》有50余家200多卷。

戒，认为“凡学神仙，先知易简，苟言涉奇诡，适足使人执迷，无所归本，此非吾学也。”本来上清派是存想、符图和金丹并重的，经他引入佛理改造，不但解决了行气过程中如何祛除外界诱引的问题，而且使行气养炼变得有迹可寻，不再粗鄙。且只要勤修三戒，与天同心而无知，与道同身而无体，无心求道而道自来，行气一道从此变得简单易从。这对那些生性聪慧，虽多欲热衷却深知其弊，因而每求归心静处，但静处过久又少有耐性的文人士大夫来说，显然特别有吸引力。五代以降，内丹道派成为主流，遗神坐忘成为学道游仙者的常用之法，不能不说与佛理的渗入有关。

如果说，引入佛教“止观”、“禅定”学说，使道教传统的行气养炼术变得更加周彻完满，从而对上层学道游仙者产生巨大影响的话，那么引入佛教彼岸世界和因果报应说，对下层信道人众产生的约限作用就更不可估量了。对彼岸世界道教原有论及，《太平经》对“玄元帝居”就有过描绘，不过比较简单，至于幽冥世界则语焉不详。早期道教所构想的宇宙比较简单，即上有三清，中为神仙，下为人世，再下为黄泉、地府。南北朝以后吸收佛教教义，才将这一世界的图景丰富起来。具体地说，它将世界分为三清三十六天。第一境界为“圣境四天”，即“大罗天”、“清微天”、“禹余天”、“大赤天”，第二境界为“四梵天”，即“贾奕天”、“梵度天”、“玉隆天”、“常融天”，第三境界为“三界二十八天”，其中“无色界四天”、“色界十八天”、“欲界六天”[1]。此外，地狱还有十殿阎罗王。这三清三十六天就是从佛教四圣境界三十三天衍化出来的。[2]不过道教化简为繁，使原来由道演化

[1] 见《云笈七签》卷二一《天地部》。

[2] 佛教以欲界第六天为三十三天，即忉利天，其中须弥山顶中央为帝释天，另四方各有八天，合为三十三天，具体见《正法念处经》卷二五，《大藏经》“经集部”。

宇宙之说变得更幽眇不可辨识，从而给人一种神秘的诱惑力。

与这种关于彼岸世界的描绘相联系，早期道教也有关于善恶报应的理论。如前所说，这在道教称为“承负”。《太平经》中百余次言及之，如谓：

> 承者为前，负者为后。承者，乃谓先人本承天心而行，小小失之，不自知，用日积久，相聚为多，今后生人反无辜蒙其过谪，连传被其灾，故前为承，后为负也。负者，流灾亦不由一人之治，比连不平，前后更相负，故名之为负。负者，乃先人负于后生者也。病更相承负也，言灾害未当能善绝也。

它以天道循环为哲学依据，又用宗法社会的血缘关系作解释，规定人须前承五代后负五代，如此共十代为一周期。又另有一说，称帝王三万岁相流，为臣者承负三千岁，民则三百岁，如此一伏一起，承负相及，随人盛衰不绝。[1] 道教以此来解释为什么这世界上有人力行善事反遭恶报，有人多行恶事而能得善终，并指明解除承负的道路在知自养之道，守一而处，外行仁惠。但是，承负之说的推行很容易使人认为，一种现世的善恶行为无关于他命运的休咎祸福，这显然并不符合道教合道而修的原则。道教称“我命在我不在天”，承负说似取消了求善之人积极行善的必要性，因为如果有所谓承负，那么人当下即刻的善行于他自己来说还有什么意义？信众服膺其说而学道游仙还有什么可依循的价值目标？针对这种容易滋误的情况，自

[1] 承负种类多多，大抵有后人为前人承负、人为天地承负、自然界事物承负、后人为前人邪说承负及后主为先王承负等，见汤一介《魏晋南北朝时期的道教》，台湾东大图书公司1991年版，第366页。

东晋葛洪以下就有人开始作出修改。南北朝以后，吸收佛教因果报应和业报轮回的思想，一种将果报归结为个人主观修养的理论开始出现。[1]

佛教以身、口、意为"三业"，"三业招致三报，即现报、生报、后报。心以善恶为形声，报以罪福为影响"[2]。道教或受此说启发与影响，从北魏寇谦之到南朝陆静修，皆讲除去三张伪法，受戒清斋，规定"一者不得杀生以自活，二者不得淫欲以为悦，三者不得盗他物以自供给，四者不得妄语以可能，五者不得醉酒以恣意，六者不得杂卧高广大床，七者不得熏习香油以为华体，八者不得耽著歌舞以作娼妓"，总要是"用以检御身心，灭诸三业罪恼者"[3]，"身为杀盗淫动，故役之以礼拜。口有恶言，绮妄两舌，故课之以诵经。心有贪欲嗔恚之念，故使之以思神"[4]，此所谓"摄三业"，由此形成系统的仪式和完整的科范理论。这种仪式和科范对下层学道游仙者特别有威慑作用。后世道徒和信众斋戒献祭，行三箓大斋，如隋唐时《洞玄灵宝玄

[1] 汤用彤认为承负说是在《易·坤·文言》之"积善之家，必有余庆；积不善之家，必有余殃"的基础上发展而来，但同时又认为此说为"中土典籍所不尝有"，故推测其系"比附佛家因报相寻之义"，"说虽不同，而其义一也"。见其所作《读〈太平经〉书所见》，《国学季刊》1935 年第 5 卷第 1 期。今人以为此说与先秦以来古人的天道循环论、命定论和灵魂学说有关。又，长河马王堆三号汉墓出土帛书《老子》乙本，其《称》篇云："天有环刑，反受其央"，"贞良而亡，先人余央，商阙而栝，先人之连"，已述及此意，时间可断在战国中期。见马王堆汉墓帛书整理小组：《经法》，文物出版社 1976 年版，第 91—92 页；唐兰：《黄帝四经初探》，《文物》1974 年第 10 期。故应与以六道轮回为依据的佛教果报论无涉。然正如《太平经》所说："天师之书乃拘校天地开辟以来前后圣贤之文，河雒图书神文之属，下及凡民之辞语，下及奴婢，远及夷狄，皆受其奇辞殊策，合以为一语，以明天道"，则此说间受佛理影响，或与佛理相互激荡，也非为无由之妄测。毕竟一则讲"三世有"，一则重"无来世"，而根柢上都为宗教果报学说。

[2] 慧远：《明报应论》，《弘明集》卷五。

[3] 陆静修：《受持八戒斋文》，《云笈七签》卷四二。

[4] 陆静修：《洞玄灵宝斋说光烛戒罚灯祝愿仪》，《正统道藏》洞玄部威仪类。

门大义·释威仪第七》载有三箓七品，三箓中除“金箓斋”用以“上消天灾，保镇帝王”外，“玉箓斋”、“黄箓斋”专讲“救度人民，请福谢过”和“下拔地狱，九玄之苦”，七品中除“求仙保国”、“升虚入妙”外，有“悔过请命”、“谢三官之罪”、“拔幽夜之魂”等品，其之所以获得人众的相信，与佛教义理的这种影响也有一定的关系。在文人士大夫而言，他们多行内斋，注重内心的无私无欲，无虑无恐；在一般道徒和信众而言，往往重此外斋，即登坛步虚，烧香忏谢。当然，这部分人中也间有好行内斋的。

道教对儒佛两家理论的借鉴与吸收，使游仙活动获得了广大社会人群的认同，游仙文化正因此获得了主流文化的加持。这里还要特别指出，因道教教义系统存在着许多用以持身的特殊规范和方法，它对儒佛两家也产生过一些影响。游仙活动之所以能够风行天下，游仙文化之所以博大宏肆，正基于这种思想间的双向通流。

一般地说，因主张天与道同，敬畏天命，同时提倡忠孝诚信，以行善积德为修道首务和成仙基础，道教在根本点上与儒家文化是惬洽不悖的。道教所推尚的游仙自然也不脱此基本教义的范围，故上述构成得道的基本条件，也就是其得以成仙的条件，这决定了儒家文化之于道教游仙文化能发挥影响的可能性。除此之外，道教教义与游仙理论以其切著人情和妙达事理，也曾给儒学以直接的滋养和影响。例如儒家重宗法血缘，伦际亲情，在它那儿人与家国存在着毋庸置疑的同构关系，故个人首先是社会的一员，家国的一员，然后才是自己，且只有通过前者才能实现和达到自己，诚如辜鸿铭所说，基督教教人做一个好人，而儒家只教人做一个好的群众。所谓群众云云，正突出了个人的一般社会属性。由于从来注重强调人的群体共性，儒家对人的个体本位及其现世追求往往有所忽略。而正是在这一点上，道教作了出色的发挥。

它辅助王道，赞襄教化，但看到正心诚意治国平天下之外，人还有根本性的欲望需要得到满足，故从人切身利益出发，提出长生久视乃或祛病除灾等话题。游仙正是一种可以祛病除灾并进而达到长生久视的活动。尽管从未有人见过肉体不死，但正所谓“不见仙人，不可谓世间无仙人也”[1]，它执著于此一义，并坚信这一点，以保养个体生命作为达到这一目标的根本，而不以“学成文武艺，货与帝王家”为辅助王道的唯一目的或一般形式，也即它以“生道”辅“王道”，这很使人为之怦然心动。儒家学说本身存在的迂阔不周事情的另一面，几乎在其产生初期就已有明显的表现，道教游仙文化在这方面正弥补了它的缺陷。因此不论在实际操作层面还是在观念层面，都颇得社会各阶层乃至享利集团与最高统治者的认同。唐天台道士王松年著《仙苑珠编》，将古帝王列入仙籍，后世帝王可能未必信道，但也因此并不以为忤。

道教游仙文化还给儒家义理的新发展提供过不少启示。如前所说，儒家关注现实人事和伦际道义，造成的结果是正负面兼杂而不尽圆满的。其中尤有一个缺憾，就是对宇宙本源及其形成的认识基本阙如，对个体修养发生发展的具体步骤论证和展开得不够充分[2]，特别是当战乱频仍，社会组织方式和结构方式急剧变动时，每每失去维系人心的力量。所以，经由汉末以来历次社会大变动的打击，一直到宋代日显其寒俭和单窘，那些努力致广大尽精微的文人士大夫，为实现

[1]《抱朴子·论仙》。

[2] 陈寅恪：《天师道与滨海地域之关系》：“中国儒家虽称格物致知，然其所殚精致意者，实仅人与人之关系，而道家则研究人与物之关系，故吾国之医药学术之发达出于道教之贡献为多。”见《金明馆丛稿初编》，上海古籍出版社 1980 年版，第 32 页。

治国平天下的抱负，开始对儒学义理进行新的改造，这当中就有人取用了道教游仙理论来充实自己的学说。

北宋理学家如周敦颐、程氏兄弟和朱熹等人就是这样做的。他们以不同的方式，对发源于先秦的传统儒家从宇宙论和本体论角度重加论证。为了张大儒家的理想人格，实证人精神的全面发展，提出各种具体的修养方法，特别是心性修养功夫。如周敦颐以太极为理，阴阳五行为气，著《太极图》以明“天理之根源，穷万物之始终”[1]，试图将宇宙本源道德化，并从中找到这种道德的永恒性依据。这《太极图》并非如朱熹、张栻所说，不由师传，默契道体，论其渊源，往远说正导源于唐代《上方大洞真元妙经图》中的《太极先天之图》和《周易参同契》旧本中的《水火匡廓图》、《三五至精图》，就近说则又受到陈抟《无极图》和《先天图》的启发。对此，明末黄宗炎《图学辨惑·太极图说辨》曾有讨论：

> 《太极图》者，创于河上公，传自陈图南，名为《无极图》，乃方士修炼之术……周茂叔得之，更为《太极图书》，则穷其本而反于老庄，可谓拾瓦砾而悟精蕴。但缀说于图，合二途为一门……又惧老氏非孔孟之正道，不可以传来学，借大易以申其易，混二术而总冒以儒。

陈抟以“无极”为宇宙本源，以此为基础导出“逆以成丹”的内丹理论，宋儒吸收此说，以“太极”来自“无极”为宇宙本源。认为这“太极”即“道”即“理”，其包含阴阳动静，能够化生万物，完全可

[1]《宋史·周敦颐传》。

用为建构宇宙生成论的基本图式。[1]

如果说，以宇宙本源论影响儒学是道教最基本的教义原则发挥了作用的话，那么关于阴阳五行聚合成道，人应依循其运动养炼的理论之于宋儒“存天理，灭人欲”的启发，更可见出道教游仙文化对儒学正道的深刻影响。理学家认为，人性禀阴阳五行妙合而成，人所执奉的伦理道德也体现了这种妙合特性。故要成为圣人，首先宜存此天理，灭去人欲。那么如何存天理灭人欲呢？理学家从道教那里颇受启发，提出须“主静去欲”。如司马承祯讲究收心离境，住无所有，使是非美恶不入于心，李荣注《西升经》也谓“外去贪欲，自守无为，唯有圣人方能”，这些论说都对理学家产生过影响。由此，他们提出了一系列清心寡欲的修炼方法，大大丰富了儒家过于抽象、原则的修身讲求。

以后程颢提出“定性”的修养方法，要人“内外两忘”，拒绝外境事物的引诱干扰，不执著留恋以保持内心的平静，除受孟子“不动心”思想的影响外，道教游仙术中心理修养论的影响也是显而易见的。朱熹发展二程思想，喜言道学，尝撰《黄帝阴符经注解》、《周易参同契考异》，他的修养理论同样吸纳了道教的游仙理论。这些内容与司马承祯所揭示的“内不觉其一身，外不知乎宇宙”，“与道冥一，万虑皆遣”，“彼此两忘，了无所照”不无关系。明清以来的理学

[1] 周图出自《太极先天之图》已经清人毛奇龄《太极图说遗议》和朱彝尊《太极图授受考》考明，胡渭《易图明辨》引据众说，论之尤详。然今人据《妙经图》本文内证，究明其为周氏以后人作，详见李申《太极图渊源辨》，《周易研究》1991年第1期。而现存《参同契》各本也未见《水火匡廓图》和《三五至精图》，陈抟华山刻石事宋金元明也均无人道及，元刘因更对持其说的朱震的传承图提出疑议，见《静修集》卷七之《太极图后记》，故黄宗炎所说似不能据为定论。不过周氏素好佛道，又每从隐者浮老游，其太极图虽不能径说出自道教炼丹图式，但受到道教影响当无问题。参见束景南：《周敦颐太极图说新考》，《中国社会科学》1988年第2期。

家、心学家也无不如此。如王阳明受几代祖先影响，除好言如来书所谓“三关”、“七返”、“九还”之类外，也研究道教的道本论，并每每借道教内丹理论来讲“致良知”的问题。[1] 心学中人谈内丹的更不少见，泰州学派的罗汝芳曾师胡清虚学烧炼，师僧玄觉谈因果，就好讲烧炼、采取和飞升术，其存意于游仙，是不仅受禅宗的影响，并金元以来全真道内丹心性学及一般意义上的道教游仙长生思想也多有吸收的。至于道教科仪斋醮对儒家政治和儒生言行的影响也具体而微，在某些时候、某些地方还起到过十分关键的作用。[2]

道教游仙理论对佛学的传播，乃至佛学义理本身也作出过不少贡献。一般而言，当儒释道三教发生争执时，道教常常站在儒家一边。然而除了教团势力的激烈对抗外，在义理上道释两家也并非没有可以融通和合的地方。相反，早在汉魏两晋时期，佛教即依附神仙方术和道教理论来扩大自己的影响。汉桓帝时安世高，汉末三国时康僧会、昙柯迦罗，西晋十六国的佛图澄皆如此。他们还借道家和道术名称指称佛事，用道教徒描绘“真人”、“神人”的笔法描写释迦牟尼，在思想上吸取游仙理论的也不少，是为道教对佛教贡献之明证。

佛教以“四圣谛”和“十二因缘”为基本教义，认定人生就是受

[1] 见《传习录·答陆原静书》。又，其《答甘泉书》尝斥某生“素有老佛之溺”，反对“近土方士呼雷斩蛟之说”，《答人问神仙》与《与陆原静》也明确表明反对人学仙的志度，是可知其龙场悟道后思想又有变化。然察其所变，固不更执著于成仙羽化之类的空想，然于道教之养生修持部分，仍以为有通于圣功。见柳存仁：《王阳明与佛道二教》，《清华学报》1981 年第 13 卷 1—2 期。此外，俄罗斯汉学家科布泽夫（A.I.Kobzev）著有《王阳明和道教》，见列·谢·瓦西里耶夫、叶·鲍·波尔什涅娃合编：《道和道教在中国》，俄罗斯科学出版社 1982 年版，转引自郑天星：《俄罗斯的道教研究》，《国际汉学》2003 年第 2 期。

[2] 见费瑞伦（Franciscus Verellen）：《礼拜仪式与君权：道教仪式在蜀国建国中的角色》，《亚洲专攻》1989 年第 2 期，转引自徐克谦：《美国汉学界对中国古代宗教的研究》，《文史知识》1997 年第 7 期。

苦。具体地说，有生、老、病、死、怨憎会、爱别离和求不得、五取蕴苦等“八苦”。《法华经》卷二《譬喻品第三》即说：“见诸众生为生老病死、忧悲苦恼之所烧煮，亦以五欲财利故受种种苦，又以贪著追求故现受众苦，后受地狱、畜生、饿鬼之苦”，“诸苦所因，贪欲为本，若灭贪欲，无所依止”，总之是苦海无边，真如《西斋净土诗》所谓“娑婆之苦谁能数”。而这人生又根本不是一个真实的存在，它的质性是一种假象，一种幻影，人在宇宙六道轮回中流转，不过是在苦海中沉浮。只有视三界如火宅，人生为苦海，灭去生死因果，排除由“无明”造成的痛苦，脱略贪、嗔、痴“三毒”，才能真正获得安宁，进入涅槃的理想境界。

前已论及，乐生而求福是中国人自来的观念。它根植于原始生命崇拜，早已成为人的集体无意识。佛教如此轻视现实人生，主张“断欲去爱”、“沙门当观情欲，甚于淤泥，直心念道”[1]，追求“无生”境界，多少会让人感到不足亲近，扞格难入。对此佛教中人其实也有认识，正如为求佛法传扬而走汉化路数一样，他们也注意取用中土传统的理论来改变这种情况。中国古代主张善视人生，追求肉体长生和现世快乐的本土传统是道教的求道游仙学说。所以一些佛教中人开始公开或不公开地吸纳道教游仙理论乃至养生术，作另一种意义上的精神游仙。

如前及安息僧人安世高洞晓术数，“七曜五行之象，风角云物之占，推步盈缩，悉穷其变，兼洞晓医术，妙善针脉，睹色治病，投药必济”[2]。其所传布的小乘禅定之学，就融道教静功于安般守意的佛理

[1] 《四十二章经》之第二章、第四十一章，《大正藏》卷一七。
[2] 僧佑：《出三藏记集》卷一三。

之中，不但用“清静无为”解释“安般守意”四字，称“安为清，般为净，守为无，意名为，是清静无为也”，还进而认为掌握这种与道教修仙术相牵合的禅法，就可以“制天地”、“能飞行”、“断生死”、“住寿命”[1]。其再传弟子、三国时“天文图纬，多所贯涉”的康僧会承其教，也讲“制天地，住寿命”，“存亡自由，大弥八极”[2]。至东晋僧人道安更以《老子》语解《般若经》，称“无在万代之前，空为众形之始。夫人之所滞，滞在未有。若宅心本无，则异想便息”，“一切诸法本性空寂，故云本无”，这显然源于老子万物生于有，而有生于无的思想。佛教禅法本有“如来禅”与“外道五通禅”之别，《法律三昧经》称那种“存神道气，养性求升，恶消福盛，思致五通，寿命长久，名曰仙人”为外诸外道五通禅，有以其未断尽无明烦恼，不够纯粹的意思[3]，这种不纯粹就是因为其贵生有为，阑入了道教游仙理论所致。而这在学道游仙者那里，不啻是可引为自豪并进而增强自信力的事情。

南北朝时，天台宗三祖之一的慧思也曾将道教方术引入禅法，其用为求长寿的方法无外乎道教的内外丹。尝说：“今故人入山，忏悔修禅，学五通仙，求无上道，愿先成就五通神仙，然后乃学第六神通。受持释迦十二部经及十方佛所有法藏”，“我今入山修习苦行……为护法故求长寿命，不愿生天及余趣，愿诸贤圣佐助我，得好芝草及神丹，疗治众病除饥渴，常得经行修诸禅，愿得深山寂静处，是神

---

[1]《佛说大安般守意经》卷下，《大正藏》卷一五。

[2]《安般守意经序》，《出三藏记集》卷六。

[3] 佛教认为要彻底根除烦恼，须依“四圣谛”等法门如实修习，所谓“彼如实知苦圣谛，如实知有漏集，如实知有漏尽，如是知趣漏尽道”，才能真正斩断烦恼，超越生死，“心得解脱，得解脱智”。见《长阿含经》卷一三《第三分阿摩昼经第一》。

丹药修此愿，藉外丹力修内丹”。[1] 修道在他那里成了修禅的阶梯。北朝昙鸾为净土宗拥为初祖，更是游仙方术的热衷者。尝访陶弘景，得《仙方》十卷，并著《调气方》、《服气要诀》等书，今见诸《隋书·经籍志》著录，《云笈七签》卷五十九所载“诸家气法部四”也收有《昙鸾法师服气法》，其中论调气之细粗，“必以微细，自不闻声为上，从微细而至无息，即胎息之理尽矣”，全然是道教的声口。唐代二教鼎立，纷争中也有融合，如天台宗创始人智觊及中兴人物湛然论止观禅法，皆吸收道教气法及内丹术，前者作有《修习止观坐禅法要》讲气法，《摩诃止观》并还谈及咒术；后者重调身、调息和调心，作《止观辅行传弘诀》，也并及外丹理论，称“太阴之草名曰黄精，食可长生；太阴之精名曰钩吻，入口则死”[2]，又称金丹为“圆法”，“初发心时成佛大仙，准龙树法飞金为丹，故曰金丹”。至密宗行气法与道教即身成仙说和房中术大有渊源，早为论者指出过[3]。宋元时期，佛教徒主要致力于融合儒学的工作，但也多沿北宋延寿、契嵩、赞宁和智圆等人的做法，致力于三教合一的宣传，其中道教教义和游仙理论对其仍产生过相当大的影响，如高宗赐号“圜悟禅师”的南宋僧人克勤，用“道本无言”、“大象本无形，至虚包万有”的道理

---

[1] 《南岳思大禅师立誓愿文》,《大正藏》卷四六。

[2] 黄精属百合科，素被认为是服食养生的佳品，仙家列为芝草之类。《五符经》谓“黄精获天地之淳精，得坤土之精粹”,《博物志》也称“太阳之草曰黄精，饵之可以长生”。钩吻属马钱科，别称断肠草，传神农即误食此草而死。

[3] 高罗佩就指出：“由于基于止精法的房中秘术从纪元初便盛行于中国，而其时在印度都毫无迹象，所以很明显金刚乘的这一特点当是经阿萨姆邦从中国传入印度。”见其所著《中国古代房内考·附录》，李零等译，商务印书馆 2007 年版，第 336 页。李约瑟更指出，密宗看似从印度输入，但仔细探究其形成时间，可知“道教对密教的支配性影响似乎已清楚地得到了确认。”见其所著《中国科学技术史》第 5 卷第 5 册，邹海波译，科学出版社 2011 年版，第 257 页。

来诠解佛法，称“道本无为，佛亦无相，于无相无为处辨得出，一切诸相悉皆是佛，一切所为悉皆是道”，意在“融通万有而混成”，[1]又主张“启无为之化，行不言之教”。元僧人行秀所谓“玄牝之门是为天地根，绵绵若存”[2]，也是用老子解释佛理。一直到明清，从历代典籍中仍然可以看到这种影响的痕迹。如明高僧真可称《心经》“乃世出世间圣贤豪杰之神木也。是以得其旨者，御大千而王天下”，“故曰以智治国国之贼，有我治人物之敌……夫物我既忘，则本心自露，故曰灵光独耀，迥脱根尘也。”[3]德清著有《观老庄影响论》、《道德经解发题》，也称“老氏所宗虚无大道，即《楞严》所谓晦昧为空，八识精明之体也”，“老氏所宗，以虚无自然为妙道，此即《楞严》所谓分别都无，非色非空，拘舍离等昧为冥谛者是也。”[4]

总之，道教游仙文化对儒佛两教的贡献主要表现在对后两者宇宙观和人生修养理论的丰富和细化，具体说是对如何关注现世人生的着力点、层次和方法作了丰富和细化。由于这种对宇宙的认识，在儒家（大部分情形下也包括佛教）从来不是从人的本位出发的，这种人生修养理论，在佛教（在某种意义上也包括儒家）也不一定指向享有世俗快乐这层意义，在所论的体恤人意和周彻圆融方面都存在着明显的缺陷，所以才催生它们对道教游仙理论多所汲取。

古代中国人既在儒家为主、儒释道文化交互作用的环境下生活，文人士大夫更深受这种文化的熏陶和沾溉。当道教游仙理论被证明足以对儒佛两教构成补充时，则游仙活动深深地吸引他们也就非常自然

[1]《圆悟佛果禅师语录》卷三，《大正藏》卷四七。

[2]《从容录》，《大正藏》卷四八。

[3]《般若心经说》，《续藏经》第26册，第539页。

[4]《道德经解发题·发明宗旨》。

了。这个时候，它不仅仅是一种求得肉体长存的方法，还带着一种特殊的精神和文化，是对这种精神和文化的实在的见证。

生命宗教的辉光

作为一种超越与永恒的追求，道教游仙文化融摄传统文化的精髓，反映了古代中国人的精神追求和生活情趣，倘拿这种追求和情趣与基督教为核心的西方宗教文化作比较，更其特点就显得更为鲜明。

如前一再指出，道教是以长生久视为终极追求的宗教，游仙理论的全部旨趣在不死和成仙，也即把自己的存在价值和意义都放在现世，因此从根本点上，尽管它采取了一种与儒家文化不同的非现世的宗教形式，其所思考和表述的东西有许多超出有生的界限，入于无验的玄域，但终究不失为是一种面向现世的宗教。这是本书论列至此对道教游仙文化所作的进一步界定。也就是说，就其究论六合之外寄意鬼神仙真而言，它固然不属于“志尽于有生，语绝于无验”的范围，但精神底里却与现世息息相关。它是以看似不足实证乃或不可实证的方式，求得对生命切实的真解。对道教及游仙文化的这种特点，刘易斯·霍德斯曾作过这样的论断：

> 将超度视为是与真实的现实世界达到完美融合的道家，并不属于某种神秘主义之列，道教更应属于一种唯心主义的一元论。这一理论并不把宗教看成是从幻想世界中得到的一种解脱，而是把宗教看成是一种证明现实世界的工具。[1]

---

[1] 爱德华·J·贾吉编：《世界十大宗教》，刘鹏辉译，吉林文史出版社 1991 年版，第 45 页。

这种论断多半基于这样的事实，即在中国人那里，“神仙实际上是被利用着而不是被崇拜着”。联系上至帝王假道教以游仙，目的无非为延长生命的长度，纵欲享乐，下至百姓为纳福享乐、多寿永康，进而还敬财神、灶神和土地神，中间文人士大夫则多用以来克服自己的功名欲念和生存焦虑，求得精神的安和圆足，他的这种说法无疑是可以成立的。

这种特点的形成自然与我们一再提到的现世主义传统有关，但就道教自身所直接继承的文化渊源而言，先民的天神崇拜、祖先崇拜、阴阳五行和方仙道学的影响，不能不说也是主要原因。由于这些传统所尊奉的神灵和神性具有普遍化的世俗人性，使得道教游仙理论因此也带上了一般宗教少有的人性的特点。

倘要讨论得具体，则西方以基督教为代表的经典宗教是一种一神教，即以上帝为唯一至高无上的神，它具有圣父、圣子、圣灵三个位格，是全知、全能、全善或自在、永在和全在的。由于它具有产生世间万物和安排世界秩序的实体性质，有无可争辩的绝对意志和至上权威，在它的统摄下连一根头发落下都非盲目自发，一个人跌跤更非没有来由。如此藉一种恩宥之权，它行使自己的权柄，人匍匐在这种权威下，并不因行善才得好报，行恶才受惩处，一切的奖惩全在它的赐予。加以因祖先偷食禁果，生来有罪，且这罪不能假自己的力量脱去，非得靠上帝派其独子降世，在十字架上献身，用自己的鲜血才得以洗刷，凡此都决定了人在世界和自己面前绝对是无能为力的。这种有罪无法洗刷，非得靠神的引导才能得到救赎，决定了人只有通过对神的追随和皈依才能够获得新生。从这个意义上说，人之归信基督是人不得不作的、也是唯一可作的选择。

再说，这个世界是什么样的？它充满苦难。因那些有罪的人生活在其间，它还是一个苦难特别深巨的地方。此时，人能信仰什么？只有信仰上帝，相信它的安排，忍受这无边的苦难，并以死作代价，换取灵魂的得救和升天。基督教许诺，归信上帝的人必能得救升天，反之则时时被诅咒，事事不顺当，乃至最终必下地狱。与对天国的描绘比较简单构成对照，基督教文化对地狱的描绘却是具体和详细的，让人触目惊心，倍感恐惧。在从属于这个文化系统的但丁的《神曲·炼狱篇》中，人们可以体会到这种可怕与恐惧。炼狱在基督教又称“涤罪所”。它认为只有纯洁无瑕的灵魂才能上天堂，生前有小罪但不致下地狱者，或罪已赦免尚未做完补赎者，其灵魂要被放到这里接受暂时的责罚，待罪孽补赎完后方可上天堂。但丁的《炼狱篇》正是循此教义写就的。它采用基督教的“拯救”主题，通篇以基督教的来世论作为情感发抒的基础。如此以“地狱”、“炼狱”和“天堂”为三部曲，很容易让人联想到神学上的“三位一体”。

这种世界充满苦难，有末日而灵魂不灭的思想，在被推为唯一经典的《圣经》中得到了充分的体现。《圣经·马太福音》第八章说，那些想进入天国的人只有通过悔罪、受难、殉难，以及“恨自己的生命”才能达到目的，“凡要救自己性命的，必丧失掉生命；凡为我和福音丧失掉生命的，必救于生命”。并且，即便如此，如《马太福音》第二十二章所说，“因为被召的人多，选上的人少”，并非人人都能得偿所愿，此时人们所能做到的，似乎只能是割弃现世幸福，折磨肉体生命。因此，关于灵魂与肉体的关系问题，就此成为基督教乃至整个基督教经典文化的重要部分。基督教认为，人的生命包括两大部分，一是作为生命本体，表征它实体性本质的高贵的灵魂，它纯洁而不朽；一是作为其附属的肉体，它肮脏卑贱，容易腐朽，是灵魂的坟墓。[1]生命存在的意义就在于拒绝作为败坏了的身体和堕落了的人的肉体快乐，这快乐不但短暂不足依恃，还足以让人跌入深渊。所以它称教人活着的乃是灵魂，肉体是无益的，进而追求将灵魂从肉体束缚中解放出来，并通过自己的道德努力让它飞升，获得在天堂的永生。对一个不蔑视肉体不恨自己的人，基督认为他“不能作我的门徒”[2]。

在西方哲学史上，柏拉图是坚执灵肉二元论且灵魂胜于肉体的代表人物。他的这种观念对西方人有十分深刻的影响，怀特海就曾说过，整个西方哲学史不外是对柏拉图哲学的一连串的注脚，此话当然也适合于灵肉关系的讨论。他的这种观念和基督教教义相配合，导致以后西方文化将灵魂和肉体分置在两个世界，认定它们具有不同的本原，它们的结合纯属偶然，且充满着恶，因此灵魂净化的过程就是摆脱肉身的过程，由此普遍轻视肉体生命，而将灵魂得救视为生存的要务。尘世既是浮嚣而充满罪恶痛苦的，相对于天堂又是不真实的和不幸的，那么人只有通过信仰耶和华和耶稣，赎罪后才能成就末世永生的幸福。在此过程中，尘世中的人应努力张大自己的精神生命以追求灵魂永生，并有以深体死亡不过是人与神这个绝对实体沟通的途径，不值得为之哀恸。所以在基督教那里，全知全能的神与柏拉图所执持的“理念”是彼此联结为一体的。也正是在这种联结中，希腊哲学在

[1] 普多提诺《九章集》：“灵魂并不是通过成为某物的形式而存在，它是一种实体，它的存在不是来源于躯体，而是在它进入这个特定躯体之前就已经存在。”（石敏敏译，中国社会科学出版社2005年版，第516页。）又，奥古斯丁《忏悔录》也说：“如果你想要给灵魂下定义，并因此询问灵魂是什么，我的回答很简单。在我看来，它是赋有理性的特殊实体，以适应对身体的支配。”《忏悔录》，许丽华译，安徽人民出版社2012年版，第240页。

[2]《忏悔录》,《新约全书·路加福音》第十四章。

最后变成了基督教神学。[1]

与基督教的一元神论不同，道教是一种多元神的宗教。它的经典不是唯一的，《道藏》中包含先秦诸子及其他杂学；它所尊奉的神也不是唯一的，教主固然是太上老君、元始天尊和灵宝天尊，所谓“三清”，但还有总管三界十方四生六道一切祸福的玉皇大帝后土皇祇等“四御”。其中玉皇大帝是中国民间信仰中最高的天神，所谓“天上玉皇，地上人皇”。至于如雷神、财神、灶神和门神等民间俗神就更多了。马伯乐在《道教与中国宗教》一书中称他们为“灰色神灵”，认为虽然通常不具人格，却在中国所有时代的宗教生活中都扮演着主要角色。道教很乐意把它们都揽入囊中，甚至因世人喜欢演义故事中的英雄，那么关羽和岳飞也未尝不可以尊列为神。

不仅不排斥他神，道教还不排斥非神，以至可受学道游仙者尊奉的仙真甚夥。刘向《列仙传》记录上古三代秦汉共七十二人，到葛洪《神仙传》时，集古仙真已达八十四人。《汉魏丛书》又抄《太平广记》所录，与之合为九十四人，且除容成公和彭祖外，其余皆为刘向书所未载。再往后，元道士赵道一作《历世真仙体道通鉴》，备载上至黄帝下至宋末历代真仙达七百四十五人，又有《续编》五卷录三十四人，《后集》六卷述女仙五百二十人。所以，尽管道教说“道不可无师尊，教不可无宗祖”，但到底有多少神，可能它自己也未必清楚。

对任何一个宗教来说，创世说几乎是其必然的开端。尽管如德国汉学家顾路柏（Wilhelm Grube）的《道教神话〈列仙传〉》论及道

---

[1] 古罗马基督教作家德尔图良曾作《论灵诡》，坚持用旧约圣经灵肉整全论（holism）批判柏拉图主义的灵肉二元论（dualism），从而赋予了人的肉体以恰当的地位，故如何准确理解《圣经》的含义，在西方亦由来有争议。参见王晓朝：《希腊哲学灵魂观与基督教灵魂观的差别——德尔图良〈论灵魂〉初探》，《浙江学刊》2001 年第 4 期。

教有所谓创世说，但道教不提任何一个神为最高的创世神灵，游仙者依所处环境、习俗风尚、个人知识修养和社会地位不同，尽可以有各自特别的尊奉。而由于这些神仙有许多是由历史人物演变而来，如老君、黄帝之类，较少神迹，不像耶稣见人抬一瘫子，称“你的罪赦了”，那人就能起身回家，“众人看见都惊奇，就归荣耀于神”[1]，它不能使人复活，乃至盲而复明，聋而复聪，但许诺你尽量不死，这使人感到实在些，也更可能些。由此，这权威不像是那种产生万物的实体，虽未必可以从本体论上得到证明，但在具体的现实活动中能让人体会到它的功效。换言之，它的神祇具有人间的色彩，与现世生活密切相关，较之基督教的实体性，它功利性的一面有更充分的表现。

基于上述多元神的观念，作为宗教最重要的部分，道教的信仰也就不是唯一排他，坚定无比的。甚至在有些游仙者那里，不但可以信道教中各种各类神，也可以信道教外其他神。早在汉明帝时，楚王英就“诵黄老之微言，尚浮屠之仁祠，洁斋三月，与神为誓”[2]。以后历代帝王和文人士大夫也大多如此。耶稣说：“一个人不得事奉两个主”[3]，但在中国文人士大夫中，出入三教兼通释道者不计其数。他们用儒应世，用佛修性，用道养生，内主养生之道，外则和光同尘。当身心疲累之时，佛理中万般皆苦回头是岸之说可以给他们以精神的抚慰，道教清心寡欲的游仙之术可以确保他们身常轻体长健，有东山再起的本钱。民间这类功利的崇尚尤为持久炽盛。为了禳灾祈福，人们既可以请佛祖保佑，也可以请道士执法器降妖捉怪。乃至到后来，为

[1]《新约全书·马太福音》第八章。

[2]《后汉书·楚王英传》。

[3]《新约全书·马太福音》第六章。

游心虚静，恬心微妙，乃或委虑无欲，归计无为，可以将孔子、老子、释迦牟尼、耶稣基督和穆罕默德供奉在一处。所以秦家懿说："我们很难在这些民间习俗之中，清晰地界定哪些属于道教，哪些属于其他宗教。"她把这种多元杂合视为中国古代宗教的基本特征，名之为"整体性"[1]，并与中国文化融为一体。费孝通所谓中国的"祭祀很有点像请客、疏通、贿赂，我们的祈祷是许愿、哀乞，鬼神在我们是权力，不是理念；是财源，不是公道"[2]，指的也是这种现象。

传统中国人对道教这种不设苛严规矩的神是十分认同的。更何况它在不区别人神的同时，并不截然区隔灵肉。相反，归二为一，归一为混沌，认为神人可通，灵肉一体，肉体可以长生，灵魂也可以不灭。由此，造成以它为根基的游仙文化并不像基督教那样，认为人与上帝的不同是从本性到程度全方位的不同，人是个体化的，而上帝是包含了人在内的无限精神。它并不认为人在神面前渺小到不值一提，人与天地关系密切，与神的关系自然也密切，所谓"五脏六腑，百关四肢，皆神明可居"。一切有生皆含道性，只要努力放逐遗形取性、仙必有根、存亡一体、取悦声色、晚修无补、大丹延龄及身心不一等七种迷思，有取性耽玄虚情寡嗜好、希高敦古克意尚行、身居官场心游道乡、潇洒荜门乐贫甘贱、奋志攻敌安身保神、追悔既往重视晚节、至忠至孝至贞至廉等七种行为，所谓"放彼七远，取此七近，谓之拔陷区，出溺涂，碎祸车，登福舆"，人人都可涉仙津而成仙[3]。葛洪《抱朴子·勤求》如下的比喻，把这个意思说得更为清楚：

---

[1] 秦家懿、孔汉思：《中国宗教与基督教》，吴华译，生活·读书·新知三联书店 1990 年版，第 140 页。

[2] 费孝通：《美国与美国人》，生活·读书·新知三联书店 1985 年版，第 110 页。

[3] 吴筠：《神仙可学论》，《正统道藏》太玄部。

> 仙之可学致，如黍稷之可播种得，甚炳然耳。然未有不耕而获嘉禾，未有不勤而获长生度世也。

所以人要得道成仙并非一无可为。在这里，道教及游仙理论表现出了与基督教信仰活动迥异的现世特色，即它不是让人与一个绝对实体共生共存，匍匐在一个全然异己的神面前，把自己完全交付出去，并强调绝对服从，而是力言人通过自己的忏真体玄，在人世间靠自力勤修获得解脱，并最终达到成仙的目的。

为此，道教以"形神合同"为宗旨，从气功、服食、摄养、房中等角度，创设了许多修仙方法，或返本还原，或存想万神，内丹、外丹，清修、双修，名目颇多。当然，也包括诵经、拜忏和朝斗。此就教徒或游仙者本身通过修炼与道合真而言。另外，教徒还用隐遁变化、经法忏法、符水禁咒等各种法术苦志参玄，忏真养性，乃或用以治病禳灾、设神驱鬼和摄魔降妖。基于"仙道贵生，无量度人"的宗旨，设教的目的是要人存心养性以事天，聚精会神而合道，勿厚味脯脂，醉饱餍饫，魂神不守，精竭志衰。由此御元凶，顺元吉，保精存神，换骨上宾；总要无非在护卫人的生命。如果说，前者在雅文化层面上给人以人神可通的消息，后者则在俗文化层面上给世人以仙道可成的希望。

进言之，游仙之所以吸引社会上层，在很大程度上正在于它让人相信，由一己的养炼，可以祛除现世生活中的诸种烦恼，并突破生死大限，在精神的真久不灭中达到与神合一。他们热衷于对这种途径多方解释，由此使得道教游仙说的理论形态更多不是神学的，而是哲学的。而其之所以吸引下层，则在于能使人相信通过对仙道的归信，可以免除生活中的种种灾难，安享太平，若属幸运，或还有得道升天的可能。总之，借着游仙活动，道教最大程度地让人感觉到神仙可亲，而不是仅让人敬畏。由此，即使求仙不得，这种活动本身已然在其心中建起了神人之间的永恒联系。很多时候，单这一点已足以令人欢欣鼓舞。

而对于死亡，道教尽量回避。一般说来，宗教对死亡的回答总与来世以及神对人的拯救联系在一起，它的核心是灵魂问题。基督教让人的全部生活、特别是圣化生活，成为分享基督死亡的一种过程，对它而言，死亡能够成为信、望、爱的最高行动，是得以上升到天国的途径。所谓“凡要救自己生命的，必丧失掉生命；凡为我丧失掉生命的，必得着生命”[1]，因此死亡不只是作为赤裸裸的事实对人施行统治，而是已经在人固有的生存关系上对人作了最基本的规定。而道教及游仙文化则以努力远离死亡，让人最终克服死亡为自己的最高目标。所以虽也讲灵魂，但更重肉身保养，而不像基督教那样，认为“那杀身体不能杀灵魂的，不要怕他们”[2]，也不以复活为引诱。《新约·福音书》说耶稣受难后第三天清晨，门徒发现埋葬在墓中的尸体不见了，这时有天使显现，告诉他们耶稣已经复活。在道教则千方百计地让人不死增寿，所以太上老君在司马迁那儿，尚只是“百有六十余岁，或言二百岁，以其修道而得长寿也”[3]。到西汉末，则变成“寿数百岁”[4]。东汉时，他“离合于混沌之气，与三光为终始”[5]，已很

[1]《新约全书·马太福音》第十六章。

[2]《新约全书·马太福音》第十章。

[3]《史记·老子韩非列传》。

[4] 桓谭：《新论·祛蔽》。

[5] 边韶：《老子铭》，《全后汉文》卷六二。

难说多少岁。这样再到葛洪笔下，“身长九尺，黄色，鸟喙，隆鼻，修眉长五寸，耳长七寸，额有三理上下彻，足有八卦，以神龟为床，金楼玉堂，白银为阶，五色云为衣，重叠之冠，锋铤之剑”[1]，则纯然已是一个脱去生死的神仙了。老子的思想千百年来滋养了无数中国人，现在他被塑造成不死的老君，为三气之祖宗，天地之根本，有法生七十二相，八十一好，具足微妙，其对游仙者吸引力之巨大就可想而知了。

道教游仙文化对现世的态度也与基督教迥异。如果说基督教对现世大体持否定态度，相对于无限绝对的彼岸世界，这有限相对的感性世界被认为并不足恋。那么它则对现实世界取肯定的态度，善视这个世界，并让人以原非有罪的鲜活形象出现在世界上，教人皈依，教人安处，鼓励人多多行善，乃至发奋求善，且这求善目的不是试图从罪孽中摆脱出来，得到通向天国的门票，而纯然是为了在人间的长生久视，春夏乐山高处，秋冬居卑深藏，吉利多福，寿考无穷。它还提示学道游仙的人们，神并不在人头上，也不在人的边缘，它在人生活的核心处引导人，从而让人确信自己的生命价值，把对它的信仰实实在在地贯彻在现世人生当中。并且，相较于儒家那种对现实人生的肯定，它以上述尽可能延长人在世间生存时间的不懈努力，获得了儒家未曾获得过的众多人等发自内心的信从。

与此相联系，道教和游仙文化并不强调天国（理想）和尘世（现实）的对立。在它那里只有两者的交和，并且天上的仙界还是按人间的清景布置的。唐宋时，道教赋予天下名山以“洞天福地”的美称，夸饰这些地方是神仙的居所。如前所说，这十大洞天、三十六小洞天

[1]《抱朴子·杂应》。

和七十二福地都遍布在东西南北实有之地上。传统仙话中本有十洲三岛之说，也有三十二天、三十六天之说，其仙境或在云端，但几乎都有山，都按人间的清境布置，至此索性都迁回了人间。就此一端，分明可见道教对现实世界的善视态度。再说“洞天福地”是什么？“洞”者通也，意为洞室可以通天，居山修道可成神通天；“福”指福泽，谓就地修道可得福度世。据此，道教游仙理论并不以人世为苦难之海，反以为是福乐之地的宗趣清晰可见。倘要追问其如何为福乐之地，则由前述贵生养身、纵意享乐和张大自我诸端，已多少透出一些消息。圣保罗尝说：“我活着但不是我活，乃是基督在我内”[1]，而在学道游仙者而言，他是为自己，并仅为自己安雅闲散地生活着而感到欣慰，他以这样的心情和这样的生活方式走近神，并使这种心情和方式最终成了自己更加执著于现世的动力。

当然，倘要过细地探究道教游仙理论善视世界的原因，有时恐怕未必都因于现世的美好，相反，正基于它的太不美好或不够美好。不过这没关系，因这不美好或不够美好每能激发起人对将要到来的美好的向往，而不是把这些美好统统搬到天上，这同样表达了它对这个世界的热切期待和执著的肯认。这一点，只要考察道教初兴时的实际情形就可以看到。东汉中晚期，因王权的失落，割据战争与自然灾害频频发生，使整个社会处在结构性的大震荡中。强权政治的高压和自然灾害的侵袭造成当时农商失业，食货俱废，人民涕泣道途，转死沟渠，生命的朝不保夕激发了人对清明政治和太平时世的强烈期待，一种超越于政治信仰或社会依赖之上的求生热情被最大程度地激发了出来。既然这种清明政治和太平时世不能在现实生活中实现，人们就将

[1]《新约全书·加拉太书》第二章。

之置换成一种信仰和期待，在理想中将其付诸实现。道教的产生有诸多原因的综合作用，游仙之所以蔚成风气也绝非一朝一夕酿就，但对现世美好的执著追求，对太平盛世以及在这种盛世中长享快乐的执著追求，无疑是重要的原因之一。

道教最早的经典《太平经》反对强取他人之物，反对富人对穷人冷酷无情，主张生活资料平均分配。“众万二千物皆生中和地中，滋生长大”，“当人口者，皆令民食之，用其温饱，长大形容，子孙相承”，“是天使奉职之神，调和平均，使各从其愿，不夺其所安”，就体现了这种追求。在这种太平的世俗世界无灾异、病患和战争，君明臣贤，家富人足，物丰人寿，国泰民安，人们各得其乐，积德行善，仅以追求与道合一的无穷幸福为至乐。这在早期道教中似有所实施。如张角奉《太平经》教旨创“太平道”，采取“畜养弟子”的方法，派徒众四处组织联络，“以善道教化天下”，又以此平均主义相号召，为人治病与首过，让人看到超脱苦难的希望。张陵习道鹤鸣山，编《三皇内文》、《九鼎太清丹经》，创“五斗米道”，后张鲁继之。前者以得大贤、立黄天、治国乐命及“天之命，身之宝”相号召；后者乃设义舍，置义米肉供行人量腹取足，犯罪者三原之再罚以宽刑，都体现了与当时昏暗政治迥异的清平特点。以后，历代举事起义者凡假道教为旗帜，大多仍用此理想以耸动人心，广集四方。

当然，道教的义理是在不断发展并趋于整赡的，教徒和游仙者对道教理想中的现世设想在逻辑、性质和范围各方面均发生过大小不等的变化，但追求理想人生的本质从未有变。他们费心辟设神仙世界，极力张大仙界美好，不是诱导人在宗教幻想中逃避现实，而是树立神仙权威，企望假其调控宇宙万物及物与人、人与人之间的关系，使社会达到足够的合理。因此，这所谓的仙界有时完全可以置换成人间，更不要说这仙界的蓝图本就来自清平时代清明政治的垂范。正是基于此，尽管道教游仙活动往往风行于乱世和衰世，但并不表明它就是逃避现世否定现世的。个案分析中经常可以看到有人假此离世脱俗，身隐弥静而名逃益彰，但从另一个方向，未始不可说它正寄托着人们对现世的热情肯定。

在基督教及其他宗教中都有现实世界必将终结的教义，并认为那至高的神终将在这一天对世间所有活着的与已死的人进行审判，让得到救赎的人上天堂享福，罪恶深重的人下地狱受苦，《启示录》中有对这种末日审判的具体描绘。但在道教及游仙理论中，这世界是一气运化的结果，尽管可能不够美好，有时还障蔽人的清明，诱导人误入歧途，但它生生不息，新新相续，足具自新自创的能力。对世俗生命并无罪感的人逍遥其间，自然是大有乐趣的，是乐生而不以自苦为极的。这种关心当下即刻，平淡朴实的世俗眼光，清晰地表明它不希望这现世终结的积极态度。

也正是由于不以肉体为罪恶，现世为苦海，没有尘世之内人与自然的截然对立，道教及其游仙文化向人们显出了它安详平和的迷人魅力。它超越了基督教否定人世的极端认识，尽管如费尔巴哈所说："宗教的目的是人的安适，得救，福乐"，"灵魂得救是基督教之基本理念、主要问题"[1]，但基督教派定给人寻求得救的过程并不让人感到有多少安适和福乐，至少在一般意义上是这样。基督教在以后分化为天主教和东正教，两者都讲天主圣子降世为人，受难复活后再次降临人间审判世界，东正教并还要求教士做一个神秘主义的祈祷者，以苦行者的形象与神交往，过禁欲的生活，终身隐修，与世隔绝。道教则

[1] 费尔巴哈：《基督教的本质》，荣震华译，商务印书馆 1984 年版，第 217 页。

不同，诚如马伯乐所说，“大多数的道教神职人员都是那些过着世俗生活并谈婚论嫁的俗家道士，他们是真正的巫师，父传子袭，掌握一些药方，并举行一些仪式。他们各有所长，通灵、驱邪、治病，不一而足。”[1]道教的游仙活动因此也呈现出不同于基督教等其他宗教的特殊面貌。这其间，游仙的“游”字很具象征意义，它既指一种游乎四方八极的跨时空活动，让肉体超越生命的极限；也可理解为是一种与严肃庄敬取别样轻松态度的存志优闲的生命活动。前已提出，道教及游仙者的信仰并不排他，它可能有所相信，但并不一定导致坚信，因此要达到虔信，也不是人人都能做到的，甚至不是人人都有必要做到的。这种信仰的游移在文化人看来正有兼容并包的从容和雅，算不得依违和游移。而对底层广大的信众而言，由道士步罡踏斗，燃灯告符，进表祈告，请求降二气等法度仪式，以及召魂咒施超阴度亡等斛食仪式中，也多少让人感到其允许人从心所欲择道而从的随意和自由。道士的行仪有大言惑众欺瞒捣鬼的成分，但受施者游乎其间，在法器、斋供和整套醮坛科仪的演示中，在为感动群灵而创设的“颂”、“赞”、“偈”和“散花”、“步虚”等体式的音乐演奏中，真会有一种安乐祥和的感觉。显然，这是一种更接近俗世的感觉。

说游仙活动的安乐祥和与优美舒缓的音乐演奏有关，并非出于臆测，只要和西方宗教音乐作一比较就可清楚地看出。在西方，基督教也有自己独特的音乐，它来源于古希伯来音乐传统。由于希伯来宗教规定人不得雕造神像，从事形体崇拜，希伯来人只能通过他们擅长的音乐来表达对神的尊奉。基督教诞生后接受了这一传统，并在集合颂诗和启应对唱中将之发扬光大。到6世纪末，罗马教皇格里高利一世

[1] 马伯乐：《中国的民间宗教与儒释道三教》，胡锐译，《世界宗教文化》2010年第1期。

改革古代基督教歌调，将他认为过于造作和媚好的部分去掉，换上以齐唱和对唱为主要形式的单声部音乐，用以吟唱《福音书》、《使徒书信》、《诗篇》、《祈祷文》等经文，由此奠定了中世纪教会音乐的核心。中世纪早期欧洲音乐中，《福音颂歌》和《受难曲》这两大主题都与基督教信仰有关，整个欧洲的音乐也因此受到了基督教的深刻影响。[1] 16世纪后，继此前被称为圣剧的清唱剧的发展，中世纪宗教音乐达到了辉煌的顶峰。它庄重肃穆，纯洁超然，绝对体现教义的思想和情绪。并一直到19世纪，仍好“表达巨大的灾难”，“虔信宗教的心灵的主观忏悔”。它“结合了戏剧和教堂的手法，同时既是戏剧性的，又神圣、威严和朴素，强壮而谧静”，“写得紧张强烈扣人心弦”，以至被人视为“陈旧”，“根本缺乏生气”[2]。

道教音乐则不然。伴随着历代信众游仙活动而展开的道教音乐既可以说是特殊的，又可以说是最世俗最民间的。早期道教音乐、尤其是科仪音乐主要见载于北周宇文邕纂的《无上秘要》和南宋蒋叔舆所编《无上黄箓大斋立成仪》，包括仙歌、音诵和道赞，突出的是音乐“以乐治身”的功能。且看《太平经》乙部《以乐却灾法》的叙述：

> 乐乃可和合阴阳，凡事默作也，使人得道本也。故元气乐即生大昌，自然乐则物强，天乐即三光明，地乐则成有常，五行乐则不相伤，四时乐则所生王，王者乐则天下无病，蚑行乐则不相害伤，万物乐则守其常，人乐则不愁易心肠，鬼神乐即利帝王。故乐者，天地之善气精为之，以致神明，故静以生光明，光明所

[1] 参见卓新平：《世界宗教与宗教学》，社会科学文献出版社1992年版，第380—385页。

[2] 保罗·亨利·格朗：《十九世纪西方音乐文化史》，张洪岛译，人民音乐出版社1982年版，第162—165页。

以候神也。能通神明，有以道为邻，且得长生久存。

与《荀子·乐论》和《礼记·乐记》中所载传统音乐思想相比，它不过更突出音乐“得道本”的特殊功能。而让人特别感兴趣的是，它所谓的“乐”既指音乐，又指人快乐的心情和快乐行为的特殊表述，凸显的是归乐于大道和自然的终极主旨。它以举乐上可度世，中可致平，下可乐人，又心期萧史凤鸣般的箫曲，虽经寇谦之、陆静修的整顿，尤其是后者，建立起一整套“内执斋戒，外持威仪”的理论，其“九斋十二法”中，包含了安徐雅步、内视注念，以音乐来制心遣欲的观念，但唐以后仍多方融合民间音乐和西域音乐，五代则“广陈杂乐，巴歌渝舞，悉参其间”[1]，宋以后又吸收“清江引”、“采茶歌”等时调，从而使得自己在本有的朗亮舒雅之外，平添了一种绮靡动人魅力。

道教仙乐早期只以钟磬和鼓等打击乐器为主，葛洪《抱朴子·道意》所谓“撞金伐革，讴歌踊跃”。隋唐时加入吹管和琴、阮等弹拨乐器，宋代再加入拉弦乐器。在所用乐器与民间俗乐的演奏乐器日趋合一的同时，两者的音乐也越来越趋向同化，以至最后产生了作为民间曲艺的新形式“道情”，它渊源于唐代《九真》、《承天》等曲，南宋时始用渔鼓和简板为伴奏乐器，因此又称“渔歌”，为一种广为流传的俗乐。元代杂剧多涉道教，有许多道士说道情的描写。明代小说中，对道情说唱更有许多细节的展开，内容固多弘道说教，但也常喜笑怒骂，包罗万象，遗憾的是，今天道教音乐已大多流失，并这“道情”也已难闻。但由历代载记对“步虚之声”竭尽夸饰的描绘，以及

[1] 张若海：《玄坛刊误论·论凡修斋用乐品第十七》，《正统道藏》正一部。

吴兢《乐府古题要解》所谓“道家曲也，备言众仙浮渺轻举之美”的界定，可知其旋律应该是十分优美清远的。

由此设想，“今道士斋时，所以巡绕高座，吟咏步虚者”，其“一日三时旋绕上宫，稽首行礼，飞虚浮空，散花烧香，手把十绝，啸咏洞章，赞九天之灵奥，尊玄文之妙重也”，“行道礼拜，皆当安徐雅步，审整庠序，俯仰齐同，不得参差”[1]，能让历代游仙者如何感觉良好，并进而更留恋这俗世的快乐。当此际，哪里还有什么制心遣欲的观念在提升他，让他心灵越出肉体，充满凛敬地在忏悔祈祷中获得被神宽恕的快乐？比之基督教音乐，它完全是另一种东西，是一种与游仙文化的安详闲雅相对应的心的回响。在山清水秀之境，静室曲房之中，香烟缭绕，音声相和，这种快意的视听享受里似包含有道教游仙文化的全部精义，体现着东方古国可称之为生命宗教的灵性智慧的真久魅力。

---

[1] 陆静修：《洞玄灵宝斋说光烛戒罚灯祝愿仪》，《正统道藏》洞玄部威仪类。

结 语

对于道教游仙文化的描述至此似近结束。在末章中回应本书开端的论述，我们指出道教游仙文化固非章太炎所论可以笼盖，其精神的底里洋溢着关注现世的精神，表征着一种不脱实用的理性的清明。我们以为这是一个不能忽视的重要的补充。

宗教是一种人与神的交往，是人对这种交往的深切体验，而不是关于真实的学说。或者说，“宗教是一个过程，由此人们达到他们自己的境界，与真实的终极实在相联系”[1]。宗教的解答关涉到人类生存的真谛。不过，在道教游仙文化而言，它不是一种往深层次趋赴的转变过程，它企图跨过的是人类现实的生死区隔，超越一己生命的存灭极限，在这前面不存在任何终极性的实体。如果说，其他作为根本转变形态的宗教是一种纵向的向上升华的行为，使人理性地意识到神的真实存在，从而让灵魂充满快乐，让精神获得新生的感觉，然后由这新生的生命之泉灌溉整个身心，那么道教游仙文化则是一种教人横向

[1] 弗雷德里克·J·斯特朗：《宗教生活论》，徐钧尧、魏道儒译，今日中国出版社 1992 年版，第 4 页。

地延展生命、获得肉体不死的现世哲学。它使人经验地意识到这种超越的真实可能，从而更加热爱生命，热爱现世。正是在此意义上，与其说它是一种宗教信仰，毋宁说是一种生活方式，一种生活中的精神修养、道德观和价值观。

这种精神修养乃或道德观、价值观不仅属于少数人，而普遍存在于中国人的生活中；不仅属于人生的某一阶段某一时刻，而横亘在其全部生命的彻头彻尾全始全终。它不受推理和思维的影响，是一种人人可以见证的直接而原生的东西。正是藉由它，古代中国人把自己从自我或非我施加的各种限制中解脱出来，并最终领悟到自身就是一终极实在的道理，这在儒家思想占统治地位的礼与法高度重合的社会，无疑具有某种低限度的思想解放与个性解放色彩。它是丈量人可能存在的自由的标尺，并带领人由肉体、物质的自由走向灵魂和精神的自由。

对这种自由的追求，在古代中国可以追溯到非常久远，直至作为道教游仙文化的远祖——神仙思想的产生和传扬。古代神仙思想是在大变动的战国时代产生的，其时，周王朝衰亡，奴隶制度瓦解，巫觋文化开始趋于消亡。在这种垄断性的前文化形态退出历史舞台同时，一种新的观念与思想开始出现，原本不够强大的人们在寻找精神慰藉时，往往仰赖巫觋为媒介，由其“率民以事神”[1]。以后渐渐有了自信，开始知道凡人皆能靠自己的力量，经由修炼而成仙，商周之际“天人不相通”的观念就此被彻底打破。原本人要获得超越和永恒，每每属望于人神关系，而这种关系在当时是被巫觋独占的，一般人无能为力；至此它演变为人仙关系，人仙之间再没有跨不过的中介或阻隔，独占性没有了，取而代之的是人神的共通性。刘向《列仙传》载

---

[1]《礼记·表记》。

录成仙者的身份有帝王、宫女，也有卜师、门卒、马医和渔人，是这种变化发展的清晰表征。

以后，人的自信力伴随着道教的成型得到了更进一步的加强，诚如西方学者所指出的，它以“道”代“天”，从而对传统的天人观构成了巨大的冲击。而这“道”是人人皆可习得，正如儒家讲“人皆可以为尧舜”，“涂之人可以为禹”，佛家讲“众生皆有佛性”，道教游仙理论也标举人人皆可成仙的观念，继刘向不论成仙者身份之后，葛洪《神仙传》载录修道成仙者，也可以是老子、墨子这样的古代圣贤，还可以是朝廷官吏、贵室子弟甚至仆夫、弱女，到李复言《续玄怪录》、陈翰《异闻集》、戴孚《广异记》，举凡酒徒、园叟、药贩、工匠和乞丐，只要信仰，皆可成仙。唐代上清派著名道士潘师正则径称：“一切有形，皆含道性”，“初从凡学，受持法戒，行无缺犯，则名系仙录”，以后经过逐步讲道，上登大罗天，“与道同真，常湛极乐”[1]。道教还进而以为，阴阳可定人、鬼、仙三者，鬼是纯阴无阳，仙是纯阳无阴，人处其间，阴阳相杂，这种特性决定了人既可以为鬼，也可以为仙。而其之能成仙不靠别人，全赖自己的修行和养炼。由于认定人可成仙，人与仙的区隔被彻底打破了。敦煌遗书中有道经《通门论》残卷，内有这么一段话：

> 圣人位亦在上清，亦在世间。仙人亦在玉清，亦在上清，亦在世间，此境界更相通，更相交耳。

这里“亦在上清”、“亦在世间”，正道出了人神关系改变带来的人的

---

[1]《道门经法相承次序》卷上，《正统道藏》太平部。

自觉和人日益走向强大的事实。这样的观念几乎构成了作为人的主体性学说，一种主体超越论的游仙文化的真髓。

当然，在道教及游仙文化那里，人地位的突出毕竟取用了宗教的形式，是将神圣的超人转换人的主体性，然后塑造更高的人的自体性。譬如唐代著名道士吴筠尝作《神仙可学论》，指出“招真以炼形，形清则合于气；含道以炼气，气清则合神”，如此形神兼炼，必能成仙，说得尚称剀切。此后许多道士的法术宣讲就有些玄而又玄，让人无从把握了。也正是有见于此，人们才称其杂而无端，神秘荒诞。但由于从根本上说它“只求长生，并不认为精神不死，而是实体的长生；也并非认为长生是人生问题的解决途径之一，而是唯一的解决途径”，如李约瑟《中国科学技术史》引马斯玻罗所说的那样，它的宗教神性实际上在很大程度上是得到抑制的，它实用理性的特点因此也并没有消亡。

再换一个角度来审视这个问题。当我们说一种力量不仅被人崇拜，还被人认识和掌握，变成人的工具，它实际上就不再是人命运的主宰了。道教游仙理论正是这样一种日渐被人认识并掌握的东西，人有欲望去认识它，有能力去掌握它，这是人走向进步和自觉的标志。当初，荀悦《申鉴·俗嫌第三》曾说：“或问神仙之术，曰：‘诞哉，末之也已矣。圣人弗学，非恶生也。终始，运也；短长，数也，运数非人力之为也。’”这种将人的命运委诸天数，自然是道教游仙理论所不会认同的。可能正是有见于此，傅勤家将之与儒佛两家连言比较，称“儒畏天命，修身以俟。佛亦谓此生根尘幻化，业不可逐，寿终有止。道教独欲长生不死，变化飞升，其不信天命，不信业果，力抗自然，勇猛何如耶？”[1] 傅氏的这一论述或有片面的地方，但衡之以

[1] 傅勤家：《中国道教史》，上海文化出版社 1989 年版，第 214 页。

游仙文化对人战取精神的高扬，对主体把握自己命运的自觉意识的张大，他的这种说法还是可以成立的。

这种张大人主体的战取精神和自己把握命运的自觉意识，在漫长的中国古代通常“是那些还没有获得自己或者再度丧失了自己的人的自我意识和自我感觉”[1]。它满足了人生存发展的根本需求，并成为人依赖和崇拜的潜意识。在这种潜意识的安慰下，他们有足够的坚韧去对待苦难与挫折，所谓“得与失兮两不羞，形容到了了无俦。真人之德配天地，只在环中匪外求”[2]，并有足够的耐心去抵御各种诱惑，“去肥浓，节咸酸，减思虑，捐喜怒，除驰逐，慎房室”，并“体欲常劳，食欲常少，劳无过极，少无过虚”[3]，足够的智慧去应付俗世纷扰，所谓“圣人不与俗人争”[4]，由此远嫌疑、苟得与行止，慎口食舌利与处闹力斗，真常得性，常应常静。当然，比之儒家，这种为而不争，养而长存，有时不免有过于怯懦圆滑之嫌。

前已指出，道教尽管探讨了宇宙、生命和鬼神等六合以外的问题，这方面论述较之儒家更丰富更细致，但最终对死亡是多少抱有回避之心的，所谓“无生之义最难言”[5]，这很直白地表明其过于沾恋人间的怯懦一面。人生命的庄严有时正基于人必定走向死亡之上；人对死亡的态度也正足以使他与其他生物区分开来。倘若仅从肉体生命的长生久视角度来寻求生存的超越与永恒，有时非但不能彰示人的高贵，反而会将人拉入卑下的俗境。

---

[1]《〈黑格尔法哲学批判〉导言》，《马克思恩格斯选集》第1卷，人民出版社1972年版，第1页。

[2][5] 陈致虚：《上阳子金丹大要·积功卷第五·道德经转语偈》，《正统道藏》太玄部。

[3] 陶弘景：《养性延命录》卷上引《名医叙病论》，《云笈七签》卷三二。

[4]《老子想尔注》。

公元1世纪，尊奉儒家思想的哲学家扬雄仿《论语》体例作《法言》，在该书《君子》篇中，对人的长寿问题作了这样回答："或问：'龙、龟、鸿、鹄不亦寿乎？'曰：'寿'。曰：'人可寿乎？'曰：'物以其性，人以其仁。'"上述动物皆被认为享有无穷之寿，所谓"龟鹄千岁"[1]，但扬雄以为物以其性而寿，人却不能，人之性必不能长生久视，"有生者必有死，有始者必有终，自然之道也"，但人又自有其长寿，人之长寿因其仁。在这方面，他继承的是孔子的说法，孔子曾说"仁者寿"[2]，因为仁者内不伤性，外不伤物，不违天，不违地，处中居正，形神以和，故咎征不至而休嘉集之，其禀仁而行，身虽殁而道犹存，是所谓寿。又说益人寿者其实在德，"回、牛之行德矣，曷寿之不益也"，只有庸常之人才以长年为寿，而有德之人是可用自己德行的不朽，求得长寿并显出长寿的。以后荀爽承此意，指出形体"固自朽弊消亡之物，寿与不寿不过数十载，德义立与不立差数千岁"，两者之间不可同日而语。徐幹进而区分寿为三类，有"王泽之寿"、"声闻之寿"和"行仁之寿"，指出仁者利养万物，万物亦受其利，故其人必寿。[3]所以，儒家文化尽管有其迂阔不周事情的地方，有的道德规范和伦理原则过于保守，被享利者用为收拾人心之具，但它强调人的仁义和德行，维护人性的高贵和尊严，不把超越与永恒仅实在化为肉体的不死，确实裹挟着浓烈的人道气息，洋溢着倔强峥嵘的人格魅力。

西汉人集孔子弟子及再传、三传弟子言论成《礼记》一书，其中《儒行》一篇总结儒家的行为准则，要求"戴仁而行，抱义而处"，

---

[1] 刘孝标：《辨命论》，《全梁文》卷五七。

[2]《论语·雍也》。

[3]《中论》卷下《论夭寿第十四》。

“见利不亏其义，劫之以众，沮之以兵，见死不更其守”，“爱其死以有待也，养其身以有为也”。所谓爱死有待养生有为，正是不一味求生，在生死之间能持之以道的表征。当这“有待”不存在与“有为”已不可能，那么死在它看来是比活着更好的事，它有时可能回避死，但终究不怕死，追求道德和精神生命的不朽使他视死如归。这种追求自进入到传统文化中心，对古代中国人的人格起到了巨大的铸塑作用，进而成为千百年来引导人走向伟大和崇高的精神资源。我们能因为它间或存在的迂阔而不奉以为生命存在的根本要义吗？在完成对游仙文化的描述和评赞后，我们不能不花一定的篇幅，作这样的说明。

然后再接续道教游仙文化力抗自然、自掌命运的积极一面，谈它之于后人的正面影响。觉得还有必要对其之于传统文化的丰富延展作一简要的肯定。一般地说，道教作为三教之一，对传统文化的整体构成作出了重要的贡献，道教游仙文化对传统哲学、心理学、医学、文学、艺术乃至科学都有过积极的推动作用，以至到今天仍成为人们走近和了解传统的重要切入点。而几乎没有人会认为，以求长生为目的的游仙活动仅仅是一种宗教迷狂，是人的尊严的彻底失落。相反，人们肯定它，正是因为它东方式的睿智和清明，还有它对这种睿智清明的精妙表述。对此，霍德斯的表述是：“道教对于儒教、佛教以及整个东方世界的巨大贡献，是通过道教的真理是自然的，独立产生并存在的这一直觉真理观来实现的”[1]。一个西方人能持这样一种认识，足见其影响远不仅以东方为限。

而同样重要、有时可能更为重要的是，道教游仙文化虽然不脱宗教唯心主义，充斥有不少荒诞不经的东西，但它注重修身养性，重视

---

[1] 爱德华·J·贾吉编：《世界十大宗教》，刘鹏辉译，吉林文史出版社1991年版，第41页。

生命意识的内在体验，有时这种体验不一定能在普通的经验层面获得印证，但确乎在某些特殊的时刻引导人从尘世中消身引退，留更多的时间和更好的心境去思考和捕捉精神深处的细微感受，最大程度地发挥生命存在的内在资源，这对人精神世界的完满充实以及纷乱时世中的颓败人心，无论怎么说都是有疗救作用的。

当代著名的宗教哲学家道森（Christopher Dawson）在《宗教与西方文化的兴起》一书中曾说，宗教作为一种信仰，虽然远离社会生活，但却为社会生活注入了一种自由的精神因素，引导人类走向更高级、更宽广的实在境界。他并指出："甚至连一种特别注重来世，看起来是全盘否定人类社会价值与规范的宗教，也会对文化产生能动作用，并为社会变革提供动力。"如前面一再提出过的，道教游仙文化虽志系有生，语涉无验，但始终关注现实人世，并因这份关注而把引为理想的仙界迁来人间。它还十分关注今生，在不否定社会世俗原则和道德规范的前提下，尽量让人超越生死大限，为这种超越的实现而要求人法天地，无躁处，以为清心守正恬澹自处，必能求得不知其生而知生的良好效果，并实现虽身灭而道存的高上目标，乃至如《七部语要》所表述的那样：

> 夫生死之道，弘之在人。生死常也，确乎在天。但禀以自然，则生死之道无可而无不可也。或未生而已死，或已死而重生。或不可以生而生，或不可以死而死。或可以死而不死，或可以生而不生。或有生而不如无生，或惜死而所以致死。是以致死之地则生，致生之地则死。或为知而不可以死，或为时而不可以生。或云劳我以生，生者好物也，不可恶其生；或云休我以死，死者恶物也，不可好其死。凡人心非不好其生，不能全其生；非

不恶其死，不能远其死。

这是何等透达的认识，清朗的觉悟！此时，它通过探究日常体验中最深刻的实在资源，并使之具体而现实地展开，把人导向一种超越生死的自在天地，或者如道森所说的更广阔的实在境界，一如鸟飞于空，鱼游于渊，任心所欲，自然而然。当从传统中走出来的中国人接近这种文化并试着努力去理解与践行时，它对中国人精神的滋养无疑是深远的。它要人从包括习性和人生态度等生命内在需要的角度出发，去亲近“道”，既外保形体，又内养精神，因契合了人心中最深切的部分，从而赋予了人在俗世中改变自己的力量，成为他们现实人生中最富有启发性的智慧源泉之一。

这种智慧过去曾改变过人的生活，让人由某种意义上的无知任性走向纯粹的生命上源，由追求自身在社会秩序中的位置，转而走向在自然秩序中安顿更完美的自己，此后仍然对人通过精神修炼获得自由的努力提供着启示，包括类似宁静守一这种旨在培养精神安和的方式，仍为许多人含玩咀嚼，身体力行。它没有一般宗教都有的取消论色彩，而有进化论、改造论的积极品性，使人们在体察自身和世界的过程中，发现对自己而言特别重要的时刻。这时刻把意义赋予给了生活，赋予给了中国人人性发展的历史。当回视道教游仙文化的发生发展历史及其之于中国传统文化的独特贡献，我们真切地觉得，罄心竭虑地对其作如上认真的探讨，实在是很有必要的。

主要参考书目

《道藏》，上海书店出版社 1989 年版。

《道藏辑要》，巴蜀书社 1995 年版。

《藏外道书》，巴蜀书社 1992、1994 年版。

《中华续道藏初辑》，龚鹏程，陈廖安，台湾新文丰出版股份有限公司 1982 年版。

《道藏精华录》，丁福保，北京图书馆出版社 2005 年版。

《敦煌道藏》，李德范，全国图书馆文献微缩复制中心 1999 年版。

《道家金石略》，陈垣等，文物出版社 1988 年版。

《道藏源流考》，陈国符，中华书局 1985 年版。

《道藏分类解题》，朱越利，华夏出版社 1996 年版。

《巴蜀道教碑文集成》，龙显昭等，四川大学出版社 1997 年版。

《楼台观道教碑石》，王忠信，三秦出版社 1995 年版。

《道教书目提要》，潘雨廷，上海古籍出版社 2003 年版。

《六朝隋唐道教文献研究》，赵益，凤凰出版社 2012 年版。

《敦煌道教文献研究：综述、目录、索引》，王卡，中国社会科学出版社 2004 年版。

《列仙传校笺》，王叔岷，中华书局 2007 年版。
《老子道德经河上公章句》，王卡，中华书局 1993 年版。
《老子想尔注校证》，饶宗颐，上海古籍出版社 1991 年版。
《太平经合校》，王明，中华书局 1960 年版。
《抱朴子内篇校释》，王明，中华书局 1980 年版。
《玄珠录校释》，朱森溥，巴蜀书社 1989 年版。
《无能子校注》，王明，中华书局 1981 年版。
《悟真篇浅解》，王沐，中华书局 1990 年版。
《道教史》，许地山，华东师范大学出版社 1996 年版。
《中国道教史》，傅勤家，上海文化出版社 1989 年版。
《中国道教史》，任继愈，上海人民出版社 1990 年版。
《中国道教史》，卿希泰，四川人民出版社 1996 年版。
《当代中国道教》，李养正，中国社会科学出版社 1993 年版。
《道教经史论丛》，王卡，巴蜀书社 2007 年版。
《道教论稿》，王家佑，巴蜀书社 1987 年版。
《魏晋南北朝时期的道教》，汤一介，台湾东大图书公司 1991 年版。
《魏晋神仙道教》，胡孚琛，人民出版社 1989 年版。
《陈国符道藏研究论文集》，陈国符，上海古籍出版社 2004 年版。
《中国外丹黄白法考》，陈国符，上海古籍出版社 1997 年版。
《敦煌古灵宝经与晋唐道教》，王承文，中华书局 2002 年版。
《内丹养生功法指要》，王沐，中华书局 2008 年版。
《道教天心正法研究》，李志鸿，社会科学文献出版社 2011 年版。
《金元全真道内丹心性学》，张广保，生活·读书·新知三联书店 1995 年版。
《道教斋醮科仪研究》，张泽洪，巴蜀书社 1999 年版。

《唐前道教仪式史纲》，吕鹏志，中华书局 2008 年版。
《道教法术》，刘仲宇，上海文化出版社 2002 年版。
《道教与养生》，陈撄宁，华文出版社 1989 年版。
《道教、因明及其他》，许地山，中国社会科学出版社 1994 年版。
《寒原道论》，孙克宽，台湾联经出版事业公司 1977 年版。
《劝化金箴——清代善书研究》，游子安，天津人民出版社 1999 年版。
《神圣礼乐——正统道教科仪音乐研究》，蒲亨强，巴蜀书社 2000 年版。
《中国道教思想史》，卿希泰，詹石窗，人民出版社 2009 年版。
《道家与道教思想研究》，王明，中国社会科学出版社 1984 年版。
《屈服史及其他：六朝隋唐道教的思想史研究》，葛兆光，生活·读书·新知三联书店 2003 年版。
《神格与地域：汉唐间道教信仰世界研究》，刘屹，上海人民出版社 2011 年版。
《敬天与崇道——中古思想经教道教形成的思想史背景》，刘屹，中华书局 2005 年版。
《中国重玄学》，卢国龙，人民中国出版社 1993 年版。
《汉代道教哲学》，李刚，巴蜀书社 1995 年版。
《宋元老学研究》，刘固盛，巴蜀书社 2001 年版。
《道教与诸子百家》，李养正，北京燕山出版社 1993 年版。
《道教与中国医药学》，孟乃昌，北京燕山出版社 1993 年版。
《道教的历史与文学》，郑志明主编，南华大学宗教文化研究中心 2000 年版。
《苏轼与道家道教》，钟来因，台湾学生书局 1990 年版。
《理论·视角·方法：海外道教学研究》，朱越利，齐鲁书社 2013 年版。
《中国宗教思想史新页》，饶宗颐，北京大学出版社 2000 年版。

《中国的神话世界》，王孝廉，作家出版社 1991 年版。
《中国古代宗教与神话考》，丁山，上海文艺出版社 1988 年版。
《世界宗教与宗教学》，卓新平，社会科学文献出版社 1992 年版。
《多元化的上帝观——二十世纪西方宗教哲学概览》，何光沪，贵州人民出版社 1991 年版。
《真诰校注》，吉川忠夫，麦谷邦夫，朱越利译，中国社会科学出版社 2006 年版。
《魏書釋老志研究》，塚平善隆，佛教文化研究所出版社 1961 年版。
《道教史》，窪德忠，萧坤华译，上海译文出版社 1987 年版。
《道教》1—3 卷，福井康顺等，朱越利等译，上海古籍出版社 1990—1992 年版。
《六朝道教史研究》，小林正美，李庆译，四川人民出版社 2001 年版。
《道教儀礼文書の歷史的研究》，丸山宏，东京汲古书店 2004 年版。
《道教の秘訣——掐訣について》，吉冈义丰，五月书房 1989 年版。
《道教研究のすすめ》，秋月观瑛，平河出版社 1986 年版。
《道教の総合的研究》，酒井忠夫，东京国书刊行会 1977 年版。
《六朝精神史研究》，吉川忠夫，京都同朋社 1984 年版。
《唐初道教思想史研究——〈太玄真一本際经〉の成立と思想》，山田俊，京都平乐寺书店 1999 年版。
《中国善书研究》，酒井忠夫，刘岳兵等译，江苏人民出版社 2010 年版。
《道教と宗教文化》，竺沙雅章，平和出版社 1987 年版。
《中国人の宗教儀礼》，大渊忍尔，福武书店 1984 年版。
《中国中世科学技术史の研究》，冈西为人，角川书店 1963 年版。
《马伯乐汉学论著选译》，伭晓笛等译，中华书局 2014 年版。
《儒教与道教》，马克斯・韦伯，王容芬译，商务印书馆 1995 年版。

《道教史探源》，柳存仁，北京大学出版社 2000 年版。
《中国文化基因库》，施舟人，北京大学出版社 2002 年版。
《道教研究论集》，柏夷，孙齐等译，中西书局 2015 年版。
《多面相的神仙：永乐宫的吕洞宾信仰》，康豹，吴光正等译，齐鲁书社 2010 年版。
《功过格——明清社会的道德秩序》，包筠雅，林正贞等译，浙江人民出版社 1999 年版。
《修真图——道教与人体》，戴思博，李国强译，齐鲁书社 2012 年版。
《古代中国房内考》，高罗佩，李零等译，上海人民出版社 1990 年版。
《西方道教研究史》，安娜·塞德尔，蒋见元等译，上海古籍出版社 2000 年版
《西方道教研究编年史》，安索，吕鹏志等译，中华书局 2002 年版。
《法国当代中国学》，戴仁，耿升译，中国社会科学出版社 1998 年版。
《中国古代科学技术思想史》，第五卷，第五分册，李约瑟，邹海波译，科学出版社 2011 年版。
《中国人的幸福观》，鲍吾刚，严蓓雯等译，江苏人民出版社 2009 年版。
《中国的宗教精神》，克里斯蒂安·乔基姆，王平等译，中国华侨出版公司 1991 年版。
《中国社会中的宗教与仪式》，武雅士，彭泽安等译，江苏人民出版社 2014 年版。
《帝国的隐喻：中国民间宗教》，王斯福，赵旭东译，江苏人民出版社 2009 年版。
《飞鸾——中国民间教派面面观》，欧大年，焦大卫，周育民译，香港中文大学出版社 2005 年版。
《文化、权力与国家：华北农村，1900—1942》，杜赞奇，王福民译，江苏人民出版社 1994 年版。

《原始文化》，爱德华·泰勒，连树生译，上海文艺出版社 1992 年版。
《巫术科学宗教与神话》，马林诺夫斯基，李安宅译，中国民间文艺出版社 1986 年版。
《永生的信仰和对死者的崇拜》，詹·乔·弗雷泽，李新萍等译，中国文联出版公司 1992 年版。
《宗教生活的基本形式》，涂尔干，渠敬东等译，上海人民出版社 2006 年版。
《原始宗教与神话》，W·施密特，萧师毅等译，上海文艺出版社 1987 年版。
《世界十大宗教》，爱德华·J·贾吉，刘鹏辉译，吉林文史出版社 1991 年版。
《比较宗教学史》，埃里克·J·夏普，吕大吉等译，上海人民出版社 1988 年版。
《宗教与西方文化的兴起》，克里斯托弗·道森，长川某译，四川人民出版社 1989 年版。
《信仰的法则——解释宗教之人的方面》，罗杰尔·芬克，罗德尼·斯达克，杨凤岗译，中国人民大学出版社 2004 年版。
《宗教生活论》，弗雷德里克·J·斯特朗，徐钧尧等译，今日中国出版社 1992 年版。
《中国宗教与基督教》，秦家懿，孔汉思，吴华译，生活·读书·新知三联书店 1997 年版。
《基督教的本质》，费尔巴哈，荣震华译，商务印书馆 1984 年版。
《基督教教义史》，伯克富，赵中辉译，宗教文化出版社 2000 年版。
《基督教会史》，威利斯顿·沃尔克，孙善玲等译，中国社会科学出版社 1991 年版。

初版后记

中国游仙文化因依托远古以来逐渐形成的宗教观念和哲学传统，而具有博大精深的理论品性，其窈杳奥约，几令人无从措手，以致当我们用二十余万字的篇幅概述其源流经变，剖分其体系特点，时时会感到力不从心的寒窘。

众所周知，秦汉以来长生成仙的理想就已经植入中国人的意识深处。人们或用义理探讨的方式，或假秘术印证为途径，努力求取这种理想的实现，由此肇成传统游仙文化在古代社会持久深入的发展。这种以道家思想为基础，以由此衍展形成的道教为基本教义的独特文化，承袭了远古以来原始宗教和生命崇拜等诸多内容，包含有相当丰富的中国人的生活理想与生命诉求。然长期以来受儒家思想为代表的主流文化的遮蔽，这种理想与诉求的意义在被人从疏离现实的角度略作肯定后，基本上湮没无闻，长期不得彰明。

往前推近两千年，即有王充从重“效验”与“证验”的立场出发断定其说为妄，所谓“有血脉之类，无有不生，生无不死”(《论衡·道虚篇》)。下及唐宋，论者更每相排诋，所据为理由的，复在其“招藏游惰，蛊耗衣食”(夏竦《抑仙释奏》)，“坐逃徭役，弗给公上”

(李觏《富国策》)，有的更进而明言道断："天地间必然无者有三，无神仙，无黄金术，无佛"(石介《辨惑》)，以致延及明清，如王廷相、熊伯龙等人不断重复斯言，再三申言"世无仙，世亦无长生不死之人"(洪亮吉《夭寿篇》)。应该说，这些言论，并还有许多类似的否定都有其得理处，有的置于彼时彼地，更如精金美玉，闪烁着理性的辉芒。但是实际情形不断证明，仅依从一般事理逻辑和经验去否定道教及游仙文化，乃或从其造致社会结构失衡等非义理本身的角度去责难它，并不足以抹倒其独立的价值和意义，相反，适足见出与这种文化精义的隔膜。

盖葛洪《抱朴子》早就说过："不见仙人，不可谓世间无仙人也。"更何况，游仙在后来也并不都专求肉体的长生，所谓人之所生者神，所托者形，学道游仙者的侧重点在唐以后就逐渐转向一种精神的自足和安详。加以佛教的影响，由炼形而趋于治心成为一时潮流，有的人更进而藉此追求个体意志的实现和自由理想的舒展。基于这种目的的游仙活动能让人在某些时候从尘世中抽身引退，留更多的时间捕捉和思考内心深处的细微感受，从而最大程度地发挥生命的存在资源，这对人精神世界的完满和充实显然具有疗救作用，岂能一概以粗鄙妄诞论之。从此意义上说，英人莱芒·道逊在《中华帝国的文明》一书中所说的，道教"摘取了道家哲学中的某些最高妙的旨理加以简单化和庸俗化，作为该教的理论基石。这是因为平庸之辈渴望能找到长生的办法，并不想追求庄子所鼓吹的精神上的不朽"，不免肤表不切。倒是他的同胞前辈李约瑟，不但认真研究炼丹、炼气、导引等各种修炼方术，以为它们包涵有科学的因子，还在所著《中国古代科学思想史》中指出其"形而下的不朽之说并不是凭空的幻想，乃是有着源远流长的思想背景"，从而使身处不同时代和文化背景中的人们，有可能客观地判断这种文化所包蕴的价值内涵。

本书撰作的全部动机就是想透过道教光怪陆离的宗教外壳，抉取游仙文化的精神内质，以见出这种文化在漫长的发展过程中，在积极和消极两个方向之于中国人精神成长和人格发展的深刻影响。我们并有一种期待，当后人再论说中国人和中国文化的基本特征、价值取向和趣味时，将不再绕过道教和游仙文化这一重要环节，并进而对这一环节作出更出色的论断。

至于本书的缘起，全因于对中国文学中游仙主题的兴趣。可能经过一段时间的读书与思考，我们日后关于游仙文学的研究会扎实深入一些，但对道教及游仙文化本身仍不敢说有多少了解。因此，对书中涉及的诸多问题，论述得是否切中肯綮乃或得其大概，亦不敢有半点自是之心。对我们而言，撰作的过程实际就是学习的过程。在这过程中，每有引用和借鉴已有研究成果处，功在他人；而裁断未精、议论未明或明而未融，误当归己。古人云："两刃相割，利钝乃知；二论相订，是非乃见"，诚望学界高明并读者诸君不吝赐正。

最后，感谢导师顾易生先生在溽暑中为本书作序。学生夏侯建球、姚福利为全文打印付出艰苦的劳动，在他们毕业之际，也以此书，用为日后久远的记忆。

作　者

1997 年 7 月 20 日

再版后记

鲁迅《致许寿裳》称“中国的根柢全在道教”，说的是道教对传统中国人乃至中国文化的深刻影响。由于比之儒释两教，道教更给人以一种超验的神秘主义的印象。它因试图实现人心目中根深蒂固的从外部羁绊中解放出来的渴望，而受到社会各阶层的普遍欢迎。

东西方不少研究者认定，对于这种笼罩着浓重神秘色彩的宗教，崇尚理性的中国人应该很难把它当作一种文化来接受。可正是这种认识，一定程度影响了他们对道教的特异性和文化价值的判断，也影响了游仙文化研究的深入掘进和展开。且不说道教和道家在英语世界共用一个单词“Taoism”，多少说明其人之与道教的认识有一个准确界定或意义区隔的问题，再看具体的研究，如德国现代著名的宗教思想家、东方哲学研究的权威马丁·布伯在所著《哲学论著》“道教”一题下，讨论的却是老庄道学，更可知对此做系统著实的研究有多必要。

正如本书所指出的，上述判断明显是一种误解。道教固然吸收过老庄的思想，但毫无疑问，它在日后已衍展为一种独立的宗教。并且这种宗教也远非荒诞不经，其玄秘幽眇的底里洋溢着人对个体生命的自觉和张大，挟带有独到而深致的文化意义。借用孙绰《喻道论》的话，倘若“应世轨物，盖亦随时。周孔救极弊，佛教明其本耳。共为首尾，其致不殊”，那么道教就是一种居其中的东西，它上不离天，又脚踏实地，既不摒弃俗世的享受，更引导人抵近超越的快乐。实在与其他两家彼此出入，潜相影响，出处虽异，终期则同。

古代中国人的信仰实践可以多方证明这一点。当我们研究道教的基本教义，体味历代人学道游仙的本意，是不难看到这种宗教早已进入到古人的生活，进而成为其又一重人生理想的事实的。在本书中，我们曾说到中国人早年游侠、中年游宦及晚年游仙的传统，这在类似李白这样的文人士大夫身上体现得至为明显。为此，我们曾写了《中国游侠史》和《侠的人格与世界》两书对前者做了快意的发扬，今次又藉此小书，对后者略加论列。真很期待有朝一日能有时间和心情，再对中国人的游宦生涯作一番检视。不过，想到读书人于此一途所饱尝到的人主的凌辱与强权的消遣，虽隔世代，犹在目前，不做也罢吧。

本书初出时曾得到读者许多的鼓励，以致今天仍间或能收到其索书与要求重版的催请，这使我们深感快慰。此次陈年旧作得以新装问世，全赖母校出版社的支持，贺圣遂社长和高若海总编的抬爱，这是我们要深致谢忱的。责任编辑宋文涛先生为本书的顺利推出做了大量工作，在此也一并致以由衷的感谢！

此次修订，对所能见到的材料错漏和评骘失当做了更正，文字误植夹杂处也做了纠正和梳理。现在看来，眉目是更分明一些了，主旨也得到了进一步的凸显。然因受限于学养，我们对道教的认识至今仍不全面，对道教游仙文化的研究更不敢说有多深入。凡所存在的种种问题，恳请读者与方家给予指正。

作 者

2005 年 7 月 25 日

新版后记

这是本书继法律出版社初版、日本青土社全译及复旦大学出版社再版后的第四次出版。

20 世纪 90 年代，当我们初涉此题时，道教研究在中国才刚恢复不久。说来让人感慨，尽管道教是本土宗教，但对道教的研究却不得不说发轫于国外。并且，从 20 世纪初法国汉学家沙畹（Edouard Chavannes）算起，中间经 1968 年意大利召开的首届国际道教研讨会，到今天劳格文（John Lagerwey）、傅飞岚（Franciscus Verellen）和戴思博（Catherine Despeux）等人的崛起，这一研究在西方已历四五代学人，积累下近百年的历史。尤其 60 年代开始，美国后来居上，德国紧随其后，各自涌现出许多优秀的学者，带动了国际汉学界对道教的研究日趋活跃。

东方的日本也差不多如此。自明治到昭和初小柳司气太、常盘大定和津田左右吉等人开创，中经橘朴、吉冈义丰、酒井忠夫等人基于政治需要所做的社会文化考察，再到战后《东方宗教》的创办，以及宝卷、善书和日用类书研究的展开，尤其 60 年代后道教被从佛学研究中独立出来，在日本道教学会成立和第二届国际道教研讨会成功举办的带动下，那里的道教研究获得了长足的发展，石田宪司、福井文雅和山田利明等新一代学人也日趋成熟，这使得日本与法国、美国一起，成为国际道教研究无可争议的中心。即使在韩国，因唐时就传入道教，那里的慕仙风气见存于《高丽图经》、《海东传道录》等史籍。到 19 世纪，经李景圭、李能和的推动，专门的研究也已开始。20 世纪 80 年代，更随韩国道教协会和道教思想研究会的成立，有了可观的进步。

而在道教的故乡中国，第一代学人的出色工作因政治原因中断后，留下了长长的空白。1972 年，为弥补首届国际道教研讨会只有欧美学者参加的遗憾，第二届主办方选择了日本。其时美国学术团体协会（ACLS）主席两次致信中科院院长郭沫若，希望邀请陈国符与会，但未获回应。在此前后，30 年间，只有少数别具眼光的学者偶及此题，根本不足以改变整个研究的荒败与寥落。道教研究的真正重新展开并渐具气象，要等到 80 年代以后。

本书的撰作，因此不能得到足够充分的资鉴。更广范围的资讯获得的不易，最主要的当然是我们自己学养与见识的不足，使得全书整体比较单薄，书中各处的展开也略显局促。尽管即使从今天看，面对众多道教史、道教人物、思想、哲学乃至科仪、音乐等专题研究，我们聚焦传统中国人早年游侠、中年游宦与晚年游仙的自我设计与人生轨迹，引入与儒释道三家及西方不同的宗教样态，来对各种人群基于此信仰而展开的游仙活动作更超越一些的文化分析，仍不能说全无意义，但有时因原典阅读不广不精，间或由认识浅薄造成的误读误判，未能最大限度地实现出原来的设想是确然无疑的。这其中，有的问题在二版时已经得到了纠正，更多的问题因其后研究方向的变动，则未及进一步的深究。现在，终于有机会可以对此作出纠补和充实，这是我们要衷心感谢上海人民出版社和王为松总编的。

此次修订，我们还围绕中国人的根底为何在道教这个问题，作了比较充分的讨论。由于觉得它对理解中国的游仙文化非常重要，索性拿来作为书的代序。此外，参考书目也作了比较多的增补。需要说明的是，为保持原书题旨和展开结构不变，许多新出成果其实并未被我们充分采入，更多的因未及细读消化，自不敢虚托和攀引。之所以仍一一列出，是为了回应这20年来学界研究的新进展，并藉以表达我们对各位行中先进无任拜服的诚意。如果读者诸君能假此为线索，多方搜讨，找到纠偏攻错与升堂入室的门径，则于我们不啻为望外之喜。

最后，感谢责编薛羽的辛勤工作！感谢学生傅娟、王汝虎为查核文献付出的辛苦！更感谢将要到来的这个时代的读者！

作者

丙申年清明

图书在版编目(CIP)数据

中国游仙文化/汪涌豪,俞灏敏著. —上海:上海人民出版社,2016

ISBN 978-7-208-13889-6

Ⅰ.①中… Ⅱ.①汪… ②俞… Ⅲ.①神-文化-研究-中国②道教-神-研究-中国 Ⅳ.①G122②B958

中国版本图书馆CIP数据核字(2016)第138499号

责任编辑 薛 羽
封面设计 陈 酌

中国游仙文化
汪涌豪 俞灏敏 著
世纪出版集团
上海人民出版社出版
(200001 上海福建中路193号 www.ewen.co)
世纪出版集团发行中心发行 常熟市新骅印刷有限公司印刷
开本890×1240 1/32 印张11 插页5 字数257,000
2016年7月第1版 2016年7月第1次印刷
ISBN 978-7-208-13889-6/K·2523
定价 48.00元